ポリー・トインビー［著］
椋田直子［訳］

ハードワーク

低賃金で働くということ

東洋経済新報社

ハードワーク◈低賃金で働くということ

母と、子どもたちと、デヴィッドに本書を捧げる

目次

謝辞

第1章　事のはじまり　9
第2章　ホーム　21
第3章　職探し　34
第4章　買い物　45
第5章　初仕事——運搬係　62
第6章　職探し——その二　91
第7章　給食のおばさん——いつも笑顔を絶やさずに　105

第8章　託児所　131
第9章　クラパムパーク団地のお隣さんたち　146
第10章　飛び込み電話セールス　173
第11章　早朝清掃　186
第12章　ケーキ製造所　196
第13章　老人ホーム　212
第14章　これしか道はないのか　251
第15章　あのころと、いま　277
訳者あとがき

謝辞

本書を書くうえでお世話になった多くの方々に感謝したい。とくに、アンドリュー・ディルノット、カール・エマースン、トム・クラーク、マイク・ブリュワー（財政調査研究所）、ジョン・ヒルズ、アビゲイル・マクナイト（LSE）、マーク・ステュアート教授（ウォリック大学）、サニフ・サハデフ（キングストン大学）、アリステア・ハチェット（所得データ・サービス）、ウィル・ハットン、ジョン・ネル（労働財団）、ジョン・ホイートリー（市民相談局社会政策官）、リチャード・タワーズ博士、ティム・ビッカースタッフ（ローペイ・ユニット）、オリバー・ヒギンズ（クラパムパーク・プロジェクト委員会委員長）、トム・ブレムナー、ステュアート・ホルトン（ランベス住宅供給局）、フェイス・ボードマン（ランベス議会最高行政官）、サイモン・チャム（クラパムパーク団地担当警官）、ニール・クーパー、オリバー・ファナンディス（「貧困と闘う教会活動」）、シャン・ログビア、レティシア・サビマナ（シャフツベリー協会）、フランシス・オグラディ（TUC組織部長）、ヘザー・ウェイクフィールド、マギー・ジョーンズほかの皆さん（ユニゾン）、ジャック・ドロミー（運輸一般労働者組合）、TELCO（イーストロンドン・コミュニティーズ・オーガニゼーション）、エレイン・ヘイズルハースト（ユニリーバ社）、サー・クラ

イブ・トンプスン（レントキル・イニシャル社CE）に感謝する。また、『ガーディアン』紙の編集長アラン・ラスブリジャーには時間をいただいたことを、蔵相のゴードン・ブラウンには、物書きには政治家に劣らず、貧困についての関心を喚起する義務があると忠告していただいたことを心から感謝したい。

第1章　事のはじまり

＊

その手紙が届いたとき、私は少し考えて、とりあえず『保留』のトレイに放り込んだ。返事を書かないまま数週間、問題の手紙は、扱いが面倒な手紙の山にまぎれてデスクの隅で眠りつづけた。ときどき手にとってはみるものの、決心がつかずに元へ戻すことの繰り返しだった。差出人は英国国教会の「貧困と闘う教会活動」。英国非宗教主義協会を支援し、芯から宗教嫌いの私としては、丁重な断りの返事を書くくらい、造作もないはずだった。

が、「貧困と闘う教会活動」にはあなどりがたい記憶がある。この活動が発端になって、一九八五年にまとまった報告書『都市部における信仰』は、失業率がうなぎのぼりだった八〇年代に、庶民の多くがどんな目にあっていたかを赤裸々に描いていた。株式市場が崇拝の的になり、貪欲なのはいいことで、ビッグバンがポルシェに乗った若き証券マンたちを英雄に祭り上げたあの一〇年間、貧富の差は開いていくばかりだった。持てる個人はいっそう豊かに、持たざる大衆はいっそうみじめになっていったが、抗議の声は、やかましく鳴りつづけるレジの音にかき消された。

労働党は迷走のあげく言葉を失い、社会学的調査は錬金術ほどの説得力も持たなかった。炭鉱労組の雄アーサー・スカーギルはサッチャー首相と死闘を繰り広げたが、長期ストが守ろうとしたのは声なき庶民ではなかった。そこへ突然声を上げたのが「祈る保守党」と揶揄されていた英国国教会だった。道徳的見地から現状を批判した国教会の一撃は、保守党サッチャー政権に対する数少ない有効打のひとつとなった。

そして、二〇〇二年になったいま、国教会は低賃金問題に着目して、今度は労働党政権を批判している。さすがに目のつけどころが鋭い。労働党政権がようやく最低賃金制を導入したのはいい。しかし、「教会活動」が問題の手紙で私たちに提案してきたのは、「四旬節《レント》の四〇日間、時給四・一〇ポンド［八二〇円］という最低賃金で暮らしてみませんか」ということだった。

無理な相談だ。時給四・一〇ポンドでどうやって暮らせというのか。週四〇時間働くとして、一六四ポンド［三万二八〇〇円］。このあいだクラパムのありふれたレストランで夫と食事をしたときの勘定書きだけで、半分飛んでしまう。タクシー、『ガーディアン』紙のハイヤー、携帯電話、外食、家族へのプレゼント、それに、「裁量支出」という名のなくても済むちょっとした楽しみ――ジャーナリストとしての私が享受するこうした贅沢のあれこれを思い浮かべるたびに、できっこないという思いがこみ上げた。最低賃金で生活してみるといっても、ふだんの仕事をやめるわけにはいかない。記者会見だ、セミナーだ、インタビューだと飛び回るのに、バスの定期だけではどうしようもない。サッチャー首相は、バスを使うのは落ちこぼれだけだ、とかなんとかいわな

かっただろうか。

しかし一方で、私は『ガーディアン』紙からまとまった研究休暇がもらえることになっていた。休暇はレントの初日から始まる。私は、駆け出しのジャーナリストだった三〇年ほどまえに書いた本を手にとった。当時の私にとって未知だった肉体労働の世界について書いた体験記で、『労働者の暮らし』という。英国各地を旅して手あたりしだいの職に就き、労働者の暮らしぶりをレポートしたものだ。私はたとえば、ユニリーバ社ポートサンライト石鹸工場の生産ラインで働き、バーケンヘッドの、リーバ卿創設になる労働者モデル村に泊まり込んだ。バーミンガムではルーカス社の工場で自動車の電気部品組立に従事し、当時は年中行事だった自動車産業ストにも遭遇した。ライアンズチェーンの工場では生クリーム・スプレッダを操作して、コンベアベルトの上をエンゼルケーキが流れていくのを見守った。ウェストロンドンのある病院では病棟雑役係として働いた。陸軍婦人部隊（ＷＲＡＣ）に入隊して、練兵場でどなられ、しごかれる体験もした。ロザラムでは鉄鋼労働者の家庭に泊めてもらって、製鋼所や近くの炭坑の採炭切羽《きりは》を見学した。

私の本をいま見ると、べつの時代の空気が充満しているように思える。労働組合が元気で、善くも悪くも社会的連帯感が強かった時代だ。社会が進歩するなかで賃金は上昇し、労働者階級の子どもにも階段を上がるチャンスがある、という気配が濃厚だった。

あのころと、いま。甘ったるい懐古趣味に浸る気はないが、時代の変化を俯瞰しておく必要はあるだろう。「経済成長」が二〇世紀を象徴する言葉だった。国民所得は七倍になった。第二次世界大戦後、富める者と貧しい者の所得格差は、着実に縮まってきた。一九七〇年代後半は、英国民がもっとも平等だった時代といえる。資産と所得の双方がそれまでになく平等に分配された。金持ちに累進課税が課される一方、家を持ったり年金や貯金を蓄積したりして、富を獲得する人が増えていった。しかし、社会正義の実現に向けた大いなる歩みは、サッチャー首相の登場によって急停止する。金持ちはさらに裕福になり、貧しい者は所得と資産の両面で取り残される時代が始まったのだ。

私が『労働者の暮らし』を書いた一九七〇年以来、国民所得（国内総生産）は倍増した。国としての英国は、二倍豊かになったことになる。実感はあるだろうか。見回せば自家用車、CD、外国の珍しい料理。しかし、これらに縁のない人もいる。増えた分の所得が平等に分配されてはいないからだ。砂漠をいく隊商になぞらえてみよう。低賃金の人々が最後尾についているとする。長い行列が一九八〇年代へと進むにつれて、最後尾も少しは前進するが、先頭をいく族長やその取り巻きたちに比べれば、歩みは遅々としたものだ。もっとも貧しい人々は隊列から置いていかれるばかりで、ほとんど姿も見えない。先頭と最後尾がどんどん離れていけば、いずれは両者をつなぐ「共同体」という絆が切れて、一緒に旅をしているといえなくなるのではなかろうか。サッチャー首相のいう「社会などという代物」が存在しないのであれば、そうなったところで気にすることもなさそうに思える。しかし、じつは気にかけざるをえない。私たちは、自分たちの暮らし方を正当化する必要に迫られるからだ。社会が一定の生活水準を保つためには、さまざまな肉体労働が必要だ。しかし、現実には、そうした労働に携わる多くの人々があまりにわずかな賃金しか受け取っていない。そして、この状況を少しでも正当化できるような言い訳は、どこを探しても見つからなくなってきている。

もうひとつ重大な事が起きている。起こるべくして起こったことで、誰の目にも明らかなはずだが、最近調査結果が発表されるまで、過去二〇年間の最大の「暗い秘密」になっていた。上下の所得格差が開くにつれて、社会的な上下移動にもブレーキがかかってきたのだ。エスカレーターの動きが緩慢になり、ついには止まってしまったようなもので、いまや下にいる人たちは、どうやっても頂上にはたどりつけない。

恵まれた立場にいる人たちは何世代にもわたって、「実力本位」という言い訳に頼ってきた。貧しい家庭の子どもでも、賢ければ出世できる――これが本当なら、不平等な現実にも目をつむることができる。誰にもチャンスは平等にある、と信じ込むことさえできれば、恵まれた人たちも良心を痛めることなく、自分たちの暮らし方が正当化できた。しかし、この方便が通用しなくなってきた。なにしろ、中流階級へと続くはしごがはずされてしまったのだ。

一九五八年生まれの子どもと、一九七〇年生まれの子どものその後を比較した最近の調査によると、社会的移動性が急激に低下していることがわかった。一九七〇年生まれの子どもたちのほうが、社会的身分や賃金体系のはしごを（上下いずれの方向にせよ）移動するチャンスが少なく、確実に父親と同じ道を歩んでいる。私の世代にとっては、これは信じがたい。直観に反する。戦後を生きてきた私たち世代の体験に、とにかくそぐわないのだ。私は六年生から、ロンドンにできた最初のコンプリヘンシブ・スクール（総合中等学校）のひとつに通った。チャンスの気配が濃厚な時代だった。大戦後に新設された大学が輝く門戸を開き、コンプリヘンシブ・スクールが、上方への移動という理想を象徴する存在だった。中流レベルの職が大量に創出され、ブルーカラー労働者の子女が上へ向かってはしごを上っていた。社会に激震が起き、私たちの世代の多くが、両親の収入と教育程度と将来性をはるかに超える高みに押し上げられていった。この動きは止められず、社会は不可避的に前進していく、と思えたものだった。

あらゆる世代が、階級差がないという幻想にとらわれる。階級差がない状態こそモダンに感じる。誰にもチャンスはあるというアメリカンドリームが、西欧のあらゆる文化に浸透している。そのアメリカンドリームがもうはじけてしまったというのか。そんなはずはない、と叫びたくもなる。大学の学生数だけ見ても、何倍にもなっているではないか。一九七〇年代には大卒者が子ども世代の八人にひとりだったのが、いまや三人にひとりになり、ブレア首相は、まもなくふたりにひとりとなる、と公約している。しかし、現実はどうか。大学生の数は増えたが、その大半を占めるのは、中流階級の出来の悪い子どもたちだ。以前だったら、大学など入れなかったに違いない。また、最近の調査によると、中流階級の子女が労働者階級の子女と結婚するケースはまれになっているという。

「実力本位」という理想が消えたために、すべてが変わってしまった。明らかな不平等にも良心が痛まずに済むのは、実力があれば上へいける、と信じていればこそである。ある種の肉体労働が「単純作業」でも、はしごの一段目にすぎないと思えば、低賃金でも当然と納得する気にもなる。しかし、低賃金労働者がはしごを何段も上る例など、いまやほとんどないことが明らかになった。たまに一段上がることがあっても、すぐに滑り落ちてしまう。失業状態と低賃金のあいだを、不安定に往復するだけだ。まさに、社会的進歩が停止したといわざるをえない。

ロンドンで恵まれた暮らしをしていると、国民所得の中央値が週三九〇ポンド〔七万八〇〇〇円〕、年にして二万二八〇ポンド〔四〇五万六〇〇〇円〕でしかないことを忘れそうになる。「中央値」と「平均値」を混同しないでほしい。所得の総計を人数で割る平均値は、完全に平等な社会でもないかぎり、意味を持たない。ビル・ゲイツが英国に引っ越してきたら、平均値はぽんと上がって、皆が金持ちになったような数字が出てしまう。一方、所得の中央値は、国民の半分がそれ以上稼ぎ、半分がそれ以下を稼いでいることを意味する。年に二万ポンド強という中央値は、ここから国税や国民保険、固定資産税（評議会税）、家賃、ガス・電気代、ガソリン代などが引かれることを考えると、決して多くはない。

たしかに最近は、身なりで懐具合を見わけるのがむずかしい。飛び抜けた金持ちや、飛び抜けて貧しい人はそれとなくわかることもあるが、衣料品の安売り店が普及したおかげで、低所得者もそれなりの服装が整えられる。毛布をかぶって道ばたに座るホームレスの人たちは、日常生活から明らかにはずれて突出しているので、いやでも目について心が乱される。しかし、けんめいに働いても貧しさから抜け出せない何百万もの人々には、誰も目を止めない。社会的正義がおこなわれていないという事実は、こざっぱりとした身なりに隠されているから、バスや地下鉄のなかで愕然とさせられることもめったにない。しかしじつは、毎朝職場へ急ぐ人の五人にひとりは時給六ポンド［一二〇〇円］以下、週にして二四〇ポンド［四万八〇〇〇円］以下しか稼げていない。これでは週刊誌に紹介されるようなレストランで食事をすることも、カリスマ美容師の店でヘアカットをしてメッシュを入れることもできないではないか。

トニー・ブレア率いる労働党ニュー・レーバー派は、勤労を倫理観の根幹に置いて、政権の座に就いた。ブレア政権が提唱した「ニューディール」政策は、人々を職場に戻し、サッチャー政権以来ひとつの世代を分断してきた失業問題を解消するはずだった。一方では、せめて最低限の基本報酬を伴う働き口が提供されるよう、最低賃金制が導入された。労働党の一〇〇年来の念願がひとつ叶ったことになる。これによって、約一三〇万人の賃金が多少上がったのは事実だが、政府の期待には及ばなかった。最低賃金の設定が低すぎたからだ。制度が導入された一九九九年四月に、時給三・六〇ポンド［七二〇円］とごく控えめに設定された最低賃金は、一般の賃金に比べて上昇幅が小さく、いまも時給四・一〇ポンド［八二〇円］で足踏みしている。これではいくら働いても、貧困から脱出できそうにない。

本当に、勤労は偉大な解放者ではないのか。労働者がひどい待遇を受け、公正な賃金が支払われず、働き口を得ることが貧困からの脱出口にならない、というのは本当だろうか。いまこそ初心に戻って、低賃金労働の実態を探ってみるべき時なのかもしれない——そんな気持ちになりかけた私の背中をひと押ししてくれる偶然が舞い込んだ。米国人ジャーナリストのバーバラ・エーレンライチの著書『ニッケル・アンド・ダイムド』の英国版が出るにあたって、序文を書くように依頼されたのだ。エーレンライチは米国各地で最低賃金労働に就き、それで生きていけるかどうかを試している。結論からいうと、生きていくのは不可能だった。

この著作を英国人の眼で読んで、もっともショッキングだったのは、米国のほうが事態ははるかに悪い、という事実だった。社会保障が整っていないため、死にたくなければ働くしかない。当然、就業率は高くなるが、これはいわば強制労働のようなものだから、賃金が低く抑えられる。英国の政治家は、ヨーロッパ流の福祉政策と、米国の税制を結びつける妙案はないものか、と頭を悩ませる。しかし、英国が参考にすべきはヨーロッパ各国の実情だろう。そこには雇用と福祉と貧困のさまざまなパターンが見てとれる。なかでも社会支出がＧＤＰに占める割合と、貧困のレベルのあいだには相関関係がありそうだ。社会支出の割合がもっとも低く困窮者の割合がもっとも高いのが英国で、その反対がスウェーデン。フランスとドイツは両国の中間に位置している。

とまあ、いろいろあって、問題の手紙の挑戦を受けて立つ決心をしたわけだが、どこから手をつけたものか。ここ一年、私は自宅に近い、ある公営団地の運命を追ってきた。ロンドンのもっとも貧しい地区のひとつ、ランベス自治区にあるクラパムパーク団地は、最大かつ最悪の公営団地として、労働党政権が掲げるコミュニティー再生計画の対象に選ばれ、五六〇〇万ポンドの交付金を得ていた。この交付金をどう使って、半ば見捨てられたようなコミュニティーに新しい風を吹き込むかは、住民自身に任された。私はそのための委員会の傍聴を許され、奇跡を起こそうとする住民たちと知り合いになった。政府の再生計画を、統計数値を通してではなく、この目でじかに見たかったからだが、おかげで、しばらく団地に住まわせてもらうツテができた。これで最低賃金で暮らす試みが少しは現実に近づく。低賃金で暮らす人の多くは、この種の公営福祉住宅に住んでいるから、実際の生活費を推定する基準値は、少なくとも手に入るだろう。

団地の住人で、委員会の長でもあるオリバー・ヒギンズは、私の計画に大いに賛成してくれた。ランベス住宅供給局（クラパムパーク団地の入居管理と修理保全の全責任を負う）のトム・ブレムナー局長も同様だった。トムによると、たまたま一棟の部分改修にかかるところで、工事が終わるまで貸せない空き室がいくつかあるという。つまり、そのひとつを私が借りても、空き室待ちの長い列に割り込むことにはならない。契約書に署名し、家賃を払い、引っ越してくれば、すべてOKだそうだ。

最低賃金で暮らしてみるには、まず働いて、その最低賃金を稼ぐ必要がある。働けばそれなりの経費も発生するからだ。しかし、職を見つけるのは部屋を探すよりむずかしそうだった。雇用に関する一般的な統計数値は知っているが、クラパムパーク団地から通える範囲にいくつ働き口があるかについては、見当もつかなかった。それに、五五歳の私を雇ってくれるところがあるものだろうか。

計画実行の日が近づくにつれて、そもそもこんなことは馬鹿げている、という思いも何度か頭をかすめた。しょせん、ごっこ遊びではないか。宮殿に農家を造らせて、乳搾りごっこをしたマリー・アントワネットと、どこが違うのか。私は生まれてこのかた、金の心配をしたことがない。両親はもちろん、両親から数世代さかのぼっても、岩のごとく堅牢な中産階級暮らしが続いてきたし、自分自身も長年、ジャーナリストという仕事で少なからぬ収入を得てきた。底辺の暮らしがどんなものか、想像するのもむずかしい。ごっこ遊びに終わらず、少しでもリアルに最低賃金暮らしを体験するには、それなりにシナリオを練る必要があるだろう。ジャーナリストとして仕事をする才能を封印し、家も、年金積立や貯金もなく、家族や友人たちもいない状態を設定しなければならない。

いま現在の貧しい暮らしとは、どのようなものだろうか。一九七〇年に比べると、暮らしはたしかに豊かになった。冷蔵庫を持つ世帯が七〇年当時は全世帯の七三パーセントだったのが、いまや九二パーセントになった。セントラルヒーティングを持つ世帯も、わずか三七パーセントから九二パーセントに増えた。電話を持つ世帯も四二パーセントから九八パーセントになった。七〇年当時、車を持つ世帯がほぼ半数だったのに対して、いまは七三パーセント——つまり、全体の三〇パーセントを占める貧しい世帯にはセントラルヒーティングはあっても、まだ車は行き渡っていない。たしかに、ディケンズの小説に登場するような極貧状態にはなく、生活水準はわずかながら上昇した。しかし、隊商のたとえを思い出してほしい。全員が以前より豊かになったが、隊商の最後尾をいく低賃金労働者への分け前は少なかった——世間並みの暮らしをするには不十分だった。貧困線以下に位置する子どもたちの数は、一九七〇年に比べて三倍に増えている（貧困線とは貧困であるか否かを分ける最低収入をいい、英国では一九七〇年もいまも、国民の所得中央値の六〇パーセントとなっている）。国としては豊かさが二倍になっても、低賃金労働者の所得はほとんど増えなかった。休日を楽しむことも、遠出の旅行も、車のガソリンを満タンにすることも、パソコンを買うことも、世間並みにショッピングをすることもできない。隊商の最後尾は、なぜ遅れつづけるのだろうか。国民を所得で一〇段階に分けたとき、去年一年で最上位一〇パーセントの所得が七・三パーセント増えたのに対して、最下位一〇パーセントの所得は四・五パーセントしか増えていないからだ——しかも、これは去年一年だけのことではなく、年々同じ状況が続いている。

私たちは、孫子《まごこ》の世代に向かって、この状況を正当化することができるだろうか。人間は生まれつき、公平と不公平を見わける素朴な感性を持っていると思う。その感性に照らして、現在の状況は公平ではない。工場法の制定から選挙改革、義務教育から福祉国家まで、社会進歩の歴史はすなわち社会的正義の実現に向かって前進する歴史だった。しかし、その足取りは止まってしまったようだ。それどころかサッチャー政権以来、英国は後ずさりしてきた。労働党政権がさまざまな給付金を導入しても、せいぜい滑り止めにしかなっていない。貧しい人たちが飢えていないのなら、それでいいじゃないか、といえるだろうか。いえない、と私は思う。

第2章　ホーム

＊

住宅供給局のジェニーが、片手に鍵束を振りながら案内してくれた。これからいく棟には空き室がいくつもあるが、いまの状態ではとても貸せない、とジェニーはいう。何年も待って、ようやく空き室待ちリストの先頭にたどりついた人は、選択肢を三つ与えられるが、「誰も『ホワイトハウス』は選びません。とにかく、どこよりも借り手がいないんです」。『ホワイトハウス』とは、つけもつけたり。クラパムパークの西側に並ぶ愛想のない団地棟のなかでも、とびきり醜い。かつては白かったらしい外壁のあちこちには大穴が開き、コンクリートがはがれて鉄筋がのぞく。二階の周囲には足場が組まれ、緑色のネットが張られて、上の階から投げ捨てられたアイロンや椅子をはじめ、さまざまながらくたがオブジェよろしく引っかかっている。はじめてここへ下見にきたときは、改修工事のために足場を組んだのかと思ったが、たまたま出会った老人は、私の想像を一笑に付した。足場とネットは、上から落ちてくるコンクリートの塊を受けとめるためのもので、いつできたか思い出せないくらい以前からあるのだという。

数年前、団地のこの並びの棟はペンキを塗り直したのだが、『ホワイトハウス』を塗るまえに資金が底をつき、よけいに汚さが目だつようになってしまった。老人は、ここに住んでいるとは恥ずかしくて、誰にもいえないといっていた。

外観も相当ひどいが、なかは想像を絶した。一階の入り口に近づいただけで、もう臭いが鼻をつく。入り口の外に出したゴミバケツが満杯になり、入りきらないゴミ袋がまわりに積んである。窓ガラスの割れたドアの蝶番《ちょうつが》いが壊れてななめにかしぎ、風にあおられている。階段室には長年の生ゴミの腐臭がこもり、そこに小便の鼻を刺す臭いが混じる。入ってすぐのところに小さなエレベーターがあるが、「悪いけど、こういうところのエレベーターには乗らないことにしてるんです」とジェニーがいう。「まえに閉じ込められたことがあって。二度とごめんだわ」。それで、四階まで階段を上がることになった。

四階には、私が借りる部屋のほかにあとふたつ、玄関のドアがあったが、あたりはしんと静まっていた。ジェニーによると、四階の隣人たちについてはなにも知らないが、一階ではときどきトラブルが起きるという。不安になって詳しく聞こうとしたが、それはマル秘事項とでもいわんばかりに、曖昧な答えが返るばかりだった。ようやくたどりついた私の部屋の玄関には、ふつうのドアの上から頑丈な金属ドアが留めつけてあった。不法居住者を防ぐためかと思ったら、「それだけじゃないんです」とジェニーがいった。「麻薬の売人が入り込んで、店開きするんです。でも、こんなドアをつけてもだめなんですけどね。金属カッターを持ち込んで、金属枠ごとはずしてし

まいますから」。正規の入居者が引っ越してきて、金属ドアが撤去されたあとは、誰も押し入ってこないのだろうかと思ったが、ジェニーに聞いてみる勇気はなかった。

いまや、この団地に対する期待値はゼロ以下だった。ジェニーがいくつもの鍵をはずして、ようやくドアを開ける。私は最悪を予想し、おそるおそる暗い廊下に足を踏み入れた。

まずはホッとした。玄関のドアが閉まり、階段から漂っていた臭いが閉め出されてみると、恐れていたほど悪くはなかったのだ。ゆったりした居間、寝室がふたつ、小さなキッチンにバスルーム。壁はクリーム色に塗られて、なかなかきちんとしている。「カーペットははがしますか」とジェニーがいって、鼻に皺を寄せた。たしかに、なにかをこぼした跡や得体の知れない汚れ、ベタつく茶色いシミなどがついている。私は部屋から部屋へ歩き回って考えた。カーペットの下はもっとひどい状態かもしれないし、新しく敷物を敷く余裕はない。で、このままでいいと答えた。裸足で歩かないことにすれば済むことだ。

窓から下をのぞいてみて気がついた。家路を急ぐ人の姿がほとんど見あたらない。ひとりだけ、鮮やかな赤いコートを着た女が、肩をそびやかして大またに歩いていく。ここでは誰もが急ぎ足だ。うっかり目が合って、因縁をつけられるのを恐れるように、目を伏せている。子どもが群れているのさえ見えない。住みなれた自分の部屋のなかだけが安全な場所――そんな感じがした。

引っ越してくる日を決めて、私たちは外に出た。ジェニーが内側のドアの鍵をかけ、重い金属のドアを叩きつけるように閉める。バタンという大きな音が階段室に響いたが、誰も顔を出さな

かった。

いよいよ計画がスタートした。仕事を探している単身女性の私が得る収入は、当面、週五三・〇五ポンド［一万六一〇〇円］の求職者手当のみだ。早く仕事を見つけなければいけないが、そのまえに、最低限の家具をそろえる必要がある。とりあえず、社会基金に頼るほかなさそうだ。

ランベス自治区の給付金局事務所は、時代遅れの醜いビルだった。大勢の人が不機嫌な表情をして、壁の高いところに取りつけたテレビをながめながら、自分の番号が呼ばれるのを待っている。守衛が何人も歩き回る。面談を終えた給付金希望者が、ついたての向こうから出てくる。なにかぶつぶつとつぶやいている人もいる。

私はアーサー・ジョーンズという係官に会うことになっていた。職業・年金省が「社会保障省」だったころから、二〇年以上もこの仕事をしている。私を迎えに出てきたジョーンズ氏は、肩章付きの白い半袖シャツを着て、ベテランの警官のように見えた。半白の頭を短く刈り上げている。私は、私が着の身着のままで、なにも家具のない公団アパートに入居したとしたら、という仮定で、社会基金がなにをしてくれるか知るために、模擬面談をしてもらう約束をしていた。

「がらんどうの部屋に家具を入れたいんですが、いくらいただけますか」と私はきり出した。

「ゼロです」

「ゼロ!?」

「貸付しかできないのです」

「私が困窮者でも、ですか」

「そうです。ローンだけです」

「わかりました。では、ローンで。いくら、貸してもらえますか」

「あなたの収入は？」

「いまは週五三・〇五ポンド［一万六一〇円］の求職者手当だけですが、すぐに仕事が見つかれば、週に一六〇ポンド［三万二〇〇円］前後になると思います」

「で、いくら必要ですか」

「私の部屋には本当になにもないので、できるだけたくさん借りたいんですが」

「いやいや、それは順序が違います。あなたが希望金額をいって、それが妥当かどうか、私が判断するのです」

「希望金額を低くしたほうが、通る可能性が高いかしら」

「どうでしょうな。少なくとも、あなたの信用度は上がります。このローンでなにを買うつもりか、いってごらんなさい。それが妥当かどうか、教えますから」

「まず、ベッドはどうしても必要です」

「なるほど。たしかにベッドは不可欠です」

「ベッド用には、いくら借りられますか」

「『アルゴス〔家庭用品安売り店〕』で七五ポンド〔一万五〇〇〇円〕」

「ほかに、なにを買っていいでしょう」

「ガス台は必要でしょう。料理をしない人もいるようですが」

「で、ガス台はいくらしますか」

「アルゴスで九九・九九ポンド〔一万九九九八円〕。カタログの四七四ページに出ています」

「つまり、ベッドとガス台は最低限、買えるわけですね」

「ええ。もっともガス台が爆発したといって、買い換えのためのローンを頼みにくる人も結構いますがね」

「それで通るんですか」

「年に二回も三回もとなるとだめです。だいたいガス台が爆発するなんて話、聞いたことがありますか。ないでしょう。もっとも煎じつめれば、ローンを重ねて返済できるのか、ということになりますが」

「テーブルと椅子はどうでしょう」

「係官によっては、ベッドに座ればいいというかもしれませんな。しかし、認めるとすれば、テーブルひとつと椅子四つ、アルゴスで七五ポンド〔一万五〇〇〇円〕」

「カーテンは？」

「のぞかれる心配があるというなら、三五ポンド〔七〇〇〇円〕認めましょう」

この調子で、瀬戸物類に一五ポンド［三〇〇〇円］、鍋やフライパンに二五ポンド［五〇〇〇円］、ナイフやフォーク類に一〇ポンド［二〇〇〇円］、シーツや枕カバーに五〇ポンド［一万円］が認められた。そこで私は、全部でいくら貸してもらえるのか、と聞いた。

「それはあなた次第です」

「どういう意味です？」

「いくらなら、借りても大丈夫だと思いますか」

「それは、あなたがいくらなら貸してもいいと思うかによっても違うでしょう。いくら貸してもらえますか」

「では、いいましょう。あなたの場合は四〇〇ポンド［八万円］ですね。返済は週八ポンド［一六〇〇円］。求職者手当の一五パーセントです」

「返済期間は？」

「五〇週です」

「なにに使うかが問題になりますか」

「いいえ、使い方はご自由です」

「ありがとう。では、これで決まりですね」

「あとひとつだけ。あなたにいくら貸せるかは、その時点で基金にいくら残っているかにかかっています。いまは、あまり残金がないのです」

「じゃ、全然貸してもらえないこともありうるんですか」

「いや、貸付額を多少けずることになります。ベッドが七五ポンド［一万五〇〇〇円］でなく、三五ポンド［七〇〇〇円］になるとか」

「なるほど。三五ポンドのベッドというのは、どこで買えるでしょう。中古家具店ですか」

「でしょうな。しかし、ここでは中古家具店を推薦するのは禁じられています」

「アルゴス以外に、新品家具の店がありますか」

「クレイジー・ジョージを推薦することもあります。いってごらんなさい。もちろん、中古家具店は推薦できないといっても、あなたが中古家具を選ぶのは自由です」

「基金の残金が少なくても、四〇〇ポンド［八万円］貸してもらえますか」

「ええ、この場合はいいと思います。あなたは借金がないし、ローンを申請するのもはじめてですからね。何度も借りている場合はそうはいきません。あとひとつ。着る物はどうします？　いま着ているそれしか持っていないんですか」

「もし、そうだったら？」

「着替えを買う費用も認めるかもしれません。そのコートが友だちから借りたものだというのなら、冬物のコートも計算に入れてあげられそうです」

「それはいくらくらいになるんですか。デパートは贅沢かしら」

「係官次第でしょうかね。私にあたった人は運が悪いかもしれません。私はスーパーで安いのを買いますから、着る物についてはあまり同情がないのです。いま着ているこのシャツは、四・五〇ポンド［九〇〇〇円］ですが、これで十分です。向こうにいるあの同僚だったら、二〇ポンド［四〇〇〇円］以下のシャツなど着られない、と思うかもしれませんがね」

「じゃ、私にも新しい服を買う費用を貸してください。いくら借りられますか」

「いや、いまのは一般論です。あなたの場合は、四〇〇ポンド［八万円］以上は貸せません。あなたの収入から返済するには、それが限界ですからね」

「返済期間を二年にして、倍借りることはできないんですか」

「いえ、残念ながら、一年で完済してもらいたいですね」


帰るまえにもう少し聞いておきたいことがあった。週五三・〇五ポンド［一万六一〇〇円］の求職者手当をもらっていて、仕事が見つかった場合、最初の週給が支払われるまで手当をもらいつづけていいのだろうか。「だめです」が答えだった。

「職に就いたら、電話でも書面でも直接でもいいから、ただちに知らせてください。ただちに、です」

「すると、働きはじめた最初の日から、社会給付金は打ち切られるんですか」

「そうです。もっとも就業援助金というのもありますが。一〇〇ポンド［二万円］です」

「それはいい。私にピッタリだわ」

「しかし、あなたには資格がありません。一年間失業していて、失業手当をもらっていた人だけが対象ですから」

「なんですって。よくぞ職に就いたと誉めてもらうには、まず一年も失業していなくちゃならないんですか。最初の一週間をのりきる助けになるものはほかにないんですか」

「四週間の手当延長制度があります。仕事になれて落ち着くまで一ヶ月、給付金の打ち切りを猶予する制度です」

「それそれ！　いいのがあるじゃないですか」

「残念ながら、対象はシングルマザーだけです」

「それじゃ、最初の週給をもらうまでどうやって食べていけばいいんですか。いまでもわずかな給付金しかもらっていないのだから、貯金なんてできませんよ」

「前借りを頼む手はありますよ」

「まさか！　就職してそうそうに前借りなんて、無理ですよ。入れ替わりの激しい低賃金労働者なのだから、借り逃げすると思われそうだし、そんな格好悪いこと、いいだせません。貸してくれる雇い主は多いんですか」

「ま、多いとはいえません。しかし、頼んでみることはできるでしょう」

じつは、私には学齢の息子がひとりいるが、今回のシナリオからははずすことにしていた。息子がいるという設定にすれば、家族手当一四・五〇ポンド［二九〇〇円］と、息子の扶養手当三二・二五ポンド［六四五〇円］が求職者手当に加算されて、計九九・八〇ポンド［一万九九六〇円」もらえることになる。就職してからは勤労世帯税額控除の対象にもなる。ジョーンズ氏は、息子を計算に入れていたらローン額は七〇〇ポンド［一四万円］になっただろう、といった。

「息子に金がかかるからですか」

「いや、それは関係ありません。ただ、あなたの収入がかなり多くなるでしょう。返済能力も上がるはずだから、もっと貸しても大丈夫、ということです」

相手が給付金担当の係官というより、高利貸しに見えてきた。


こうして不可思議な模擬面談を終えるころには、この人は芝居をしているのではないか、という気がしてきた。そもそも、上司が同席して、ジョーンズ氏の言動に目を光らせていることからして怪しい。ジョーンズ氏は、ふだんからこんなに厳しいのだろうか。たしかにいささか尊大な気配はあった。泣きついてくる人たちに、「自分の判断」という権力をふるうのが身についてはいるのだろう。しかし、ひょっとしたら今日だけとくに厳しくして、現行の給付金制度が不公平で馬鹿らしいものであることを、また「自分の判断」が気まぐれでしかないことを、私にわからせようとしているのかもしれない。給付金申請者がどんな手管を使おうと、絶対にだまされないと断言していたが、別れ際にはこんなこともいっていた。「私は、申請者が『逼迫《ひっぱく》した状況』にあるかどうかを考慮することになっています。しかし、ここにくる人はすべて『逼迫した状況』にあると思いませんか。マニュアルによれば、ローンや援助金によって改善できるような種類の状況かどうかを考慮して、ローンや援助金ではどうにもならないと思えば、お引き取り願うことになっているんですがね」。くだらない制度だが、最善を尽くすしかない、という口調だった。

ローンの使い道が私の自由だというなら、なにが必要で、それにいくらかかるかなどということを前もって長々とチェックする必要がどこにあるだろう。収入から見ていくら借りても大丈夫か、いつまでに返済できるか、融資資金がいくら残っているか——結局、この三点だけが問題だというのなら、町の高利貸しとなんら変わりはない。ジョーンズ氏から借りる最大の利点は、利息がつかないことだ。しかし、返済金が社会給付金から差し引かれるというのは、大きなマイナスだろう。今週は苦しいから返済を待ってもらって、あとでつじつまを合わせる、という融通がきかない。滞納しても、町の高利貸しと違って足の一本もへし折られるということはないが、ジョーンズ氏が相手の場合、そもそも滞納ということがありえない。給付金が私の手に届くまえに、さっ引いてしまうだけのことなのだから。

昔、ジョーンズ氏がこの仕事に就いたころは、「シングル・ペイメント」制度というのがあった。着の身着のままの人が生きていくには、最低限なにが必要か——ベッド、ガス台、冷蔵庫、テーブル、椅子、食器、冬物のコート、仕事に着ていく服、等々——を国がリストアップしてある。申請者がリストのなかのどれを本当に持っていないかをチェックし、必要な費用なり家具切符なりを渡すだけだから、ジョーンズ氏の仕事も単純だった。

しかし、この制度は一九八〇年末に、保守党政権の手で廃止された。この制度には抜け穴が多く、ずる賢い申請者が悪用している、というのが理由だった。いつも引き合いに出される例が園芸用具だった。ある申請者が、庭で野菜を作って家計の足しにしたいと申し出て、まんまと認められたという。噂はあっというまに広がり、園芸用具を買う金がほしいという申請が殺到することになった——のだそうだ。というわけで、保守党政権はシングル・ペイメント制度を、つまり特定の品目に対して費用を支給するやり方を廃止した。代わりに導入された社会基金制度（予算ははるかに縮小された）のもとでは、必要に応じてすべての申請者に平等な扱いが保証される、というわけにいかなくなった。

いまでは、融資残高に照らして、ジョーンズ氏のような係官がローンの額を「判断」する方式に変わった。労働党は野党時代にこそ猛反対したものの、政権党になってからはこの奇妙な制度を温存している。社会基金の予算は倍増したが、それでも十分というにはほど遠い。最近、下院社会保障委員会が「根底的改革」を呼びかけ、さもないと政府自身が推進する「社会政策一般の目標達成が危ぶまれる」と警告した。しかし、ローンは依然として貧困者の所得を押し下げている。この私にしても、週五三・〇五ポンド［一万六一〇〇円］というわずかな収入から、八ポンド［一六〇〇円］ずつ引かれようとしているのだ。

しかし、なんとかなるという気はした。借金の心配は後回しにしよう。模擬面談で借りたことになっている四〇〇ポンド［八万円］をポケットに、家具を買いにいこう。どのくらい使い出があるだろうか。

第3章　職探し

＊

早く仕事を見つけなくてはならないが、何日くらいかかるか見当もつかない。それで、とにかく朝一番に出かけることにした。最寄りの職業紹介センターは、団地の部屋から歩いてほんの一五分。ブリクストン・ヒルを少し入ったところにある。ここには労働党政権がニューディール政策を打ち出してまもないころ、何度か取材にいったことがある。面接に立ち会わせてもらって、新任のアドバイザーたちが若い人たちに職を世話するのを見て感銘を受けたものだ。その後も何度か様子を見にいったので、顔を覚えられていないかどうか心配だったが、それは杞憂だった。混んでいて、それどころではなかったのだ。

センターはカーペットを敷いた明るいオフィスで、アーサー・ジョーンズ氏の職場とは大違いだった。ドアを入ってすぐのところに受付のデスクがあって、社会保障給付金の小切手が届かないとか、国民保険番号が決まらなくて働けないとかいう苦情を抱えた人たちが列を作っていた。

私は、受付で聞かなくてもどこへいけばいいかわかっていることにホッとして、まっすぐ求人検索用コンピュータに向かった。コンピュータはドアから近いところに並んでいて、誰でも使っていい。気の小さい人や、役人にあれこれ詮索されたくない人にはありがたいサービスだ。誰もなにをしているのかなどと聞かないし、監視もしていない。スクリーンに指で触れると、熟練者向けの仕事から低賃金の肉体労働まで、さまざまな求人情報が表示される。べつのところを押すと、仕事の詳細——給与、時間、資格の有無など——がプリントアウトされる。ただし、雇い主の具体的な名称や、直接に連絡をとる方法などはわからない。役に立たない就職希望者が雇い主のもとに殺到しないように、まず雇用局スタッフが適性の有無をチェックすることになっている。職業紹介センターは雇い主がここに求人広告を出すように、涙ぐましい努力をしているが、いまだに求人広告は地元紙のほうが圧倒的に多い。センターに広告を出すのはタダで、新聞広告には費用がかかるのに、あえて新聞を選ぶのは、雇用局経由でくる就職希望者を信用していないということなのだろう。職業安定局時代の悪評は消えがたい。また、のちに気づいたのだが、勤務時間や賃金などの詳細を雇用局に知られたくない、という雇い主もいるようだ。

気に入った仕事が見つかったら、列に並んでアドバイザーに会い、雇い主に電話してもらう。それがいやならプリントアウトを家に持ち帰って、雇用局直通電話で、電話越しに用件を済ますこともできる。そのほうが面と向かうより気が楽だ。それでなくても、私には不安材料がいくつもあった。申告できる職歴がない。職業資格もない。たいていの求人広告が要求する六ヶ月の経験もない。そのうえ、信用照会状は身内に頼んででっち上げた代物で、本気で調べられたらすぐばれそうだ。この体験プロジェクトは最初のハードルで挫折するのだろうか。年齢の問題もあった。五〇過ぎだと認めたばかりに面接にさえこぎつけられなかった、という話を聞いたことがある。肉体労働となるとよけいにむずかしいかもしれない。

一時間ばかりコンピュータ画面をにらみ、よさそうな仕事を何件かプリントアウトすると、そそくさとセンターをあとにした。団地の部屋から電話することにしたのだ。センターにも無料電話があることは、あとで知った。

部屋に帰り、勇気を奮って電話をかける。電話の向こうから聞こえてきたのは、私と同年配と思われる女性の声だった。気さくな口調で、こちらを安心させてくれる。まず名前を聞かれた。これは大丈夫。私が職業上使っている名前は「ポリー・トインビー」だが、「ポリー」は両親がつけた愛称で、出生証明書にはべつの名前が書かれている。さらに、「トインビー」は旧姓だ。夫の姓はごくありふれていて、記憶にも残らない。パスポートや銀行口座など正式の書類をべつにすれば、めったに使ったことがない。名前がふたつあったのは、まことに幸いだった。

つぎに聞かれたのは国民保険番号だった。私が読み上げる数字をコンピュータに打ち込んでいる気配がする。私は息をひそめた。この番号のもとに、私に関するどんな情報が集約されているかわからない。本当の職歴が表示されでもしたら、いま現在（研究休暇中ではあるが）職に就いて高給をとっており、高額の国民保険料を払っているのがばれてしまう。なぜ最低賃金の働き口を探しているのか、と聞かれるかもしれない。他人の名前をかたって、嘘の保険番号を告げたと疑われるのではなかろうか。ずいぶん待たされたあげく、もう一度誕生日を聞かれた。

「この国民保険番号では登録されていないようなんですよね」

悪事を働いたわけでもないのに、私はパニックを起こしかけた。が、そのとき、明るい声が上がった。

「ああ、あった！　番号を打ち間違えていたんだわ、ごめんなさい。さて、ご用件は？」

国がどんな個人情報を握っているにせよ、国民保険番号とリンクされてはいなかったようだ。助かった。しかし、これでわかったことがある。よほど後ろ暗い仕事でもないかぎり、国民保険番号はかならず必要になるから、名前や年齢を偽ることはできないということだ。

「詳細を知りたい仕事がおありですか」

コンピュータから選び出した仕事の一番目は病院の院内清掃作業だった。病院の場所は「ロンドン地域」としか書いてない。私は求人番号を読み上げた。

「ありました、これね」

過去の職歴や年齢など、面倒なことはなにも聞かれなかった。受話器を握って待っていると、求人広告主と電話連絡をしていた声がまもなくこちらの電話に戻ってきた。

「これはエージェンシー（人材派遣事務所）の仕事ですね。ショアディッチ・ハイストリートのグレーンジ・エグゼクティブというエージェンシーです。水曜の午前一一時半にいって、サマンサという人を訪ねれば、面接してくれるそうですよ。用意するものはパスポートか出生証明書、国民保険番号、パスポート用写真二枚、前職からの信用紹介状二通と、銀行の口座番号。エージェンシーの給料はすべて銀行振り込みですから。おわかりかしら」

私は、わかった、その時間にいく、と答えた。

「ほかにやってみたい仕事があったら、またお電話ください。がんばってね」

クラパムからショアディッチ・ハイストリートまでバスでいくのは、結構な道のりだったが、バスの定期はもう買ってある。ただし、パスポート写真に三ポンド［六〇〇円］を要した。エージェンシーは、交通量の多い交差点に面したみすぼらしい建物だった。近づいていくと、大勢の人が出入りしているのが見えた。どんなことになるか想像もつかないが、とりあえず面接の約束だけはある。身の上話もそれらしく聞こえるように、何度も何度も頭のなかで練習した。子どもが大きくなったのでもう一度働きたい、云々というお話だ。

なかに一歩入ると、受付付近は人で一杯だった。順番を待つ人と、なにかの書類に記入している人がぎっしりで、立ち止まる場所もない有様だ。雑踏をかきわけて受付デスクのまえに立つと、こちらの名前を名乗る暇もなく、デスクの若い男が「パスポートを出して！」という。私はパスポートを渡した。パスポートを渡さないかぎり、順番待ちさえできないらしい。若い男はパスポートをちらりと見ると、無言でパスポートの山のいちばん上に置いた。「一一時半にサマンサという人と面接の約束があるんですが」といってみたが、「いま、いません」という無愛想な返事が返った。「名前を呼ばれるまで待ってください。待っているあいだに、この書類に記入しておくこと。はい、つぎの方」。約束の時間に面接してもらえるなど、これまで住んでいた世界から引きずってきた幻想だった。こちら側の世界では、時間や約束などなんの意味もなく、誰もがひたすら列を作って待つのだ。

私はほかの人たちをながめた。大半が外国人で、英語をほとんど解さない人が多いようだ。皆、必死に職を求めている。多くは、同様に英語のおぼつかない友人に付き添われて、おずおずと受付デスクのまえに立つ。例の若い男はぶっきらぼうにひとつ、ふたつ質問し、理解できない人はその場で追い返す。が、ほとんどは待つことを許されていた。どんな仕事でもやるぞ、という熱意をみなぎらせている人。うんざりとあきらめの表情を浮かべている人。不安に顔をゆがめて、渡された書類の束と格闘している人。どうやら、有効な労働許可証か英国国籍のいずれかがないかぎり、書類に記入するところまでもいけないようだ。

私も記入することにした。待ち時間をつぶすために、ゆっくり丁寧に書き込んでいく。たいていの質問は、すでに答えが考えてあった。職歴については、三〇年まえに例の本を書いたときに就いた仕事のほこりを払い、昨日のことのように装う。信用紹介先のひとつは母（「老人介護」――じつは、母は健康そのもので、介護の必要はまったくないのだが）。もうひとつは娘夫婦だ（「掃除」、ときに――じつは孫の――「子守」）。万一照会があったら、正直で信頼が置けたと答えるよう、しっかりせりふをつけてあった。

　署名を求められた書類も、じっくり目を通す時間があった。活字が細かいので、読んだ人は少ないのではないかと思う。読んでみて、国家医療サービス（ＮＨＳ）がパートタイマーを雇うのに、なぜエージェンシーを通すのかがわかった。こんな賃金や労働条件では、堂々と求人広告主になることなど、とうていできないだろう。「臨時労働契約」といえば聞こえはいいが、内実は「随時労働を提供することへの合意」であり、要するに労働時間の制限はないに等しい。なかにこんな条項があった。「当該臨時労働者はここに、週間労働時間制限が適用されないことに同意する」。この契約書に署名すれば、週最長四八時間という法定労働時間制限の権利を自主的に放棄したことになる。が、署名しなければ、仕事はもらえない。

　これはなんら法に抵触しない。先年、ＥＵが週四八時間労働の指令を出そうとしたとき、構成国のすべてが賛同したにもかかわらず、英国労働党政権は執拗に抵抗した。雇用者を税法上優遇し、面倒な義務を課さない英国の「柔軟」かつ「規制の緩い」雇用法を、一片のブリュッセル指令で失うわけにはいかない、ということだった。したがって英国は、免除規定の採用を主張し、被雇用者は、週四八時間以上働かされないという権利を自主的に放棄できることになった。このとき議論の対象になったのは、仕事が好きでたまらない高給取りの専門職だった。事務次官、閣僚、大実業家、弁護士や、深夜までコンピュータに向かう天才プログラマー――こういう人たちが、ＥＵのくだらない指令のせいで、週四八時間を過ぎたら仕事を止めなくてはならないというのか。結果的には、当時労組が予言したとおり、もっぱら低賃金労働者が権利放棄条項の対象となった。いまの私がそうだったように、「自主的」放棄の書類に署名せざるをえず、四〇〇万人の労働者が週四八時間規定の対象外になっている。

つぎに記入すべき書類は、「職業適性テスト」だった。初歩的な四則計算や、数字を大きい順に並べたり、名前をＡＢＣ順に並べたりするものだ。部屋を見回すと、テストの指示が理解できなくて、難渋している求職者がたくさんいた。書類を持って帰り、誰かに教えてもらおうとする人もいたが、書類は一枚たりとも持ち出せないことになっていた。のちに思い当たったが、これはカンニングを防ぐためではないらしい。ほとんど正解がなくても問題にはならないと聞いた。おそらく、契約書などを家に持ち帰ったり、労働組合に駆け込んだりされては困るからなのだろう。複写も許されないと思ったので、条項の一部をこっそりメモすることにした。あとは健康調査表と、エージェンシーが犯罪歴を警察に照会することに同意する書類。

刻々と時は過ぎ、昼休みになってエージェンシー職員の姿が消えた。二時になっても私の名前はまだ呼ばれない。相変わらず人は増えつづけ、壁にもたれたり空《あ》いたカウンターに寄りかかったりして待っている。三時ジャストに表のドアが閉められた。このあとは、どんなに遠くからこようと入れない。待って、待って、待ちつづけながら、私は思った。職探しとは金と時間のかかるものだ。私にしても、セルフサービスのブースで写真を撮るのに三ポンド［六〇〇円］使っただけでなく、貴重な時間を浪費させられている。これで仕事が決まらなかったら、と想像するだけでぞっとする。あとで知ったのだが、はるか遠くのエージェンシーまで出かけ、ようやく未来の雇い主のもとに出向いても、各種の書式を渡されるだけで、それを持ち帰って記入し、必要な書類を添えてまた提出しにいかなくてはいけない場合が多いらしい。書類の郵送は許されない。

ついに名前が呼ばれた。アラナという若い女子職員が、記入済みの書類を受け取って、私を面接ブースに案内する。まずはお決まりの前口上——嘘をつかないこと、清潔を旨とすること、遅刻しないこと。ついで、苦労してでっち上げた履歴書を一瞥するが、あまり関心はなさそうだった。それから、そっけない口調でいくつか質問された。信用照会先について。そこでどんな仕事をしていたか（答えは、「清掃係」）。病院で働いた経験はあるか（答えは「イエス」）。ただし、アラナはいつのことか聞かなかったし、私も二〇年まえとはいわなかった）。用意した写真と、現住所居住証明書と、銀行口座証明書を渡し、パスポートを返してもらう。

「さて、あなたにお願いしたい仕事は、病院の運搬係です。それでいいですか」

病院の清掃係をするつもりだったので、これにはあっけにとられた。

「それって、ふつう、男の仕事じゃありませんか」

アラナは、わからないと答えて、隣室の上司に相談にいった。病院の仕事を統括するという上司の、伸ばした爪に赤いマニキュアをした指先が宙にひらひらするのだけが、ドアの隙間からちらりと見えた。「あら、大丈夫。問題ないわ」という声がする。アラナが戻ってきた。

「問題ないそうです」

「重い物を運ぶのかしら」

「いいえ、そんなことありませんよ」

アラナにも実態がわかっていないのは明らかだったが、あれだけ待たされたあげく、ついに就職目前までこぎつけた。返事に困るような質問をされることもなく……。

アラナが満面の笑顔で書類の束を差し出した。

「じゃ、明日の朝一番にチェルシー・アンド・ウェストミンスター病院にいってください。いいですね」

「これで決まりですか」と私。エージェンシー経由とはいえ、NHSの仕事がこんな簡単に決まっていいものか、と信じがたい気持ちだった。

「ええ。明日、運搬係控え室へいって、グレーンジ・エグゼクティブからきた、といってください。よろしく」

アラナはそういうと、物々しい身分証明証を渡してくれた。例のパスポート用写真が貼り込んである。これが通行許可書になるらしい。つぎの人が待っているので、私は急いでその場をあとにした。

渡された書類の大半は、今後エージェンシーで仕事を得る方法の説明だった。「当エージェンシーは待機システムを採用しています。毎朝ここにきて、予約が入っているかどうか確認してください。いつでも仕事に就けるよう、指定の制服を着用のこと」。毎日はるばるショアディッチまでいって、そのつど待たされるのはごめんだった。書類に目を通しながらオフィスを出る段になって、私の仕事が明日だけなのか、もっと続くのかわからないことに気がついた。もっとも重要な指示は、書類の最初のページに大文字で書いてある。「雇用者に、自宅の電話番号を決して教えないこと」。私たち労働者ではなく、エージェンシーを守るための指示であることは、明らかだった。雇い主と直接交渉されたら、エージェンシーに手数料が入らなくなる。病院運搬係の制服は、黒いズボン、白いシャツ、黒靴となっていた。指示がもうひとつ。「指定時間の一五分まえに出勤すること」。週五日で一時間一五分のただ働きだ。

クラパムまでの長い道のりをバスに揺られながら、もう一度書類をめくってみて、それまで気づかなかった一行に目を引かれた。グレーンジ・エグゼクティブは、二週間に一度しか賃金を支払わないらしい。ということは、明日から二週間後でなければ、給料が手に入らない。前借りを頼んだら、というジョーンズ氏の現実離れした提案を思い出し、家に帰ってからアラナに電話してみた。前借りを頼む勇気はなかったので、一週間目に払ってもらえないか、本当に困っているものだから、といってみた。よく頼まれるのだといわんばかりに、即答が返った。

「不可能です。うちのコンピュータシステムは、二週間目から支払いを開始するようにしかできていませんから」

あきらめるしかなかった。

第4章　買い物

＊

シャフツベリー協会（救貧ボランティア組織）の家具店は、キャンバーウェルの鉄道線路に沿った大きな倉庫のなかにあった。予約をしたうえでここを訪れれば、身ひとつの人でも最低限必要な家具がそろえられる。大半は、朝食付きの簡易宿泊施設から、ようやく公営団地に引っ越すことになった人たちだ。給付金局のジョーンズ氏は、中古家具店の紹介を禁じられていたから、慈善寄付された中古家具を扱う店についても、なにも話してくれなかった。しかし、住宅供給局のジェニーは、慈善中古家具店のリストを渡してくれた。新規入居者全員に渡すらしい。これがなかったら、ごく基本的な家具でさえそろえられない人がほとんどだろう。私は誰になにをどんなふうに頼めばいいかがわかっているから、本当に困っている人と同じ体験ができたのではないことは、いうまでもない。私にとっては、この買い物はあくまでも興味深い実験で、幼児を何人も引きつれたり、英語が話せなかったりする人たちの深い絶望感とは無縁だった。しかし、少なくともシステムがどんなふうに働くのかを試してみることはできる。

私は、この店で長年働いているレティシア・サビマナという女性と会う予約ができていた。あらかじめ、シャフツベリー協会本部に今回の計画を打ち明けたところ、全面的に協力してくれることになったのだ。協会にしてみれば、倉庫のスペースも人手も予算も足りないし、せっぱ詰まって駆け込んでくる人たちの実情ももっと広く知らせたい。私の計画が成功して協会の活動が話題になれば、家具や現金の寄付も増えるかもしれない。というわけで、私は社会基金からの仮想ローン四〇〇ポンド［八万円］を手にここを訪れ、必要な家具を買って、困っている人たちと同様無料で配送してもらえることになった。そのかわり、私は協会に五〇〇ポンド［一〇万円］を寄付した。買った家具は団地の部屋を出るときに返却する約束だった。

レティシアは、英連邦モーリシャス島出身の、気のいい中年婦人で、私が考えてもいなかったことを早速指摘してくれた。

「では、社会基金から借りたお金を持っているおつもりなんですね」

「ええ、係官が四〇〇ポンドのローンを認めてくれたことになっていますから」

「ははあ、でも、いまそこにお持ちですか。まず、それを確かめておかなくては。ローンが実現するには何週間もかかるんです。それ以上かかることもあります」

いま現に困っているから借りるのだと思っていた、というと、レティシアは苦笑した。

「たしかに、公営団地の部屋の鍵をもらったとたんに、宿泊施設を追い出されたという人もきます。ここの予約をとるにも時間がかかるから、それまでなにもない部屋で過ごしていたということもあるでしょう。ほんとになにもない部屋でね。ベッドはおろか、敷布や掛け布団を買うお金もないんですから」

規則によれば、新しい部屋の鍵をもらってからでないと、社会基金ローンの申請はできない。しかし、鍵をもらうやいなや、宿泊施設からは追い出され、ただちに、がらんどうの新しい部屋に引っ越さなくてはならない。では、どうなるのか。

「たとえ寒かろうと、小さい子どもがいようと、床で寝るしかありません。コートを持っていれば、上掛けにできますけれど」

シャフツベリー協会は、なにをしてくれるのか。

「お金が手元に届くまで私たちにできることはあまりありません。できるかぎりのことをしようとは思いますが」

しかし、協会の予算はギリギリだから、後払いで家具を渡す余裕はない。いくら安いといっても、売上げが活動資金になるのだ。売上げが入らなかったら、ただちに店じまいするしかない。先に家具を渡して、支払いはローン小切手が届いたときに、というやり方ができないのは、払いにきてくれない人が多いからだ。本当に生活が苦しいので、いざ小切手が届くと、ほかのことに使わずにいられないのだ。とりわけ困窮している人のために協会はマザー・パット基金というのを用意しているが、予算は月にわずか二〇ポンド［四〇〇〇円］。予約がとれるのは日に二〇家族。予約がとれなかった家族はその何十倍にもなるから、この予算がいかに少ないかわかる。

協会が扱う家具は寄付されたものだ。古くなったり、いらなくなったりした家具を寄付したい人は協会に電話連絡する。引き取りにいったボランティアスタッフに、現金の寄付をことづける人も多い。家具店が古い在庫を寄付することもある。組立家具メーカーのイケアからはつい最近、新品の寝具がひと山寄付されたばかりだという。運転手と一部スタッフには給料が支払われるが、重い家具を運ぶ男手をはじめ、スタッフの大半は無給のボランティアだ。ロンドン各地の教会は、献金の一部を寄付してくれる。クリスマスにはいくつかの企業の従業員が新品のおもちゃや絵本を持ち寄ることもあり、これはワゴン車で回収して、貧困家庭に安い値段で販売される。「お母さんのなかには、おもちゃを見て泣きだす人もいます。クリスマスだというのに子どもになにも買ってやる余裕がないと思っていたら、ここでは新しいおもちゃが一ポンド［二〇〇円］かそこらで買えるからです」。

レティシアによると、日に二〇家族さばくためには、一家族に与えられる買い物時間は三〇分しかないという。三〇分は短い。私はテレビの買い物ゲーム番組にでも出たような気分で、買い物を開始した。制限時間内に、最低限必要な品物をそろえなくてはならない。まずはベッドだ。私がいった日にはダブルベッドが残っていなかったので、シングルベッドで我慢する。夫がときどき部屋に泊まりにきてくれるはずだったが、これでは思った以上に寂しい暮らしになりそうだ。つぎはガスレンジと冷蔵庫。この種の品物が寄付された場合、協会はいったん整備に出す決まりになっている。整備と安全点検が終わると、三ヶ月の保証がつくのだが、これに五〇ポンド［一万円］かかる。だから、ガスレンジは六五ポンド［一万三〇〇〇円］。冷凍庫なしの小型冷蔵庫は四五ポンド［九〇〇〇円］。なにが必要かを十分に考え抜いていなかったからだろう。値段を合計しながら倉庫のなかを走り回るうちに、なにがなんだかわからなくなってきた。結局、私が買ったのはソファ一五ポンド［三〇〇〇円］、肘掛け椅子二脚で一二ポンド［二四〇〇円］、テーブル一五ポンド、椅子四脚二四ポンド［四八〇〇円］。ホテルから寄付された古いカーテンひと袋が八ポンド［一六〇〇円］。冬の夜、とくに寝室にはカーテンが必要だろう。古い傷だらけの衣装ダンス一〇ポンド［二〇〇〇円］、ベッドサイドテーブルふたつ一〇ポンド、鏡付きのサイドテーブル二〇ポンド［四〇〇〇円］。鏡はどうしてもほしかった。ナイフ・フォーク類、皿とマグカップとグラス三、四個ずつ、ふたつだけ売れ残っていた鍋（どちらも薄手で、でこぼこだった）、古物だが十分使えるプラスチックの洗い桶。それに、居間のカーペットの汚れ隠しにもなる小さな敷物が二ポンド［四〇〇円］。これにベッドとガスレンジと冷蔵庫を足して、合計二四七ポンド［四万九四〇〇円］（布団は持っていたことにして、ふだん使っていたものを運び込むつもりだった）。

制限時間の三〇分が過ぎたとき、私はこの値段で必要なものをすべてそろえた自分になかなか満足していた。いま思えば、貧乏暮らしというものがまるでわかっていなかったのだ。社会基金ローン四〇〇ポンド［八万円］のうち、一五三ポンド［三万六〇〇円］を使い残したのだから、これで安心だと思ったのだが、レティシアは私の間違いを見抜き、首を振ってこういった。

「使いすぎだわ。あなたや私がふだんするようなやり方ではなく、困窮家族の身になって家具をそろえなくては。ベッドサイドテーブルや鏡台兼用のサイドテーブルを買うなんて！　残り一五三ポンドでは足りなくなると思いますよ」

結果的にはそのとおりだったが、レティシアは私の思うとおりにやらせてくれた。失敗から学ぶほうがいいと思ったのだろう。レティシアに家具配達の手配をしてもらい、心から礼をいって、私は倉庫をあとにした。困窮者のホッとする気持ちがわかった気がした。

あとはテレビを買わなくては。テレビのない生活をするくらいなら、床に寝るほうがまだましだ。団地の近くの中古品店で、四九ポンド［九八〇〇円］のテレビを見つけた。室内アンテナがついている。団地の部屋には屋外アンテナの差し込み口がないから、室内アンテナは必要だ。店ではよく映っていたのだが、部屋に持ち帰ってみると、映らない。気がつかなかったが、店では屋外アンテナにつながっていたのだ。店に戻って、べつの室内アンテナを買うはめになった。これが四ポンド［八〇〇円］で、残金一〇〇ポンド［二万円］。

ヒーターもほしい。二月のいま、セントラルヒーティングのない部屋はひどく寒かった。居間についている古ぼけたガスストーブは、並んだ火口のうち中央の二列しか火がつかない。近所の安売り電気店を探し回ったあげく、大きな対流式ヒーターが見つかった。二四・九九ポンド［四九九八円］。結構暖かそうだ。店員に、電気代のかかり具合を聞いてみた。

「向こうのやつなら、電気代は半分で済みますよ。四九・九九ポンド［九九九八円］です」

高すぎる。電気代がかかるのは嬉しくないが、それはあとで考えることにしよう。安いほうを買って、残り七五・〇一ポンド［一万五〇〇二円］。あとは電話だが、仕事探しに動き回ることを考えると、携帯がほしい。目につくかぎり、いちばん安いのが四九ポンド［九八〇〇円］だった。使い方に注意すれば、通話料は週八ポンド［一六〇〇円］見ておけばいいだろう。贅沢だったろうか。私の出会った低賃金労働者のほとんどは、携帯電話を持っていた。いまどきの職探しは携帯なしでは苦労が多いのだ。これで手持ちの残金は二六・〇一ポンド［五二〇二円］となった。

引っ越しの日は寒かった。私はコートを着たまま、居間のお世辞にも綺麗とはいえないカーペットに座り込んでいた。いまあるのは持ち込んだ布団ひと山と、テレビと、電気ヒーター。火のついていないガスストーブに背をもたせて、家具の配達を待つ。ガスと電気の点検も、おっつけくるだろう。外は雨。エレベーターは故障中だ。四階のゴミ捨てシュートから漂う悪臭が、とりわけ強烈に忍び込んでくる。玄関のドアを開けるたびに、臭いがどっと入ってきて、なかなか消えてくれない。近所の安売り店で、二〇ペンス［四〇円］のエアフレッシュナーを見つけて、ドアのそばに置くつもりで買ってきたのだが、帰ってよく見たら、品質保証期限がなんと一九九四年で、とうに匂いが抜けていた。

待っているあいだにもう一度、ノートに書いた収支の計算をやり直してみた。どこかで計算ミスをしているに違いない、としか思えなかったからだ。最初の一週間で私はここに引っ越し、家具を買い、仕事を探した。来週からは仕事に出られるはずだが、この一週間の収入は、単身求職者手当五三・〇五ポンド［一万六一〇円］。プラス、社会基金ローンの残り二六・〇一ポンド［五二〇二円］。計画的に使ったと思ったのは大きな間違いで、知らないうちに借金漬けになっていたようだ。

第一週固定支出

家賃および評議会税	最低の所得しかないので、住宅手当で肩代わりされる
水道料金	二ポンド［四〇〇円］
社会基金ローン返済	八ポンド［一六〇〇円］
ガス・電気料金	一五ポンド［三〇〇〇円］
バス定期	八・五〇ポンド［一七〇〇円］
電話使用料	八ポンド［一六〇〇円］
テレビ視聴料	二ポンド［四〇〇円］
計	四三・五〇ポンド［八七〇〇円］

まだ食料品をなにも買っていないのに、これだけで求職者手当の残りはわずか九・五五ポンド［一九一〇円］。社会基金ローンの使い残り二六・〇一ポンド［五二〇二円］を足しても、三五・五六ポンド［七一一二円］にしかならない。一見これでもよさそうだが、よく考えると、仕事を

始めてすぐに給料がもらえるわけではない。最初の給料小切手がもらえるまでの二週間、これだけで食いつながなければならないのだ。働きはじめたらただちに、給付金局に申告しなければならず、そうしたら即座に求職者手当は打ち切られる。にもかかわらず、第二週も固定支出の四三・五〇ポンド［八七〇〇円］は出ていく。つまり、食料品をなにも買わなかったとしても、七・九四ポンド［一五八八円］の赤字だ。

それだけでは済まない。働きはじめたら、たとえ現実に給料が入らなくても、給与所得者の扱いを受ける。ということは、家賃を払わなくてはならない。この部屋の家賃は週五九ポンド［一万一八〇〇円］。私は低所得者だから、住宅手当から一七・五六ポンド［三五一二円］補填されるとして、実際に払うべき家賃は週四一・四四ポンド［八二八八円］だ。まだある。評議会税の一二・六五ポンド［二五三〇円］を足すと、週になんと五四・〇九ポンド［一万八一〇円］。つまり、食料品を買わなかったとしても、赤字は六二・〇三ポンド［一万二四〇六円］にもなる。

最初の給料日がくれば、赤字分は精算できるだろう。しかし、それまでのあいだ、どうしのぐか。まず、家賃と評議会税（第二週分）、水道料金とテレビ視聴料（第一、二週分）を滞納する。第二週のローン返済八ポンド［一六〇〇円］も払わない。求職者手当が打ち切られたら、そこからさっ引かれる心配もなくなるのだから。そのうち精算できることを祈るばかりだ。計算してみると、先延ばしできるのは合計七〇・〇九ポンド［一万四〇一八円］となった。それでも、どうしても逃れられない支出が二週間で七一ポンド［一万四二〇〇円］。手持ちは七九・〇六ポンド

［一万五八一二円］。八・〇六ポンド［一六一二円］で二週間暮らさなければならない。

消したり書いたり、節約の道をあれこれ探ったり、ずいぶん時間がかかった。正直な話、計算ミスがあったに違いないと思っていたのだが、何度やり直しても数字は正しかった。茫然としているところへノックの音。シャフツベリー協会から家具が届いたのだ。エレベーターが故障しているので、四階までかつぎ上げてくれた。ありがたいやら申し訳ないやらで、おろおろと礼をいったが、公営団地ではよくあること、と気にもかけていないようだった。一服してもらいたくても、手元にはティーバッグすらない。

ひとりになってから、家具を少々動かした。ストーブの向かいにソファ、その両側に肘掛け椅子。足元に小さな敷物。汚れていて、もとからあるカーペットとあまり変わりないが仕方ない。テーブルにテレビを載せ、室内アンテナをつけてみると、うまく映った。皿やグラスの類は台所の戸棚へ。ナイフとフォークとスプーンは、同じく台所の引き出しへ。缶切りと、木の杓子と、ポテトマッシャーも、引き出しに入れる。薄手ででこぼこの鍋のひとつは、居間のストーブに載せておくことにした。ケトルがないので、これで湯を沸かすつもりだ。シングルベッドを寝室の壁に押しつけ、鏡付きのサイドテーブルをもう一方の隅に置く。つぎはホテルから寄付された古カーテンの袋だ。引っぱり出してみると、一見よさそうだったが、よく見ると、柄《がら》はそろっていても長さがまちまちだ。みっともないかもしれないが、寝室と居間の窓を覆うだけの幅と長さがあれば目隠しの役には立つから、文句をいうこともない。

そこで、はたと気がついた。窓にカーテンレールがついていない。レールはいくらくらいするものだろう。取りつけるのにドリルやロールプラグがいるのだろうか。先週までの私なら、便利屋さんを呼んで頑丈なのをつけてもらったはずだが、ここではどうすべきか。そういえば、私の大きな、なんでも入るハンドバッグに、特別に長い靴紐があったはずだ。息子のブーツの紐がひどくなっていたので、取りかえなさいというつもりで、すっかり忘れていた。バッグの底から発掘してみると、窓の幅にぴったり合う。二本あるから寝室と居間の窓それぞれに使えばいい。カーテンを吊っても耐えられるくらいの強度はありそうだ。私は近所の荒物屋で長い釘を一〇本（一〇ペンス〔四〇円〕）買い、靴のかかとをカナヅチ代わりにして、窓枠に打ちつけた。壁の漆喰が多少はがれ、靴のかかとにかなりのダメージを受けたが、釘はしっかりくい込んだので、そこに靴紐を張りわたした。フックは、と一瞬あわてたが、カーテンには古いフックの大半がついたままになっていた。椅子を踏み台にして、おそるおそる靴紐にフックを掛ける。カーテンの重みで釘もろとも落ちてくるのではないかと心配したが、なんとかもっている。カーテンがたわんで窓枠が見えているが、気にするほどのこともない。さすがに開け閉めする勇気はなかったので、二四時間閉めっぱなしだ。昼間は裾のほうだけ端に寄せ、本を何冊か積んで押さえることにした。のちによその部屋の窓を見上げて気がついたのだが、うちと同様、一時しのぎの工夫をした窓がいくつかあった。理由も同様だろう。カーテンレールは高価なうえに、取りつけにくい。

居間の外には小さなベランダがある。ベランダに出るドアを開けようとしたが、長年ペンキを塗り重ねられたために枠にくっついて、びくとも動かない。鍵も曲がってしまっている。誰も久しく使っていないようで、鳩に占領されていた。片隅に、子ども用の壊れた自転車や錆びついたバーベキューセットが立てかけてあり、鳩のフンで真っ白になっている。もう一方の隅には、鳩の卵の殻がふたつ。窓の出っぱりに鳩が数羽、並んで止まり、ガラスにぴったりくっついて雨を避けている。どこか悪いのか、あちこち羽根が抜けて、みすぼらしいことこの上ない。鳩社会のなかでも落ちるところまで落ちて、この団地にたどりついたといわんばかりだ。見ていると腹が立つので、ガラスを叩いて追い払おうとしたが、逃げる元気もないようで、濡れそぼった羽根をたたんだまま動こうともしなかった。ここが定位置らしく、私が住んでいるあいだずっと居つづけて、みじめな思いを増幅することになる。

部屋の居心地が多少よくなっても、それだけでは十分ではない。周囲がどう見えるか、ということも重要なのだ。角を曲がるたびに緊張し、誰かとすれ違うたびにそれとなく警戒の目を向けながら、団地の敷地を抜けてくるのは、不安なものだった。敷地に一歩入ると、気が滅入る。私が慣れていないから、というわけではなかった。長年の住人も、同じことをいっていた。仕事から帰ってきて家が近づくと、心が弾み、足取りも軽くなってよさそうだが、ここでは逆の現象が起きる。そこはかとない不安感に加えて、目に飛び込んでくる光景が好ましくないために、うららかに晴れた日でさえ、一刻も早く自分の部屋に逃げ込みたくなる。臭いゴミバケツの横を通り、入り口の、蝶《ちょう》番《つが》いが壊れてかしいだドアを入り、ふいの出来事に身構え、どこかでドアが開いたり閉まったりする気配に耳をすませながら、悪臭漂う階段室を上る。エレベーターは使わなかった。ジェニーの話を聞いてから、閉じ込められるのが怖くて使えなかったのだ。こうして四階の部屋にたどりついても、わが家に温かく迎えられるどころか、外のひどい光景が閉め出せて、ホッとするだけだった。

カーテンレールは私にとって、ほしいけれど買えないものの象徴になった。届いたばかりのテーブルに向かって必要なもののリストを作り、倹約に倹約を重ねたらそのうち買えそうかどうか考えてみた。ベッドをもう一台、ヘアドライヤー、アイロン、アイロン台、掃除機、ケトル、トースター、裸電球にかぶせる笠――これらは一、二年かければ、ひとつずつそろえていけそうだ。新しいカーペットは無理かもしれない。外国への休暇旅行……はおろか、まとまった休暇でさえまず不可能だろう。リストはどんどん長くなる。先週までの私なら、あってあたりまえのものばかりだが、いまの私の立場にいる人にとっては、一度にはそろえられないもの、あれかこれかと迷いながら少しずつ買っていくものだ。とりあえず買うべきは、食料だろう。

リストを作ってみて思い知らされたのは、物の値段を知らない、ということだった。たとえば、そろそろ暗くなるのに、どのソケットにも電球がついていない。いままではいつも、スーパーで何個入りかのパックをカートに放り込んで、単価など気にしたこともなかった。買い物全般がそんな調子だった。週に一回、車でスーパーへいって、まとめ買いをする。合計は一〇〇ポンド［一二万円］前後だろうか。家でパーティをしたりすれば、週二回買いにいくこともあるから一〇〇ポンドを超えることもあったはずだ。とくに贅沢はしない。ヒレステーキや高級舌平目などには（特別なとき以外）手を出さないし、バーゲンは大好きだ。賞味期限切れが近づいて、値下げの赤札を貼った食品を見つけると、やりくり上手だとひそかに気をよくした。二パック分の値段で三パック！　というのも愛用した。ただし、本当に割安かとか、三パックも使いきれるのか、といったことはまったく気にしなかった。牛乳一リットルや食パン一斤の値段は知っていたが、それは、政治家が困窮者を批判したとき、やり返す格好のネタになったからだ。男の政治家にこうした基礎食品の値段を聞くと、答えられずに赤面したものだった。いまや赤面するのは私の番だ。スーパーへいってみるまで、たいていの食料品の値段がわからない。近所でいちばん安いのは、「リドル」というスーパーだ。歩いて一〇分、帰りは荷物があるからバスを使うことになるだろう。

というわけで、早速買い物だ。八・〇六ポンド［一六一二円］でなにを買えば、二週間食いつなげるだろうか。私はノート片手にリドルの店内を歩き回って、まず値段をチェックした。こういうスーパーで困るのは、安いものは量も多い、ということだ。そんなには食べきれない。とりあえず、私が買ったものはつぎのとおり。

ジャガイモ七キロ入り一袋　一・七九ポンド［三五八円］
牛乳一リットル　四五ペンス［九〇円］
さやをむいた干しエンドウ一袋　四〇ペンス［八〇円］

スパゲッティ一袋　三九ペンス〔七八円〕
精米済みの米一キロ　五五ペンス〔一一〇円〕
ニンニク球一袋　三九ペンス〔七八円〕
トマト一缶（刻みトマト缶よりホールトマト缶のほうが安いとは知らなかった）　一一ペンス〔二二円〕
ティーバッグ一六〇袋　一・四九ポンド〔二九八円〕
塩　一五ペンス〔三〇円〕
洗剤（バーゲン品！）　一五ペンス〔三〇円〕
電球三個（単価一九ペンス）　五七ペンス〔一一四円〕
キャベツ大玉一個　六二ペンス〔一二四円〕
オレンジ八個　九九ペンス〔一九八円〕

以上、合計八・〇五ポンド〔一六一〇円〕！　上出来だ。貧困をテーマにした記事を書くと、投書がくることがある。レンズ豆のスープと手作りパンで子ども四人を育て上げた、とても楽しかった、と自慢する類の投書だが、一瞬、その気持ちがわかる気がした。しかし、当初買うつもりで、あきらめたものもたくさんあった。パン、サラダ油、カレー粉、インスタントコーヒー、チーズ、コショウ、マーガリン、豆のトマトソース煮缶、トマトペースト、電球あと一個、タマネギ。退屈な料理にわずかながらアクセントをつけるためのニンニクと、トイレの電球の、どちらを選べというのだろうか。

ノート片手に計算しながら店内を歩き回っていると、店長らしき人ににらまれた。私が覆面検査官か、ライバル店のスパイだと思ったのだろう。迷ったあげく買ったのは、右記のとおりだ。私の計算ではこれでギリギリ二週間食べていけそうだし、ダイエットするのも悪くないだろう。しかし、こんな暮らしは楽しくないし、多くの人が借金に走るのも無理はない。

買い物には長い時間がかかった。一度だけならおもしろい経験で済むが、毎週繰り返すのは気が滅入る。じつは右の表に入れてしまったが、リドルには干しエンドウもレンズ豆も売っていなかった。腹持ちのいいスープを作るには必需品なので、歩いて一〇分ほどの、いつもいっていたスーパーへ足を延ばした。レンズ豆がいちばん安いと思い込んでいたのだが、干しエンドウの倍もするではないか。店内を歩いて、いつも買っていた食品の値段をはじめてじっくり見たあげく、とりあえず干しエンドウをひと袋だけ買う。四〇ペンス［八〇円］だった。

考えさせられる体験だった。重い荷物を抱えてバスに乗り、部屋に帰りついてから、つつましい買い物を台所の棚に並べた。わびしいものだ。豆のスープに米、ジャガイモ、スパゲッティ――腹持ちはいいが、味つけはニンニクと塩だけだから、なんの楽しみもない。唯一の贅沢がオレンジだ。もちろん、これは賢い買い物とはいえない。ポケットにはわずか一ペンス［二円］。これから二週間、なにも買わずに暮らせるわけはない。困窮者が借金をして、ますます苦しくなるというが、一文無しになったら借金などたいした問題ではなくなる、という気持ちがわかった。どうせどん底なのだから、借金をしたところでいまよりさほど悪くなることもないだろう。私にしても、手持ちが一ペンスで、家賃などの滞納金が七〇ポンド［一万四〇〇〇円］もあるとなれば、いい加減やけくそにもなる。

第5章　初仕事――運搬係

＊

エージェンシー（人材派遣事務所）から派遣された先がチェルシー・アンド・ウェストミンスター病院だったのは、まったくの偶然だった。築後わずか八年。広く、明るく、風通しのいいモダンな建築だ。吹き抜けの中庭を、空中通路が何本も横切り、ガラス窓のついたエレベーターがたくさん並んで、終日上下している。モダンアートの作品が壁面を飾って、病院を訪れる人の目を楽しませる。昼食時にはバンド演奏があり、病院の隅々まで音楽を響かせて、目だけでなく耳も楽しませることが多い。この同じ敷地にかつて建っていたセント・スティーヴンス病院とは雲泥の差だ。三〇年以上まえ、私はセント・スティーヴンス病院で、病棟雑役係として働く体験をした。

『労働者の暮らし』にも書いたが、ヴィクトリア朝様式の、古い赤煉瓦の建物には、長年の汚れがしみついていた。私が働いていた産婦人科病棟のキッチンも、埃《ほこり》と油脂が層を成していた。患者に出す食事といったら、口にするのもはばかられる代物だ。夕食は色の悪い細切り肉とタピオカプディング。朝食は前夜から作っておく。目玉焼きはひと晩中、調理ワゴンのフライパンのなかに置きっぱなしだし、バターを塗ったパンは、翌朝には角が反り返って堅くなっていた。産後二週間の入院が義務づけられていたが、看護師は忙しすぎて、出産を済ませた若い母親たちの世話をする暇もない。セント・スティーヴンスで出産するのは、困窮者だけだった。中流家庭の人たちは、ロンドンには数多い医学部付属病院を目指す。汚くて、不親切で、陰気で、なげやり――解体されて、レベルの高いウェストミンスター付属病院に吸収されるのが当然だった。三〇年まえには想像もできなかった改善ぶりだ。いまやチェルシー・アンド・ウェストミンスターは、ハイドパークから南のあらゆるところから中流家庭の患者を惹きつける病院になっている。

　しかし、当時から変わらないところ、というより、悪くなったところもある。いまも当時も、ペイはよくない。しかも、フルタイム雇用が主流だった当時も、職員の入れ替わりが激しく、一時しのぎの臨時雇いが低賃金労働に就いていた。「補助職員」と呼ばれる雑役婦の多くは、マルタ島、イタリア、スペインの出身者だった（いまは西インド諸島、アジア、東欧出身者が多い）。当時はエージェンシーを通さず、病院が直接に職員を採用するシステムだった。だからといって国家医療サービス（ＮＨＳ）への忠誠心が生まれたわけではなかったが、少なくとも採用面接にあたった人間が職員の上司として働きぶりに責任を負っていた。働く側からすると、誰が自分を雇ったか、自分がどんな仕事をすることになっているか、自分の上司が誰なのかがわかっていた。いま、エージェンシーに採用され、派遣される私としては、自分がどこに所属しているのかもわからない。病院で私の上司になる人が私を採用したわけでもなければ、給料を払ってくれるわけでもない。臨時雇いとしての私は病院全体のシステムから完全に切り離されている。

それにも増してびっくりしたことがある。一九七〇年に雑役係として働いた私の給料は週に一二・五〇ポンドだった。いま、新しい病院の運搬係《ポーター》の給料は、時給四・三五ポンド［八七〇円］、週にして一七四・〇〇ポンド［三万四八〇〇円］だ。ふたつの数字をどう比較すればいいのだろうか。財政調査研究所の試算によると、賃金全般の上昇率に合わせて当時の給料が上昇した場合、週給一二・五〇ポンドは現在、週二一〇ポンド［四万二〇〇〇円］になっているはずだという。三〇年を経て、私の給料は実質減少していたことになる。一九七〇年に比べて、GDPが倍増（過去一〇年間だけ見ても、三〇パーセント増）したにもかかわらず、病院雑役作業の価値は週に三六ポンド［七二〇〇円］下落したわけだ。前進どころか後ずさりではないか。たしかに病院は新しくなり、労働環境も改善されたが、給料と労働条件は悪化している。当時は、少なくとも採用されたその日から病院スタッフのひとりとして、安定した職に就くことができた。いまはエージェンシー採用のいわば「日雇い」だ。「柔軟性」という美名のもとに、病院は補助労働をすべて「外部発注《アウトソーシング》」する。私はまもなく、アウトソーシングの真の意味を知ることになった。

ありあわせの制服もどきが通用してくれることを祈りながら、私は指定の時間のぴったり一五分まえに病院に着いた。ポーター控え室は、病院裏手の地下にあった。狭い部屋に指令係がふたり、パソコンと電話をまえに座っていた。病院のあちこちから入ってくる運搬業務依頼をコンピュータ上のワークシートに記録し、無線を通じてポーターに仕事を割り振るらしい。

「ポーター控え室はここでいいんでしょうか」と私は声をかけた。痩身、白髪のアジア人男性が電話を置いて私をじろじろと見る。

「ご用件は？」

「グレーンジ・エグゼクティブからきました。新人のポーターです」

「あんたが！」

私はたちまちうろたえた。年齢か、制服か、態度か、なにがいけなかったのだろう。

「エージェンシーから、なにか連絡は？」

「エージェンシーはいつも、びっくりさせてくれるからな」

男はそういうと、顔をのけぞらせて笑いだした。もうひとりも私を見て、笑いだす。

「今度はなにをやってくれることやら」

私はいたたまれなくなった。このまま追い返されるのだろうか。私の様子を見て男は乗り出し、なだめるように私の腕を軽く叩いた。

「気を悪くしないでくださいよ。名字は聞いていたが、ご婦人とは知らなかったんだ。女のポーターがくるのは、はじめてなもんでね」

「それは私もエージェンシーでいったんです。男の仕事じゃないのかって。でも、大丈夫だといわれたんですよ。重い物を運ぶんでしょうか。女には無理ですか」

「いやいや、そんなことはない。この職場へようこそ。ただ、ちょっとびっくりしただけですよ」

パーティル氏（通称「ミスターＰ」）は、エレガントで礼儀正しい紳士だった。昔の病院時代から、二八年もポーターをしているという。

「もちろん大丈夫。立派にやれますよ。ただ、女のポーターを見て、皆、最初は驚くかもしれないが、なんの問題もありませんぞ」

ミスターＰはとても親切で、誰からも好かれていた。

指令室の隣の小さな部屋がポーターの休憩室で、テーブルがひとつと椅子がいくつかあり、電子レンジと冷蔵庫と湯沸かし器に並んでテレビが置いてある。ミスターＰが、居合わせたポーターたちに私を紹介すると、皆、一瞬ぽかんとした。女ポーターかよといった冷やかしの声が多少飛んだが、そのあとは概して温かく受け入れてくれた。年齢を心配することはなかった。私より上の人が何人もいたのだ。ある夜勤ポーターは、いったん定年退職したものの、懐が寂しくなって七〇歳で再就職したといっていた。私の態度や物言いについては、どう思われたかわからない。しかし、この低賃金の職場にはさまざまな理由でさまざまな人たちが吹き寄せられているのが、まもなくわかってきた。これはこのあと経験することになるどの職場にも共通するのだが、低賃金で働く者どうし平等なのだという独特の連帯感があった。それに比べたら中流階級特有の発音など、たいした問題ではなかったのだ。

第一日目の朝、私はサミュエルというポーターと組むことになった。サミュエルは四〇代で、ジャマイカ出身。数年まえに英国にきて以来ずっとこの病院で働いている。ポーターのご多分に漏れずサミュエルも、英国に長居するつもりはないという。早く故郷のキングストンに帰って、「役立たず」の兄貴が潰してしまったタクシー会社を再建するのだそうだ。いまでも心はポーターならぬビジネスマンなのだ。子どもがふたりいて、ロンドンの学校に通っている。友だちとうまくやっているだろうか、きちんと勉強しているだろうか、試験に落第していないだろうか、と心配していた。家族を養うためにとくに長いシフトを選んでいるし、妻もコックとして働いている。「家族がいたら長い長い時間働かないと、生きていけない。それも共働きでね」。サミュエルは、夫婦が長時間働いているあいだ、子どもたちがどうしているか不安だ、といっていた。このあとも同じケースをよく耳にした。模範的な両親が賃金が低いばかりにやりくりできず、長時間働いて心ならずも悪い両親になってしまう。もっと高賃金の職にさえ就ければ、子どもを置いてまで長時間働きたくはないのだ。

あるポーターは、自営の電気工として建築現場で高給をとっていたが、心臓発作を起こして、ストレスの少ない仕事に変わったのだという。「ここで一日中歩くのはからだにいいとさ。医者がいってた。けどな、病気をしてから生活水準は底が抜けたね」。ロシアからきた会計士もいた。英語が最悪で、毎晩寝るまえに百科事典を読んで勉強しているのだそうだ。いつか病院の経理部門で働きたいといっていたが、ここには上のレベルに上がる梯子もなければ手助けもない。病院によっては職員組合が外国人スタッフのために英語教室を開いている。読み書き算数の教室を開くくらい国家医療サービスにとってても契約会社にとってもたいした出費ではないと思うのだが。もうひとりのオリーというポーターはアイルランド出身で、羊六〇頭と乳牛二四頭を飼う農場を持ちながら、なにやら複雑な手口を駆使して社会保障手当をかすめとっているという。うりふたつの兄弟がいるのがミソらしかった。フィリピン出身のフランシスコというポーターは二〇年も大使館の執事として働いていたが、酒に溺れて失職した。いいのさ、とフランシスコはいう。執事の給料はここに劣らず少なかったし、労働時間はとんでもなく長い。明け方から夜更けまで超過勤務手当もなしに働かされたなどという苦労話には事欠かなかった。たいていの人は、こんな仕事をするはめになった独自の理由を持っていた。サミュエルは優れたコーチ、兼ガイドだった。なにしろこの病院ときたら巨大迷路なのだ。この日最初の任務はまさに重い物を運ぶことだった。病院で働いているあいだに重い物を持たされたのはこのときだけだったから、試されたのかもしれない。ホスピタル・フレンズの図書室から頑丈なテーブルをいくつか中庭に運ぶ。フレンズは毎日、ここでおもちゃや絵本を売って、活動資金にしているのだ。図書室の管理をしているフレンズメンバーのおばあちゃんがチョコレートをくれた。「いつもなんだ。だから朝一番のこの仕事は人気がある」とサミュエルがいう。

覚えることはたくさんあった。病院の最上階から四階分が入院患者の病室になっていて、全体が三二に区分されているのだが、これが面倒なことに番号ではなく、それぞれに名前がついていている。それから科ごとに数々ある診察室、Ｘ線科、ＣＴ、ＭＲＩ、血液検査科、病理検査科、外来診療、救急医療。各種専門分野の研究室にも独特のイニシャルや短く縮めた名前があって、これも覚えなくてはならない。一〇〇はあろうかという名称を覚えるにはタクシー運転手並みの頭脳が必要だ。無線での指令はこんなふうだ。「サミュエルとオリー、アデーレ・ディクソンへいって患者のカマル・アブドゥラーさんをベッドごとＯＰ３へ」。患者をベッドごと搬送するのはポーターふたりがかりの仕事だ。ベッドのブレーキを固定し、ハンドルを回して高さを調節し（牽引中の場合はおもりに注意！）、長い廊下をエレベーターまで押していき、正しい診察室まで運び、通路にベッドを置き、診察室の受付デスクに患者のカルテを手渡す――サミュエルがいちいちやり方を教えてくれた。初日の午前中はベッド搬送に終始した。

午後からは無線と、院内見取り図と、行き先リストを渡されて、いよいよ一本立ちだ。重い受信器を入れるために革製のポーチが支給されるが、絶対数が足りない。それでポーターは、いったん自分用のポーチを手に入れたら横取りされないように、つぎのシフトまで秘密の場所に隠しておく。新参の私は受信器を片手に持って、患者を乗せた車いすを押さなくてはならない。翌日からは家にあった黒革のウエストバッグを持参した。受信器がちょうど納まるうえに、指令の内容をメモするためのノートも入れられる。古着の黒ズボンにジャンパー、白いポロシャツ（これについてはあとで説明する）といういでたちは、契約会社のロゴが入った制服に革製ポーチの先輩たちほどスマートではないが、ウエストバッグは十分役に立った。少なくとも両手で車いすが押せる。ポーチの数が足りないといった小さなことも、一日イライラが続けば大問題になる。しかしキャリリオン（病院から補助スタッフの調達を請け負う契約会社）は、ポーターの数だけポーチをそろえてほしいといった細かい要望を一貫して無視している。「頼みに頼んでいるんだが、なしのつぶてさ」とサミュエルは肩をすくめた。「いつも、こうなんだ」。

ひとり立ちした私は何度も迷った。ジョージ・ワッツ皮膚科診察室やリハビリジムが見つからなくて、出たり入ったり、エレベーターで上がったり下がったり、患者が気づかないことを祈りつつ、同じところをぐるぐる回った。無線の指令は聞き取りにくい。指令係にはそれぞれ独特のなまりがあって、これは私だけでなく、「もう一度」と頼む人が多かった。インドなまり、フィリピンなまり、スコットランドなまりなどの指令が雑音だらけの受信器から流れ出すのだから、英語があまり話せないポーターなどはとくに苦労していた。私にしても半分は当てずっぽうだ。聞こえたとおりをメモして、当たっていることを祈るしかない。患者の名前も聞き取るのがむずかしいから、ようやく目的の病棟にたどりついても、意地の悪い看護師に「そんな名前の患者、ここにはいませんよ」と鼻で笑われることもあった。

車いすも問題だった。これまた数が足りない。入院患者の病棟から外来まで二〇分も探し回ることが何度もあった。一階の患者搬送出口に近い一角に、ポーターが隠したらしい車いすの宝の山を見つけたこともある。ひとつの任務に割りあてられる時間は車いすが一五分、ベッドが二〇分だったから、車いすが見つからないとあせることになる。ドアの陰などにスペアを隠しておくこともあるが、ほかのポーターに見つかってかっさらわれるのがオチだった。それだけではない。車いすのなかにはスーパーマーケットのカート並みに車輪ががたつくものや、ブレーキがかかった状態で動かなくなり、患者を乗せたまま後ずさりするほかないものがあった。何度苦情をいってても反応はないという。

ポーターの仕事をすると、病院の裏の世界が見えてくる。廊下などですれ違う医者は（若い医学生も含めて）表の世界の住人だ。看護師はふたつの世界の両方に足を置いている。ポーターや清掃係風情とは口も利かないとお高くとまった看護師もいれば、できるだけ手を貸してくれる親切な看護師もいる。ただし、一見しただけではどちらに属するかを見わける手がかりはない。年齢、性別、人種、国籍などでは決まらないのだ。

ひとつわかったことがある。人は顔よりも社会的地位を手がかりに相手を識別することが多い。私はいまや、私自身であることよりも、ポーターとして見られていた。たとえば廊下や病棟で、以前インタビューしたことのある医師とすれ違った。娘と私が診察を受けたことのある先生もいた。患者のひとりは知り合いだった。しかし、ポーターは裏の世界の住人、透明人間のような存在で、誰ひとり私には気づかなかった。

働きはじめた当初はいいところを見せるのに一生懸命で、仕事に時間がかかったり道に迷ったり、車いすを探すのに手間取ったりするまいと必死だった。廊下を走り回り、仕事が終わった瞬間に息を切らせて、「任務完了！」と無線連絡を入れる。ポーターが一日に完了した任務の件数はコンピュータのワークシートに記録される。私は遅れをとりたくなかった。女がひとりだけということもあって、「やれる」ところを見せたかった。しかし、そんな私を見てサミュエルが「そう熱くなるな」と声をかけ、スタッフ用エレベーターの裏の一角に私を引っぱっていった。ポーターが何人か壁にもたれて数分の休息をとっていた。ここならボスの「ビッグ・ジョン」が見回りの途中で通りかかっても、見とがめられない。私はまだビッグ・ジョンに会ったことはなかったが、仲間のポーターから話は聞いていたので、それらしい人に目を配って警戒はしていた。ポーターは任務が規定の一五分より早く終わってしまったとき、ここでひと息入れて時間を調整するのだ。

もちろん、規定の時間より長くかかる任務もあった。医師の回診にぶつかって、恭《うやうや》しく待つこともある。患者がまだ昼食を食べていて、早く食べろとせかせるわけにいかないこともある。たんに根性曲がりで、車いすに移ろうとしない患者もいた。ある女性患者は足にひどい腫れ物ができていた。並はずれた巨体で足が痛むせいか、いつも機嫌が悪い。彼女を乗せるには大型の車いす（通称「ファットボーイ」）が必要で、これは地下から運んでこなければならず、そのうえ車いすに移すのにも時間がかかるので、皆から敬遠されていた。エレベーターのどれかが故障したときも、動いているエレベーターを待つのに車いすを探すのと同じくらい時間がかかる。というわけで、あれこれの理由で規定の時間より長くかかることはあるのだが、それはいい。とにかく一五分より早く任務を終わらせてはならない、というのが仲間内の決まりだった。「なぜ、そんなに走り回るんだ。ひとつ深呼吸して、気持ちを楽にしなさい」と、サミュエルが忠告してくれた。そのとおりだった。遅れをとるまいとするあまり、私は仲間のポーターよりずっと早く任務をこなしていたのだ。

病院の各種サービスが民間に移行されたとき、契約を獲得したキャリリオン社（当時は「ターマック」という社名だった）は、ポーターを含めてさまざまな職種の人員をカットした。サミュエルいわく、「ほかに儲ける道はないもんな」。のちにキャリリオンは、ふたたび人員をカットした。ミスターPによると、民営化以前のポーターは一六名だったが、その後患者の回転が速くなり、任務の件数も増えているというのに、いまは一一名しかいないという。「民間に移行したときは、人員カットはしないという約束だったが、こうなることは予想していたし、そのとおりになった。最近はあとふたりカットする話も出ている。どうやりくりしろというんだか」。

つまり、任務が一五分以下で終わらないように、エレベーター裏でサボるのには、立派な理由があった。任務を早く終わらせたら足元を見られる、ということがポーターたちには経験からわかっていたのだ。ワークシートのプリントアウトを時間動作分析したら、答えはひとつ。早くできる任務があるのなら、それ以外の任務ももっと早く終わらせることができるはずだ。足に腫れ物ができた巨体の患者とか、愛犬が心配だと一〇分も泣きつづけた老婦人の患者とか、任務完了の連絡をしなければいけないのに、X線撮影までの待ち時間が不安だと手を握って離してくれなかった患者とかの存在は計算に入らない。

一般に、患者に親切にすることは任務の範囲外だ。それどころか、サミュエルによると、「絶対に患者に触れちゃいけない。キャリリオンの規則なんだ。患者に触れて、車いすに移る手助けをするのは看護師の仕事で、われわれのやることじゃない。もし車いすから落ちでもしたら、キャリリオンが訴えられかねないんだそうだ」。三〇年まえに私が病院で働いたときは、ポーターが看護師に手を貸して患者を扱うのが当然だった。しかし、補助作業の民間移行以来、この種の親切な行為は契約条項から完全に姿を消したらしい。契約に書いてないことは、やってはいけないのだ。

もうひとりのポーターも、「われわれは患者を抱き上げる訓練を受けていないから、会社から絶対にやるなといわれてるのさ」といっていた。昼休みに休憩室でテーブルを囲んでいたときのことで、居合わせたほかのポーターたちも口をそろえた。そのとおり、患者に触れていいのは看護師だけだ。小柄な看護師が巨体の患者を抱き上げようと苦労していても、ポーターはただ見ていなくてはならない。看護師はキャリリオンの社員ではなく、NHSの病院保険でカバーされているから、自分が怪我をしても、患者に訴えられても心配はない。保険がらみの事柄がすべてに優先するのだ。

ある日、X線科の廊下でひとりの女性患者が涙にくれていた。二時間もまえに撮影は終わったというのに、しかも友人が上の階の病室で待っていてくれるというのに、まだ連れて帰ってもらえないらしい。私が車いすを押していくのは造作もないことだし、時間もかからないが、ちょっと待て。こんなことで首になっては困る。私はＸ線科のデスクに、指令室に搬送を要請してくれないか、とおそるおそる頼んでみた。デスクの若い男は、目と鼻の先で困っている患者をほったらかしにした、と非難されたように思ったらしく、素っ気なく首を振った。それでもあきらめきれず、デスクの耳に届かないところで指令室に連絡し、連れ帰っていいかと聞いてみたが、要請がこないかぎりだめだ、という返事だった。私はしかたなく、患者をその場に置き去りにした。自発的に行動してはダメ。任務外の親切心を出してはダメ。なにかがうまくいっていないとき、横から手を出して問題を解消するのもダメ。命令に従ってさえいればよろしい。自発的に動けないことが、どんな仕事からも喜びを失わせる結果になる。

ビッグ・ジョンは、多大の権限を持つ人物だった。私は直接に顔を合わせるずっとまえから、見えざる手の存在を感じていた。なにしろ勤務のローテーションを編成し、シフト変更の要請に許諾を与えるのもビッグ・ジョンの仕事なのだ（私が要請したシフト変更はすでに却下されていた）。ビッグ・ジョンは短身、小太りの黒人で、キャリリオン社のロゴ入りブレザーからも、管理職の威光が輝いていた。ある日、任務を終えて廊下に出たところで突然、「仕事は気に入っていますか」と声をかけられた。

私は「はい」と答えた。

「長続きしそうですか」

「迷っています。仕事は気に入っていますが、問題は給料なので」

「エージェンシーとの契約期間が過ぎたら、キャリリオン社の正社員になれるのではないかな」

「そうかもしれません。でも、お金の問題は残ります」

「正社員になったら、時給が四・八五ポンド［九七〇円］に上がるでしょう」

ビッグ・ジョンは、スタッフの入れ替わりが激しいのに困っているようだった。これはほかのポーターもいっていた。エージェンシーから派遣される労働者が月を追うごとに増えているのだという。

いい機会だと思ったので、なにか訓練を受けたらもっといい仕事に結びつくだろうか、と聞いてみた。ビッグ・ジョンは少し考えて、「拘束と沈静方法の訓練はどうかな。これで資格をとれば、セキュリティの仕事ができる」と答えた。セキュリティの給与はポーターと変わらないし、先の見通しもさしてよくない。それに元来、キャリリオンには病院のなかでよりよい仕事に就く道を示す気がないようだった。底辺のスタッフを育てることは、キャリリオンにとって優先順位が高くないのだろう。ビッグ・ジョンは時計に目をやって、「続ける気になってほしいですな」というと、見回りに戻っていった。

仕事を続けた場合、どのくらいしたら正社員になれるものだろうか、と疑問に思っていたのは事実だった。理論的には、三ヶ月すればエージェンシーとの契約が切れて、キャリリオン社に雇われるための面接が受けられるはずだ。面接に通れば権利や労働条件が正社員と同等になる。キャリリオンにしても、エージェンシーからの派遣労働者をできるだけ早く自社雇いにするほうが得になる。派遣労働者自身は時給四・三五ポンド［八七〇円］だが、キャリリオンはエージェンシーに七～八ポンド［一四〇〇～一六〇〇円］払っているからだ。しかし、意図的なものか、経営がずさんなのかは知らないが、正社員化は進んでいなかった。

まじめな黒人青年のウィンストンがいい例だ。救急病棟の廊下で、ふたりして患者の処置が済むのを待っていたとき、労働条件が話題になった。キャリリオンのスマートな制服を着てはいるが、ポーターになって一年たつのに、まだエージェンシーの派遣労働者にとどまっているのだという。制服がもらえたのは忙しくて家に着替えに帰る時間のないことが多いからだそうだ。自宅はエドモントンにあり、ロンドンの中心部でＩＴの講座を受講している。自宅から病院までは電車とバスふたつを乗り継いで二時間。交通費だけで月に七四ポンド［一万四八〇〇円］もかかる。

「時給四・八五ポンド［九七〇円］ほしいから、キャリリオンに雇ってもらうための書類を書いた。ビッグ・ジョンとの面接も希望してるんだけど、引き延ばされてる。わかった、近いうちにっていうけれど、口ばっかりだ。どうすればいいかわからないよ。まえに雇用希望の書類を三度も書いたやつがいた。そいつもなにもしてもらえないんで腹を立てた。遅刻が増えて、態度も反抗的になったんで、結局首さ。そいつの気持ちがよくわかるよ」。

キャリリオンの社員になれば給料に大きな差ができる。身分が安定するだけでも、さまざまな権利が認められるだけでもないし、時給が五〇ペンス［一〇〇円］上がるだけでもない。社員には残業が時給の一・五倍、日曜出勤が二倍払われるのだ。私も同じ契約書にサインしたから知っているのだが、エージェンシーに雇われているかぎり残業も日曜出勤も同じ時給しか払われない。「先週なんか二一時間ぶっ通しで働いた」とウィンストンが口をとがらせた。「正社員だったら残業代がたんまりつくはずさ。でもやつらは面接してくれない。よぶんな金を払うのがいやなんだ」。正社員の役得はほかにもある。旧病院時代から働いているベテランポーターのひとりから聞いたのだが、正社員にはロンドン居住手当が月一八〇ポンド〔三万六〇〇〇円〕と、ボーナスが月一八〇ポンド出るのだそうだ。

ウィンストンは、面接が受けられないのをビッグ・ジョン個人のせいにしていたが、実際は会社としての方針なのだろうと思う。ビッグ・ジョンは偉そうにしているが、そういう意味では小者にすぎない。この日、ウィンストンはとりわけ落ち込んでいた。「ここじゃどんなに働いても上にはいけない。僕なんか認められて正社員になりたいから、だらけたりせず一生懸命働いているけれど、そのうちゆっくりやれというじいさんたちみたいになっちまうんだろうな」。ＩＴの資格さえとれたらすぐにでも転職できるだろうが、ここの仕事は大変だし、通勤に時間と金がかかりすぎるから講座も休みがちになる。最後まで通えるかどうか自信がなくなってきたという。結婚もしたいが、いまのままではとうてい無理だそうだ。

ウィンストンのいうとおり、ベテランのなかにはポーターの鑑《かがみ》とはいいがたい人もいた。なかでも「ゆっくりやれ」派の代表がアイルランド出身のオリーだ。できるだけ手を抜き、ふてくされ、いく先々でトラブルを起こす。仲間にも喧嘩をふっかけるし、人目のないところでからかったり、いじめたりする。一度、腹にすえかねて反撃に出たところ、両手を挙げてひらひらさせ、「怒るなよ、冗談じゃないか。ときには笑うこともなくっちゃな」と、いつもより強いアイルランドなまりでごまかそうとした。が、舌先三寸でごまかすには残念ながら人間的魅力に欠けている。新人をいじめる癖があるから要注意だ。外国なまりや、ちょっとした言い間違いをまねて、ねちねちといやがらせをする。私も「任務完了」というところを「仕事、終わりました」といったばかりに、さんざんからかわれた。ホスピタル・フレンズが栄養ドリンクや毛糸、新聞、菓子やティッシュペーパーを積んで押して歩くワゴンの後ろに乗っていたこともある。年配のボランティアは、押しても引いてもワゴンが動かないので、途方にくれていた。

オリーは人の好き嫌いが激しく、ポーターのなかにひとり仇敵がいるのだが、私は仕事に出た初日から、オリーのせいでこの仇敵氏と気まずい関係になってしまった。オリーと私は問題のポーターが空《から》の車いすを廊下に置いたまま、部屋のなかの誰かと話をしているところに通りかかった。オリーが「あれを持ってこい」とささやく。事情を知らない私は、車いすを押して、オリーにせかされるままに急ぎ足でエレベーターに向かった。ようやく出てきた仇敵氏は、はるかかなたから私の背中にこぶしを振り上げ、以来、私を敵視するようになった。オリーがすべてを私のせいにして、姿を消していたのはいうまでもない。

ウィンストンとオリーは、公共サービス部門で働く労働者の両極端といえる。まるで北極と南極だ。どちらの極を見るかによって、政治家の態度も変わってくる。トニー・ブレアをはじめ、ブレア政権の閣僚の大半が公共サービスに対する態度を決めかねているのも、ウィンストンとオリーの双方を念頭に置くからだ。ウィンストン・タイプを念頭に置けば、公共サービス部門にもっと予算をつけて、訓練や支援に力を注がなければという話になる。労働者の給料を引き上げるべきだ、という話にさえなる。しかしその舌の根も乾かないうちにオリー・タイプの存在が頭に浮かび、それには「改革」も必要だ、と説教が始まるのだ。いいたいことはよくわかる。オリー・タイプがもっとやる気を出し、柔軟かつ積極的な姿勢をもって一生懸命働かなくては余分な金は出せない、ということだろう。しかし、この「飴と鞭」流の説教は見当違いだ。どんな職場にも何人かのオリーがいるのは事実だが、少なくともこの病院の場合、看護師、ポーター、医療スタッフを見渡したところ、懸命にがんばるウィンストンのほうが、オリーの一〇倍はいた。

私が病院の仕事を辞めたその日に、たまたまブレア首相が公共サービスについて演説をした。例によってふたつの見方が混在する演説で、公共サービス労働者を賞賛すると同時に、「改革」と「柔軟性」の必要を強調するものだった。政府はつねにいくつかの政策を平行して主張するが、その政策どうしが矛盾することも多い。公共サービス部門の低賃金労働者は「働く貧困層」で構成されている。大半は女であり母親であって、勤労世帯税控除の対象となる人たちだ。この人たちが置かれている困窮状態こそ、まさに政府が撲滅を誓ったものである。政府のその姿勢は「貧困という標的」を見据えたものといえる。ところがその同じ政府が、一方では公共部門の「生産性」と「柔軟性」の推進を叫ぶ。労働者とその家族にどんな苦労をかけようとも、給料があまり上がらないように配慮し、労働効率を究極まで高めようというわけだ。政府にとって民間委譲の最大のメリットは、キャリリオンを筆頭とする民間企業に非情な役どころを押しつけておいて、いかにして貧困を克服するかに頭を悩ましていられることにある。

しかし、政府が本気で「貧困という標的」を射抜きたければ、公立の学校や病院、地方自治体に目を転じるだけでいい。多数の困窮者がお膝元のそんな場所で必死に働いているのだから、彼らの給料を上げることが標的を射抜く大きな助けになるはずだ。賃金と労働条件を締めつければ、机上の計算では生産性が向上するかもしれないが、実際には困窮者がさらに苦しむと同時にサービスの質が低下する。私にしても、三〇分の昼休みをはさんで日に八時間、病院中を歩き回った。大事な仕事だ。ポーターがいなかったらただでさえ少ない看護師が本来の仕事に専念できず、病院の機能は麻痺するに違いない。それでいて、私がもらったのは時給四・三五ポンド［八七〇円］、週四〇時間で一七四ポンド［三万四八〇〇円］にすぎない。

国税を引いたら手取りは一五〇・六七ポンド［三万一三四円］。時給三・七六ポンド［七五二円］だ。これでは最低賃金の時給四・一〇ポンド［八二〇円］にすら届かない。さらに、評議会税一二・六五ポンド［二五三〇円］を引いたら、時給はわずか三・四五ポンド［六九〇円］になる。これでなにが買えるだろう。安売りのチェダーチーズひと塊、ジャーナリストとしての私が自宅から職場まで乗るタクシー代の四分の一、洗剤ひと箱、ワイン一本、映画の入場券半枚。八時間分で質実剛健な歩きやすい靴。九時間分で大劇場のチケット一枚。新品の眼鏡が買いたかったら安物でも二日間働かなくてはならない。マンチェスターの親類に会いにいくための往復割引切符を買うにも、同じく二日間の労働が必要だ。

こんな困窮者が週に三五・九八ポンド［七一九六円］もの税金が払えるわけがない。これでも政府は困窮者にも平等に所得を分配しようとしているのだろうか。しかし、そういう見方はたぶん間違っているのだと思う。働いている以上、税金を払ってこそ、ひとりの市民として税金の使い道を左右するための一票を投じる権利と義務が生じるのだから。困窮者の税金を免除することが困窮を軽減するひとつの方策として語られることがあるが、それでは結果的に雇用者の負担を軽くすることにしかならない。必要なのは、税金を払っても人間らしく暮らせるだけの、労働に見合う生活賃金を払うことである。

いま、公共部門で働く人はどのくらいいるだろうか。政府の公式発表によると、英国の労働人口二八〇〇万のうち五〇〇万人だという。一九七九年の七四〇〇万より減っている。しかし、広い意味の公共部門を考えたらどうなるだろうか。一九七九年には「公共部門」に属すると考えられた仕事の多くが、いまは民間企業に移行している。今回の企画で私は公立病院や小学校や官庁付属保育園で働いたが、これらはどれも公共サービスに属する仕事だと考える人が大半だろう。しかし、これらは民間企業に発注されている。いまも国家が間接的に金を支払ってはいるのだが、先の労働者数には算入されていない。

正確な数字が知りたくて、国家統計局に問い合わせたが、民間発注も含めた数字は把握していないという答えだった。何人の労働者が、どんな職種でどのくらい賃金をもらっているか、という統計は公表されているが、いくつの職種が広い意味の公共部門に属するかの定義はないのだそうだ。内閣官房に聞いてみたら、というのでそうしたが、やはりそんな数字は把握していないという。大蔵省に聞いてみたらいかがでしょう。はい。大蔵省の答えは、数字は把握していないが、誰かが調査なり研究なり推算なりをしていないかどうか調べてみましょう。結果は、誰もいませんでした。専門分野の学者や研究者にも聞いてみたが、誰も知らなかった。三〇年まえには公共部門で何人が働いているかが正確にわかっていた。ということは、政府の大きさもわかっていたことになる。いまは誰にもわからない。民間発注というやり方がすべてを都合よくうやむやにしてしまったのだ。

正確な数字を知るのは大切なことだ。国は、公表している五〇〇万労働者だけでなく、契約企業に雇われている何百万もの人々にも直接に影響が及ぼせるからである。労働人口のかなりの部分について暮らしを向上させたいと思うなら、民間発注も含めた公共サービスの最低賃金と労働条件を引き上げるだけでいい。公共支出がようやく上向きになってきたいまならそんな措置も効果を発揮するだろう。最低生活賃金を定めれば、低賃金労働部門全体の賃金が劇的に改善されるはずだ。

かつてサッチャー政権は、公共サービスの競争入札制を義務化した。保守党は（当時もいまも）

サービスをみずから提供するのではなく、民間から買うことによって「小さな政府」を実現することを理想としている。槍玉にあがったのが国家医療サービス（ＮＨＳ）だ。「一枚岩的」で「ソ連ふうの上位下達」を旨とする「欧州最大の雇用主」と、まるで大きいことが無駄の多い証拠のようないわれ方をしたが、それをいうなら吸収合併指向の実業界では、大きいことが活力のあるしるしと見られている。

競争入札制はうまく働いただろうか。契約を競う企業間の、真の意味の競争は少なくなりつつある。地方自治体の大型契約が扱えるのは、ひと握りの主として多国籍の大企業だけとされるため、ほんの数社が数年ごとに交替しつつ、パイを分け合う形になっている。激烈な競争ならぬ、お上品な椅子取りゲームだ。

利益はただちに上がりはじめた。まずＮＨＳの補助職員が四〇パーセント削減されたのだ。ゴミ回収から道路の清掃・維持まで、人員カットはいたるところに及んだ。三分の二も削減した自治体さえある。病院の病棟や街路がたちまち汚くなってきた。生き残った労働者への影響も大きかった。一九八〇年から一九八五年のあいだに、病院の清掃係や調理師、ポーターなどの給料が実質カットされた。最近はやや上昇してきたが、それでも完全な民間企業で同じ仕事をしている人に比べれば、かなり低い。競争入札の対象となった職種の大半は女性の仕事で、民間契約になった労働者数の七〇パーセントを占める。その結果、男女の賃金差は三パーセントも広がった。公共部門の臨時労働者雇用率は六六・六パーセント上昇し、ＮＨＳだけ見ても同様の傾向を示している。地方自治体でも臨時雇いが倍増し、一九九八年には八人にひとり（大半が女性）の割合に達した。おかげで余剰労働者を解雇するときの面倒な手続きをせずに、雇ったり首にしたりする「柔軟性」が手に入ったのだった。

かつては、公共サービス当局から契約を受注する企業には、全国一律の給料と待遇を保証することが義務づけられていたが、保守党政権は一九八三年にこの「公正賃金規定」を廃止した。さらに、組合が組織されていない分野の弱小労働者を保護するために職種ごとに最低賃金を設定する「賃金評議会」も廃止された。こうした労働者の権利をいま耳にすると、いかにも古き良き時代という感じがする。当時から、被雇用者の賃金を削減することこそ利益を上げるための王道だ、ということが歴然としていたのだ。

現在、公共部門から民間部門に移動する従業員は、ＴＵＰＥ（事業移転――雇用保護）によって守られ、給料や労働条件が切り下げられないようになっている。ただし、これは新規採用者には適用されない。チェルシー・アンド・ウェストミンスター病院で私がポーターの給料を聞いて回ったとき、同じ仕事をしているのに時給がまちまちで不思議に思ったが、それはＴＵＰＥのせいだった。ただし、ＴＵＰＥで守られるはずのベテラン従業員も、ある程度年数がたつと、給料が下がる傾向がある。待遇を比較すべき相手が公共部門にいなくなってしまうからだ。チェルシー・アンド・ウェストミンスターに近いセントメアリー病院では、契約企業が七回も変わったため、同じ仕事をする従業員の給料が六種類にもなってしまった。二〇〇一年二月に新しい規則が導入されたおかげで、自治体評議会が入札に応じた競合各社を評価するにあたって、労働者の賃金と待遇を考慮に入れていいことになった。これによって、どのくらい状況が改善されるかは、まだわからない。契約企業を対象に、新しい「慣行法」を導入することも検討されている。

公共サービス労働組合（ユニゾン）が二〇〇二年に、契約企業に雇われている労働者を対象に実施した全国調査によると、給料と待遇の両面で、TUPEに守られているベテラン労働者と守られていない新規採用者のあいだに明確な格差が見られた。新規採用者のうち、ベテラン労働者より給料の低い者が六二パーセント。社会生活を営む余裕のない労働時間を強いられている者が四四パーセント。病欠手当がベテラン労働者より低い者が五八パーセント。年金の少ない者が五一パーセント。作業の安全性が低い者、四四パーセント。もっとも甚大な影響を受けた一五〇万人のうち、女性が七一パーセントを占める。これらの数字からわかるのは、かつての公共サービス労働者がいい待遇を受けていたこと、新規採用者の賃金が安いことにとどまらない。将来、高賃金の労働力が定年退職し、新規採用者で置き換えられれば、低賃金労働者がさらに増えていくことを意味する。民間発注は全国規模の破壊行為にほかならない。

こうした資料を探していたあいだにたまたま、ユニゾンが四〇〇ポンド［八万円］のロンドン居住手当を要求して、ロンドン全体で一日ストを打った。近所のランベス公立図書館へいったら、玄関にストの告示が貼ってあってなかに入れず、はじめてストの事実を知って憤慨したのだが、ストが日常茶飯事だったころのことをいやでも思い出した。これはいっておかないと不公平になると思うが、ロンドンのユニゾンがストをしたのは一九八〇年代以来のことで、しかも今回は納得できる理由があった。ロンドンの警官が交通機関の無料パスに加えて、六〇〇〇ポンド［一二万円］の居住手当をもらっているのに対して、ユニゾン労働者の多くは、生活経費の高いロンドンに住んでいても、ほとんど補償されていないのだ。ただし、彼らにとってはあって当然の補償だが、今回私が経験した職場ではそんな手当はつかなかった。契約会社としては、エージェンシーに多少高い手数料を払っても、私のような臨時雇いで人手不足をとりあえず埋めるほうが、居住手当などを充実させ、正社員として定着させるより望ましいのだ。

しかし、たとえ納得できる理由があっても、ストライキという武器が大衆の支持を得にくくなってきたのは事実である。もちろん例外はあって、二〇〇二年の七月に公共部門労働者が全国規模の一日ストを実施したときは、ある世論調査が示したとおり、最低賃金を時給五ポンド［一〇〇〇円］に、と叫ぶ給食おばさんや清掃係など、主として女性労働者たちに強い支持が寄せられた。

とはいえ、民間発注が労働者を苦しめていることを話題にすると、「でも、おかげでストがなくなったんじゃありませんか」という反応が一般的だった。公共部門の労働者を国が直接雇用する形態に戻すと、硬直した戦闘的な組合がまた力を取り戻すのではないか、と不安なのだ。NUPE（公務員全国労組、現在のユニゾン）がバリケードを組んで患者を閉め出し、チャリングクロス病院を屈服させた一九七〇年代の、悪夢の日々が脳裏によみがえるのだろう。

民間契約企業の締めつけがなくなったら、本当にあのころに戻ってしまうのだろうか。そんなことはない。いまでは闘争より調和を旨とする雇用法が定着しているからだ。サッチャー政権は労働組合の民主化を強行したし、労働党もいまではすべての職場に労組結成の権利を認めている。労働組合はかつての政治闘争主義を捨てて、労使交渉のなかで双方に得になる決着を求めるようになり、職場教育の機会や、弾力性のある労働条件などを勝ち取ってきた。二〇年来切り下げられてきた賃金を回復させることについては、組合は驚くべき自制心を発揮し、労働党政権第一期のあいだは賃上げ要求を控えている。しかし、世間並みの暮らしもできない賃金に対するいらだちが嵩《こう》じているのは事実で、闘争的な委員長を選出する組合もちらほら出ている。

そうはいっても組合の弱体化は著しく、公共部門の組織率は六五パーセント。民間部門（契約企業労働者は、ここに含まれる）にいたっては一九パーセントにすぎない。学校のキッチンや介護老人ホームに孤立する低賃金労働者は、組合に守られる必要がもっとも大きいはずだが、組織化された例は少ない。一方で近年、公共サービスの経営の質が大きく様変わりした。管理職が労働者をコントロールできなかったのはもはや昔の話だから、労働者を国の直接雇用に戻しても、闘争に明け暮れた一九七〇年代が再来する恐れはなさそうだ。

民間発注方式を導入したことによって、公共サービスは安価になり、質が改善されただろうか。すでに低かった賃金をさらにカットしたことを「節約」と見るのでないかぎり、よくなった証拠は見あたらない。サービスのコストは数量化できるが、質を測るのはむずかしい。病院のポーターが患者に接する態度をどうすれば評価できるだろう。一九九八年の『労使関係調査』が公共と民間両部門の管理職に、サービスを外部発注したことの効果について聞いている。コスト節減になったという答えが四二パーセントだが、かえって高くついたという答えも三一パーセントある（残りの二七パーセントは変わらないと答えている）。管理能力はどうだろうか。現今、民間部門の管理能力のほうが優れているようにはどうも見えない。逆にNHSを見ると、経験と能力とやる気のある管理職が育っているようだ。クラパムパークのトム・ブレムナー住宅供給局長はそのいい例だろう。しかし、ブレムナーは前任者たちが残したさまざまな発注契約に縛られて、実力が発揮できないでいる。

民間発注に問題があることは、政府も認めている。では、どうすればいいだろうか。かつての「公正賃金規定」にならって、国と民間企業が交わす契約にかならず公正賃金条項を入れることを義務づけるのもいい。公共部門の被雇用者と同じ賃金、同じ待遇を保証するのだ。そうすれば入札にあたって低賃金労働者の締めつけを競争の武器にする企業もなくなるだろう。

ここ二、三年、ようやく公共部門の賃金上昇率が民間のそれを上回るようになったが、それでも民間の同じ職種には遠く及ばない。本章の冒頭で触れたように、一九七〇年の賃金より目減りしていることも少なくない。三年間専門訓練を受けた看護師の給料が訓練などなにも受けていない不動産セールスマンより少ない。修士号を持つ教師の給料が二流企業の中間管理職より少ない。ところが、教師や看護師の給料はもっと高くていいという声がある一方で、補助労働の賃金まで上がるのを疑問視する態度も見られる。まるで最下層で働く労働者軍団が地上に躍り出て、患者や生徒のために使うべき予算を食いつぶすとでも思っているかのようだ。医師や教師や看護師にもっと高い給料を出すのはそれだけの価値があるが、それ以下の労働者の賃金を上げるのは無駄づかいのような気がする——この態度が公共部門全域に蔓延している。

そのために貴重な人材が活用されていない。今回、私が経験した職場の仲間の多くは、時代遅れの職種ヒエラルキーのせいで、能力以下の仕事を押しつけられていた。彼らを、病院なら病院の、全体像の一部に組み込むべきだろう。ピラミッドの最下層と見るのではなく、なめらかな全体を構成する煉瓦のひとつと見るのだ。病院や学校といった重要な公共施設のどれをとっても、煉瓦のどれかひとつが抜けただけで構築物全体が崩れ落ちる。彼らを過小評価するのをやめれば、すぐにでも力を発揮しはじめるに違いない。低賃金労働者に金をかけることになれば、雇用主も彼らを使い捨ての安物扱いするわけにいかず、もっと積極的、生産的に活かして使う方法を探りはじめるだろう。社員それぞれの能力を最大限に活かすような職場作りが現代の進歩的な管理職に求められるとしたら、そんな管理職は現在の公共部門のなかでは育たない。民間発注のあり方が障壁になっているのだ。今回、さまざまな仕事を経験するなかで、そのことが否が応でもはっきりしていったのだった。

スムーズに職を移るのは、本当にむずかしい。あいだに給料の入らない期間がはさまるからで、懐具合を心配せずに転職できる人はあまりいないと思う。私の場合、最初の給料小切手が手に入ったときはすでに大赤字だったから、ふつうなら赤字が解消できるまで転職など考えないだろう。ただし、赤字を解消するには時間がかかる。また、現在の勤めを続けながらよりよい仕事先を見つけるのは、ほとんど不可能に近いから、転職という危うい綱渡りを支えるだけの現金も手元に置いておきたい。社会保障手当をもらう身から新しい仕事へ、あるいは職から職へ移行するには金がかかる。滞納金などの債務を積み上げながら、私はそのことを実感していた。

*

病院のポーターの職に就くためにかかった費用は、つぎのとおり。出勤するまえにまず、指定の制服に近い仕事着をそろえなくてはならない。白の半袖シャツはクラパムパークの西側に並ぶ安売り店のひとつで見つけた。襟付きの半袖ポロシャツが三・九九ポンド［七九八円］。もう少し探すと、べつの店で同じようなシャツがわずか一ポンド［二〇〇円］だったので、洗い替え用に一枚買った。黒ズボンはもとから持っていたが、ドライクリーニング専用で、一回につき三・五〇ポンド［七〇〇円］かかる。そんなにかかるのでは手持ちの服はほとんど役に立たない。計算外の出来事だった。しかたなく、丸洗いできるズボンを買った。五ポンド［一〇〇〇円］。同じく丸洗いできる黒のVネックのセーターが三・二五ポンド［六五〇円］。

つぎの買い物は大失敗だった。かかとの低い黒靴を持っていなかったので、近所の安売り靴店で、一二・九九ポンド［二五九八円］のよさそうな靴を見つけたときはいい買い物をしたと自画自賛したものだが、これがとんでもなかった。病院の勤務初日が終わるころには、足が痛くて満足に歩けないほどになってしまったのだ。病院の隣の薬局で絆創膏（二ポンド［四〇〇円］もした！）を買って、履き慣れればよくなると期待したのだが、二日目が一時間過ぎたところでこれはダメだとあきらめた。底が岩のように堅いうえに、かかとが擦れるわ、指が締めつけられるわで、一センチたりとも広がろうとしない。おまけに、ひどい臭いがする。車いすを支えにして、足を引きずりながら一階の廊下を歩いていたとき、奇跡が起きた。ホスピタル・フレンズが靴のバーゲンをしていたのだ。クラークスのカジュアルシューズが大安売り中で、看護師が群がっている。あった！　皮が柔らかく、底もしなやかで、かかとが低い黒ブーツ。しかも、私のサイズだ。足を入れたときは天にも昇る心地で、足取りも軽やかに仕事に戻ることができた。ガラスの靴を履いたシンデレラだってあんなに嬉しくはなかっただろう。この靴は、その後仕事を転々とするあいだも、ずっと役に立ってくれた。ただし、安売りとはいえ二五ポンド［五〇〇〇円］もした。というわけで、古着を中心に買い集めた仕事着（と、いい靴と悪い靴）と、エージェンシー（人材派遣事務所）に提出したパスポート写真の三ポンド［六〇〇円］を合わせて五四・二三ポンド［一万八四六円］。これが新しい仕事に就くための経費だ。

この企画がスタートしてから三週間が過ぎた時点で、家賃や評議会税、水道料金などの滞納分は一四四・一八ポンド［二万八八三六円］に達していた。これ以上ないくらい節約したつもりだが、第三週はガス・電気料金と電話料金に加えてバスの定期も買わなくてはならなかったので、固定支出が三一・五〇ポンド［六三〇〇円］となり、初回の給料から手元に残ったのはわずか一四・二二ポンド［二八四四円］だった。これで食料や、その他の雑費がまかなえるだろうか。節約を心がけたつもりでも、まだ不十分だったようだ。いよいよ借金をするしかない。

日々の暮らしには思いがけない支出がつきものだ。ある日、仕事中にひどい頭痛に襲われたので、昼休みに例の高い薬局へいった。頭痛薬の値段など意識したこともなかったので、三ポンド［六〇〇円］というのはショックだった。それから週に一回、コインランドリーで洗濯するのに二ポンド［四〇〇円］、乾燥に一ポンド［二〇〇円］。また、先に挙げた最初の買い物のときには、シャンプー、石鹸、歯磨き、トイレットペーパーなどを買っていなかった。身ひとつといっても少しは持っていたと仮定して、使いかけの歯磨きと石鹸一個、トイレットペーパー一個を持ち込んだのだ。シャンプーについては昔、洗剤の記事を書いたことがあり、食器洗い洗剤とシャンプーの成分がほとんど同じことを知っていた。それで洗剤を水で薄めてシャンプー代わりに使うことにした。しかし、そのほかの洗面用品などはまもなくなくなり、赤字を増やす結果になった。最初の三週間の支出をすべて列挙するのは煩雑になるのでやめておくが、白状すると、小さな贅沢はいくつかしている。オデオン座で映画を見たのが六・五〇ポンド［一三〇〇円］。暮らしが水平飛行に入ったら、二週間に一度映画を見るくらいの余裕はできると思ったのだが、いまの調子では水平飛行に入るのは何ヶ月も先になりそうだ。チーズ少々、パンとジャムなど食べ物も多少買った。一度だけだがワインも買った。一本二・五〇ポンド［五〇〇円］。乏しい予算の範囲内で暮らさなかったのは、とうてい我慢ならなかったからだ。同じ状況にいる人なら誰でもするように、とりあえず借金でしのぐことにした。返済のことは毎週給料が入るようになり、懐具合が上向いてから考えればいい。

貯金も担保もない人間は、どこで借金すればいいのだろう。地元紙には融資の広告が山ほど載っているが、それらはすべて持ち家が条件だった。どの広告も小さな活字で、「借家の方、お断り」と書いてある。それに、どれも融資は一〇〇〇ポンド［二〇万円］からで、私にはとうてい返せない。担保もない私に、わずか二〇〇ポンド［四万円］だけを貸してくれる銀行などなさそうだった。そんなことをしてくれるのは高利貸しだけだ。貸し倒れの可能性の高い私に金を貸してくれる、ありがたい友人のような存在なのだから、「高利貸し」などと呼ぶのは失礼かもしれない。私は消費者金融の大手、プロビデント社に電話をかけてみた。二〇〇ポンド借りるとしたら、利息はどのくらいでしょうか。電話に出た女性事務員は、返済は週六ポンド［一二〇〇円］で五四週と答え、規則どおり、年間実効金利は一七〇パーセントになる、とつけ加えた。なんとなく返せそうな気がした。家賃などを滞納している金欠状態の私としては、週六ポンド［一二〇〇円］ずつ一年以上返済しつづけると聞いても、いまの窮状よりはるかにましに思えたのだ。しかし、あとで落ち着いて計算してみると、返済総額は三二四ポンド［六万四八〇〇円］にもなる。だからこそ、給付金局が貸しつける社会基金ローンに上限を設けるべきではない。でないと、本当に困っている人が高金利の借金地獄に堕ちることになる。あらたに職に就く人に補助金を出す必要があるのも、借金を背負って働きはじめるのは望ましくないからだ。

少なくとも私には、シンプルライフにあこがれたり、節約の喜びに浸ったりする趣味はない。

「消費拡大主義《コンシューマリズム》」以前の古き良き時代を懐かしんだこともない。昔からショッピング大好き人間だ。ただ、この喜びがもっと平等に享受されればいい、と思ってはいる（ブランド全盛に眉をひそめる人は、ブランド品などなにもない安い店で買い物をしてみるといい。聞いたこともない怪しげな包装の食品や洗剤を買うのは、不安なものだ）。外食したり、映画や芝居を観たり、自宅に友人を招いてパーティをするのも好きだ。ワイン、ドレス、休日。ときには外国の都市に飛んで、長い週末も楽しみたい。物質主義に侵された現代社会を嘆くこともない。人間は元来物質主義的な存在で、だからこそ動物と違って、進歩のために努力するのだと思っている。地球という星を損なう行為を懸念することをべつにすれば、快適な暮らしになんの文句もない。「土への郷愁」はまったくないし、富める暮らしより貧しい暮らしのほうが自然に近いとか、倫理的に優れていると思ったこともない。

英国には昔から、高等教育を受けた人たちが貧しい暮らしにあこがれる風潮がある。持ち物が少なく、困難な選択に迫られることも少ない暮らしが一見「単純素朴」に思えるからだろう。私が低賃金労働の職場で出会った人たち（大半が女性）には、選択の余地がほとんどなかった。目と鼻の先の、わずかながら給料の高い職場を選択する自由さえない。どこに住むかも選べない。公営団地が唯一の選択肢で、そこに入れればラッキーなのだ。皆、どうすれば子どもたちをチャンスと選択肢に満ちた広い世界に出してやれるか、ということに頭を痛めていた。

今回私は、本書の目的に照らして職から職へ転々としたが、本当の低賃金労働者にはそんなふうに転職を繰り返すのは経済的に不可能だ。病院を辞めた時点で私はそのまま働いていたらもらえたはずの週一五〇ポンド［三万円］（国税を引いたあとの手取り。これでも最低賃金には届かない）を毎週の収入と仮定することに決めた。ここから固定支出四三・五〇ポンド［八七〇〇円］と、家賃と評議会税合わせて五四・〇九ポンド［一万八一八円］を払う。残りは五二・四一ポンド［一万四八二円］だ。さらに、プロビデント社に六ポンド［一二〇〇円］を返済すると、残りは四六・四一ポンド［九二八二円］。滞納している家賃や水道料金などの督促状がいつごろ届きはじめるかはわからなかったが、二〇週間の分割払いにしてもらえるとして、週に七・三〇ポンド［一四六〇円］。残る可処分所得は週に三九・一一ポンド［七八二二円］で、これで食料や日用品をすべてまかなわなければならない。重労働でくたくたになるまで働きつづけても、可処分所得は時間あたり一ポンド［二〇〇円］に満たないのだ。

今後は毎週、これだけ使えることにする。プロビデント社から借りた二〇〇ポンド［四万円］の残りは、まさかのときのためにとっておく。毎日の暮らしに臨時支出はつきものだからだ（たとえば、弟夫婦にはじめての子どもが生まれた。もちろん、お祝いがしたい――というわけで、借金から三五ポンド［七〇〇〇円］の支出）。しかし、なにかが壊れたり盗まれたり、という一大事が起きないかぎり、レントの期間くらいこれでやっていけるはずだ。だから、支出の詳細についてはもう書かない。今回の体験の目的は低賃金の暮らしでなにが起こり、そのために全体としていくらかかったかを知ることだからだ。週三九・一一［七八二二円］ポンドあれば飢えることはないが、楽しみも、あってほしい物も我慢する暮らしにはなる。裸電球は最後まで笠がつかないままだったし、洗濯機は夢のまた夢だった。

ひとつだけわがままを通した。新聞だ。日刊の『ガーディアン』と日曜の『オブザーバー』で、週に四・七〇ポンド［九四〇円］。残りは三四・四一ポンド［六八八二円］となる。貧しいとフリーペーパーも手に入れにくい。たぶん広告のしがいがないからだろう。有名なフリーペーパーの『メトロ』も、地下鉄に乗れば毎朝簡単に手に入るが、バス停には置いてない。週刊の地元フリーペーパー『サウスロンドン・ガーディアン』も同様で、自宅の郵便受けには毎週入っていたのに、クラパムパークには配達されなかった。

滞納分と借金を首尾よく完済したとしても、収入は週に五二・四一ポンド［一万四八二円］にしかならない。まだかなり苦しいが、皆これで耐えている。病院や学校や地方自治体で、レストランやバーや厨房で、社会が回っていくには欠かせない仕事をしながら、報酬はごくわずかで、世間並みの暮らしをするにはとうてい足りない。ジャーナリストとしての私はレストランでの一回の食事に、ヘアカットに、ちょっとした楽しみに、こうした仕事で得る一週間分の収入以上の金をとくに考えもせずに使っていた。

一度だけ本来の暮らしに戻って、BBCの対談番組に出演したことがあった。スタジオでくつろいで、保守党政権で大臣を歴任したケネス・クラークとの三〇分の対話を楽しんだ報酬は、チェルシー・アンド・ウェストミンスター病院で二週間、八〇時間ポーターの仕事をしたときの手取りとほぼ同じだった。目に見えない境界線をまたいで、あちらの世界に戻っただけで、時給が一六〇倍にもなったわけだ。ジャーナリストとしてテレビに出ることと、病院の歯車を回転させつづけることの価値を正確に比較することなど不可能だが、両者の報酬にこれほどの差がある事実を正当化することなど、とうていできない。

家賃を払わないのは、ランベス評議会をだましたことにならないか、と心配する向きがあるといけないので、ひと言説明しておきたい。私は経済的に、いわば「二重生活」をおくっていた。現実の生活ではいっさい滞納などしなかったし、求職者手当を不当に請求してもいない。住宅手当も同様だし、社会基金ローンも借りていない。プロビデント社についても、利息がわかった時点で借りるのはやめて、代わりに自分の貯金から借金することにした。シャフツベリー協会には時間と手間をとらせたおわびに五〇〇ポンド［一〇万円］を寄付した。そして、こうした手当やローンに頼った場合の収支を紙の上で計算し、計算の結果、手元に残るはずの金額だけでレントの期間、暮らしたのだ。

このやり方で、どのくらい現実に迫ることができただろうか。あまりできてはいないかもしれない。慎重な人なら手持ちの現金がなくなっても、将来を考えるから私ほど無鉄砲に借金はしないだろう。将来への不安や生活の不安定さを実感するのは私には不可能だった。一方で私は、すべてを失ったホームレスの女性の立場から出発した。そんな人がたくさんいることはシャフツベリー協会でも聞いたし、せっぱ詰まった人たちが多すぎて、対応しかねている慈善団体はほかにもたくさんある。しかし、これが低賃金労働者の代表的な姿かといえば、そうではない。私の場合、支えてくれる家族も、小銭を貸してくれる友人もいないという設定だったが、各種の調査が示すように、貧しい人たちはこういう家族や友人の助けがあってはじめて、なんとか苦境をしのいでいる。あとひとつ。私が計算に弱いからかもしれないが、本書で紹介したような数字をはじき出すには長い時間がかかった。鋭い人が見たら、計算違いもありそうだ。しかし、低所得者が生きていくにはこうした綿密な計算が欠かせない。さもないと破滅の危機に瀕する。

給料や労働条件を手がかりに職探しをするにあたって、私は最悪の職場を意図的に避けた。たとえば深夜の皿洗いの仕事を選べば、いかにもの窮乏生活の図が描けたかもしれない。エージェンシーにはこの種の求人広告があふれていた。食肉の包装や、「清掃レンジャー」（じつは公衆トイレの係員）の募集も多かった。『サウスロンドン・プレス』紙の広告で見た仕事はとくにひどかった、魚のはらわたを抜く仕事だが、午前三時一五分からのシフトで時給四・一〇ポンド［八二〇円］だった。私が探したのはごくふつうの日常作業で、多くは公共部門に属するか、かつて属していた仕事だった。

ひどい仕事のなかでひとつだけ、なんとかやってみたいと思ったのに、果たせなかったものがあった。国家医療サービス（ＮＨＳ）は現在、洗濯作業を民間に委託している。クラパムパークから歩いていけるエーカーレーンのサンライト・ランドリー社もそのひとつで、複数の病院から洗濯作業を請け負っている。一九三〇年代の工場のような奇妙な建物で、高い煙突から四六時中煙が出ている。シフトの交替時間になると、大勢の労働者が夜のスモッグのなかへ吐き出されてくる。荒涼とした町工場の風景を好んで描いたラウリーの絵を思い出す。昔からこのあたりを通るたびに、なかがどうなっているのか知りたいという好奇心にかられたものだった。

入り口は建物の脇へ回ったところにあった。古ぼけた掲示板に、就職希望者の面接をする曜日が書き出してある。従業員の入れ替わりが激しいらしい。入り口を入ると狭い部屋になっていて、待合室のように堅い木のベンチが置いてある。はじめていったときは中年女性がふたりベンチに座って、なにかいいことを期待するように宙に目をすえていた。同年配の女性がいたのにホッとして、私はふたりの隣に腰をおろした。若い守衛がひとり、つまらなそうな表情で内線テレビの画面を見つめている。画面には建物の裏手の駐車場が映っていた。守衛がいうには、採用手順のようなものはなにもなく、早い者勝ちだという。空《あ》きがあるかどうか電話で問い合わせることも、空きができたら知らせてもらえるように電話番号を残しておくこともできない。万一の幸運を期待して、毎日顔を出すほかないらしい。「仕事はきついよ。皆、すぐやめる」。おばさんふたりはひるむそぶりも見せなかった。ひとりは昼間厨房で働いているという。ここは歩いて通えるし、夕方からのシフトなら昼の仕事のあとに入れるのにぴったりだ、といっていた。私はここに何度も通って、ベンチで待った。ひとりのこともあれば、ほかに何人かいたこともあった。やがて守衛が電話をかける。仕事があるかどうか、管理職に問い合わせるのだが、これが時間がかかる。答えはいつも「いや、今日はなにもない」だった。一、二度だけ、ほんのひと足違いで決まってしまった、といわれたこともあった。最初の日に会ったおばさんふたりは、運がよかったのか、私より根気があったのか、うまく職を得たそうだ。

週に数日、仕事にいく途中に寄ったり、帰りにひとつ手前のバス停で降りて顔を出したりするうちに、守衛とかなりなじみになった。結局、寄るのをあきらめたのは、守衛が、どこかよそを探すほうがいい、といいつづけてくれるのが重荷になったからだった。「あんたなら受付の仕事でもやれるよ、時給六ポンド［一二〇〇円］はかたい。ここよりずっと楽だぜ」。彼はサンライト社に直接雇われているのではなく、道の向かいにあるエージェンシーから派遣されているのだそうだ。その方向を指して、うんざりした口調で、「ひどいやつらさ。俺は時給四・一〇ポンド［八二〇円」だけど、やつらはサンライトから七ポンド［一四〇〇円］とってるんだ。寄生虫だね、まるで。でも、あんたはエージェンシーであたったほうがいい。ここは大変だからね」と、ランドリーに続く自在ドアにあごをしゃくる。ドアの向こうがどうなっているかは、相変わらずわからない。守衛がよそを探せといえばいうほど、実態を知りたいという気持ちは強くなった。しかし、好奇心を満足させることは結局できなかった。守衛のいうとおり、似たような仕事は近所にいくつかあったし、それでも顔を出しつづける口実が底をついたのだ。

「でも、それじゃどうして、皆、ここで働きたがるのかしら」

「シフト分けが細かいからさ。ほかの仕事とかけ持ちしやすい。三つかけ持ちしている人もいるよ。朝早くオフィス掃除をして、それから丸一日の仕事をして、夕方からここさ。よく続くと思うけどね」

努力しても雇ってもらえなかった仕事は、ほかにもいくつかあった。たとえば議事堂下院のケータリング手伝い。『サウスロンドン・プレス』の広告には「ウェストミンスター・ホールの新規開店カフェと土産物店。チームプレイがお好きなら、活気あふれるモダンな環境で働いてみませんか」とあった。下院が「モダンな環境」かどうかは疑問だったが、顔見知りに会うのは必至だったから、裏方がどの程度まで透明人間になれるものか試すいい機会だと思った。厚化粧した履歴書はなかなか立派だだし、前歴照会も当然問題ないから自信があったのだが、何ヶ月もしてから断りの通知が届いた。「残念ながら、今回はご希望に添えません。今後のご活躍をお祈りします」。

がっかりだ。ダリッジ・アンド・シドナムゴルフコースのバーで働く仕事も、面接にさえこぎつけられずに断られてしまった。

不安を感じるほど奇妙な体験もした。フォレストヒルの「ストランド」というエージェンシーから派遣されて、早朝にオフィス掃除をする仕事で、『サウスロンドン・プレス』の広告ではヴォクスホール地域で政府オフィスの清掃、午前六時～八時、とあった。昼間の仕事とかけ持ちするのにぴったりだと思って応募してみると、政府の身元審査が必要だといわれた。警察の前歴保証書ならすでに持っているというと、エージェンシーはがぜん乗り気になった。すぐ入手がいるのに前歴照会は最長四〇日もかかるからだ（保証書はいずれ必要になると思ったので、今回の企画がスタートするまえに用意しておいた）。私ははるばるフォレストヒルまでいって、何ページもある身上調査書に記入した。両親の生年月日と生まれた場所、私の結婚、夫の詳しいデータ、等々。私、および私の近親が違法組織に属していた経験がないことを誓約する書類まであった。しかし、妙なことに職歴は聞かれなかったので、ジャーナリストであることは明かさずに済んだ。

エージェンシー職員のエレインによると、広告で募集したのはＭＩ６ビルのオフィス清掃だったが、それはもう決まってしまった。しかし、もっといい仕事があるという。カールトンハウス・テラスに外務省が持っている豪邸の掃除だ。これは嬉しい話だった。その屋敷なら元外相のロビン・クックがいまも最上階に住み、それ以外の部分は現外相のジャック・ストローが執務やレセプションに使っている。以前から何度もインタビューにいったことがあった。ストランドお仕着せのオーバーオールを着て、ロビン・クックやジャック・ストローが通りかからないものかと期待しつつ、応接室や階段や廊下を掃除する自分の姿が見えるような気がした。

しかし、これは実現しなかった。エージェンシーから身元調査は時間がかかるといわれてはいた。一ヶ月ほどたったころ、再質問が返ってきた。サインの名前が「ポリー」なのに、パスポートの名前が違うのはなぜか。調査書には父の名前「フィリップ・トインビー」を書かざるをえなかったから、「ポリー」と「トインビー」をくっつけてみたのかもしれないが、調査官がそんな名前にぴんときたとは思えない。たぶん、かつて父が共産党員だったのがひっかかったのだろう。父は一九三〇年代に共産党員としてオックスフォード大学組合の委員長を務めた。七〇年代に労働党政権で蔵相を務めたデニス・ヒーリーを党員にしたのも父である。ヒトラーがスターリンと独ソ不可侵条約を結んだ直後に離党したが、一九五〇年代の一時期、米国から入国を拒否されていたこともある。エージェンシーに何度か電話で問い合わせてみたが、なにも聞いていないという答えだった。ときにはそんなこともある、というばかりだ。それでもねばっていると、機密調査部から、私の正体がばれたという正式の回答が届いた。なかなかやるものだ。

のちに、うちの編集長がMＩ6から呼び出された。いろいろ事情を聞かれたあげく、驚いたことに、部下のひとりを機密調査部に潜入させようという露骨かつ粗雑な策略を試みた、と叱責されたらしい――私が国家機密を追いかけているとでも思ったのだろうか。

第7章　給食のおばさん——いつも笑顔を絶やさずに

＊

これはいい。楽で、魅力的な仕事だ。職業紹介センターのコンピュータで見つけたとたん、これは希望が殺到すると確信して、応募に駆けつけた。「ルーム・アテンダント。時給五ポンド［一〇〇〇円］。常雇い。顧客サービスに長《た》けた人求む。現金取扱いと給仕、要経験。町政庁舎各室に紅茶／コーヒー配達給仕」。三〇年まえの職業体験にはウェイトレスも含まれていたし、娘の友人が経営するバーで働いたことにもしてもらったから、それらしい履歴書を作ることができた。日付に多少手加減を加えたが、どうせ誰もチェックしないのだろうから、三〇年の手加減などたいしたことではなかろう。

雇用局の直通電話に答えたのは、優しそうな声のサリーという女性だった。ええ、その仕事ならたしかにありますよ。よさそうな方ね。木曜に面接をしますから「サービスチーム」社のオフィスにきてくれますか。これもやはり評議会の直接雇用ではなく、民間の契約会社経由だったらしい。サービスチーム社は、ゴミ収集や給食、園芸、警備、清掃から運輸まで、ランベスのあらゆる公共サービスをとりしきる会社だ。この会社に雇われるということは、国から一歩距離があるわけで、いわゆる公共サービス部門の職種には属さない。サービスチーム社はバーミンガム、シェフィールド、ポーツマス、グリニッチ、カムデンなどにも手を広げる大手の契約会社で、いまやランベスの肉体労働者の大半はここに雇われている。賃金と労働条件を切りつめるのが競争入札に勝つ武器になるのはわかっていたので、職業紹介センターでは意識的に公共サービス関連の仕事を探したが、いずれもエージェンシーか契約会社の求人で、国が直接雇用するものには巡りあわなかった。

木曜は土砂降りで風も強く、傘が何度もおちょこになり、骨が三本も折れてしまった。サービスチーム社のランベス本部は、バスでハーンヒルまでいき、そのあと一五分も歩いたシェイクスピア・ロードにある。私は定刻五分まえに到着し、ボロボロになった傘をどうにか畳んで、サービスチーム社のトラックが並ぶ駐車場脇の通用口からなかへ入った。

「誰に用?」と無愛想なガードマンがいう。

「サリー・ハンプトンさんに」

「うちの社員じゃないね」

「そんなはずないわ。今日、面接に呼ばれたんだから」

「聞こえなかったのか。もう、うちの社員じゃない!」

「でも、おととい話したばかりなのに」

「おとといはおとといいまはいま。辞めたんだよ」

そういうと、ガードマンはまた新聞を読みだした。

「こいというから、はるばるきたのに。誰かほかの人でもいいから、出しなさいよ。求人広告にあった仕事の件よ！」

いつもはこんな話し方はしないのだが、とにかく疲れて、びしょ濡れで、腹が立っていた。

「誰もいないよ。給仕の仕事かい」

「そうよ。町政庁舎の」

「知ったことか。俺にわかってるのは、昨日も今日もサリー・ハンプトンに会いたいってやつらがぞろぞろやってきて、皆、追い返されたってことだけだ。とにかく、もう辞めたんだ。面接なんかないよ」

「ほかに誰かいないの」

「いない、皆、もう帰っちまったよ」

それでもねばっていると、ガードマンは誰かの名前と電話番号を教えてくれて、明日かけてみろ、といった。例のとおりの扱いだ。仕事口がふさがったり事情が変わったりしても、面接がキャンセルになったことをわざわざ知らせてくれる雇い主などいない。低賃金労働者は、会ったこともない誰かの気の向くままに現れたり消えたりする仕事口を追い求めて、貴重な時間を使い、靴底をすり減らしてはるばるやってくる。ロンドン中のエージェンシーのみすぼらしいロビーで、長々と待たされ、調査表に記入させられ、さらに待たされる人たちは、もう慣れっこになっている。正当に扱われることなど期待せず、物事がうまく運ばなくても、失望もしなければ驚きもしない。雇い主側もそんな人たちのことなど考えもしない。安い労働力はゆるんだ蛇口から漏れる水のように扱われる。私が腹を立てたのは、慣れていなかったからにすぎない。

翌朝、ガードマンにもらった番号に電話してみた。電話の相手はぶっきらぼうを通りこして、不作法そのものだった。

「サリーは辞めたよ」

「面接はどうなるんですか。昨日そちらにいったんですが、代わりの担当者はいないんでしょうか」

「いない。面接もなしだ。サリーは勝手に仕事の内容を変えて、求人広告を出していたんで、それはまずいということになった。で、辞めてもらったわけだ」

仕事の内容を少しでもよくして、少しでも高く人を雇おうとするなんて、労働者階級のヒロインではないか……と思ったが、本当の事情はわからない。

「ランベス庁舎のルーム・アテンダントの仕事は、どうなりました」

「もう、ない」

「ほかに、なにかありませんか」

「給食の口だけだね。月曜の朝九時にくれば、面接とオリエンテーションがある」

そういうと向こうから電話が切れた。しかたない。お茶のワゴンを押して歩く楽な仕事、時給五ポンド［一〇〇〇円］、常雇いの仕事が消えた。夢のような仕事は夢で終わったのだ。

というわけで、月曜の朝、またサービスチーム社に出かけていった。給食担当マネージャのひとり、マリアという女性が申込書を配る。集まったのは女七人、男がひとり。黒人と白人が半々だった。唯一の男性は、いまや見なれたポロシャツ姿で、赤地にどこかの会社のロゴがあるところを見ると、かけ持ちをするつもりらしい。

問題の仕事はそれまで出会ったなかでも、とりわけひどいものだった。ランベス公立学校の給食助手で、時給四・一二ポンド［八二四円］。しかも一日わずか三時間。遠くまで出かけて、安い給料で、週に一五時間しか働けないわけだ。マリア（東欧系らしいなまりがあった）の説明によると、勤続六ヶ月で時給は四・五〇ポンド［九〇〇円］に上がるが、学校が休みのあいだは給料は出ない。それでは困るだろうから年間の給料総額を一二ヶ月に分けて支給する、といかにも恩恵を施しているような口ぶりだったが、おかげでサービスチーム社はかなりの金額を一時的にせよ手元に置けることになる。一二ヶ月にならすと時給は三・七五ポンド［七五〇円］で、最低賃金を下回るが、これは違法ではない。そのうえ給料の支払いは月末だけだという。

マリアの話は会社の立場と訴訟回避に終始した。「皆さんはチームランベス（この地域でサービスチーム社はこう自称していた）の親善大使として、職場に出向きます。キッチンで揉《も》め事を起こすなどということは、決してないように」。とにかく契約内容を守るように、とマリアは強調した。「温野菜を日に二種類と契約にあれば、たとえ生徒たちが食べなくても、温野菜を二種類出すのです」。教師研修日と法定祝日は学校が休みだから、仕事はなく、したがって給料も出ない。私たちは「仲間の誓い」と称する誓約書に署名させられた。いわく、「お客様を大事にするのが私の責務です」「仕事の質を維持するのが私の責務です」「私は公共サービスに邁進します」。ただし、なにをもって公共サービスというかについてはほとんど語られなかった。署名した書類のコピーは渡されなかったし、雇用契約書らしきものもまったく目にしなかった。雇い主側が私たちに対してどんな責務を負うか、私たちのためになにに邁進するかは不明である。この朝、健康、安全、食品衛生についてのオリエンテーションと研修をたしかに受けた、と表明する書類にも署名させられた。今後数ヶ月中におこなわれる、丸一日がかりの食品衛生講習も受ける義務があるらしい。これには、託児施設がないと出席できない、という抗議の声が上がった。

それから、生の肉や魚と調理済みの食品が接触しないようにするための、色分け規則の説明があった。私は必死にメモをとった。サラダ用の包丁とまな板はグリーン、加工冷肉は黄色、生肉は赤、魚は青、野菜は茶色、乳製品とパンは白。面倒なことだ。温かい料理のなかでは細菌が一〇分ごとに倍増する、という話を聞かされた。包丁の扱いの説明があり、キッチンでは英語以外の言葉は使わないように、という指示があった。最後に、たしかにこうしたことを教えられた、と表明する書類に署名させられた。

ランベスの公立学校には食器洗い機がなく、給食助手が手で洗うという説明があったときは、皆、深いため息をついた。咳や唾吐きは禁止、装身具禁止、腕時計やマニキュア禁止。最初の六ヶ月は病欠手当なし。キッチン用上履きも最初の六ヶ月は支給されない。「こう入れ替わりが激しくては、あっというまに靴が足りなくなっちゃうからね」。マリアはジョークのつもりだったらしいが、誰も笑わなかった。聞きあきた話だ。どこへいっても、入れ替わりの激しいことがひどい扱いの言い訳になっている――かまうことはない、どうせすぐ辞めるんだから。適正な賃金と適正な扱いによって職場定着率を上げれば会社の利益につながることもありうる、などということが、管理職研修のテーマになっていないのは確かなようだ。

マリアはなぜか、ときどき部屋を出ていったので、私たちはそのすきにおしゃべりをした。隣の席のトリシャは頭を抱えていた。「一五時間じゃだめ、一六時間でないと。週に一六時間働ければ勤労世帯控除や子どもの扶養控除が受けられるんだけど、子どもたちが学校へいっている時間にはめ込めて、一六時間働ける仕事がどうしても見つからないの。とりあえずこの仕事をしなくちゃね」。オリエンテーションのまえに調査表に記入したとき隣にいたジュディは四五歳で、夜は工場の食堂で働いている。ジュディも、子どもの学校の時間に合う仕事をもうひとつかけ持ちする必要に迫られているのだそうだ。夫は技術系の中間管理職だったが、つい最近リストラされた。しかも去年、ウイルス性疾患にかかって以来、心臓の具合が悪く、会社を休むことが多くなっていた。「もう新しい仕事には就けないでしょう。今日は医者にいっているの。疾病手当の対象として認定してほしいから。でもどうかしらね。だから、もうひとつ仕事をかけ持ちしたいのだけれど、ここの仕事はあまりよくなさそうね」。皆、給料には不満だったが、子どものことを考えると受け入れるしか選択の余地はなかった。だからこそサービスチーム社がここまで賃金を――しかも物価の高いロンドンで――抑えても苦情が殺到しないのだ。居住手当はもっとも必要としている人のところへは届かない。こうした雇い主は、子どもを抱えた母親が低賃金サイクルから抜け出せないのを承知の上で利用している。もっといい仕事に就いたり、職業訓練を受けたりすればサイクルから抜け出せるのがわかっていても、低賃金では子どもを預ける余裕もない。低賃金の母親は保育控除の対象となるが、最高七〇ポンド［一万四〇〇〇円］ではロンドンはおろか、全国平均からいっても実際の経費の半分にも満たない。もし最低賃金制というものがなかったら、サービスチーム社はもっと賃金を抑えても、どんな仕事でもと必死になる母親たちを雇えるに違いない。

オリエンテーションが終わると、郵便番号別に並べた学校リストが配布されたが、私のところから近い学校はひとつもなかった。結局決まったクレメント・アトリー小学校はバスをふたつ乗り継がなくてはならない。地下鉄とバスを乗り継ぐほうが倍も速いが、地下鉄はたったふた駅で往復二ポンド［四〇〇円］もかかる。収入は日にわずか一二・五〇ポンド［二五〇〇円］だから、これは痛い。しかも勤務時間も不都合だった。午前一一時から午後二時半までで、三〇分の昼休みは給料が支払われない。勤務時間がわずか三時間なのだから、あいだの三〇分も働けないかと聞いてみたが、マリアの答えはノーだった。これが学校という職場の特徴で、給食の作業が終わってからほかの作業（がなんなのかは、まだわからなかった）が始まるまでのあいだは、どうせなにもすることがないのだという。

聞くからにいい仕事とは思えなかったが、子どものころから抱いている給食のおばさんのイメージが、プラスに働いた。子どもの目から見るおばさんたちは、給食カウンターの向こうでゆったり構え、陽気におしゃべりしながら、ドロドロしたシチュウをよそってくれる人だった。気のいいママがちょっとした小遣い稼ぎにする仕事という感じで、悪くはなさそうだ。給食のおばさんは国民的ジョークの種で、ロックバンドの名前になったりする。最近は給食のおばさんをタイトルにしたテレビドラマまであった。ドラマのおばさんは日がな一日たむろして冗談をいい合ったり、うわさ話をしたり、学校の明るい雰囲気のなかで楽しそうに過ごしていた。働いている様子はあまり見えず、過酷な労働とはとうてい思えなかった。

クレメント・アトリー小学校は、六〇年代以前のロンドン市議会時代に建てられた古い団地の真ん中にあった。校舎は平屋建てで、広い校庭がある。生徒はさまざまな民族の寄り合いだった。学力は全国平均をわずかに下回る程度で、これはランベスの小学校全般にいえることだが、年々向上していた。出勤初日、小学校に向かって歩きながら、私は学校の名の由来になった労働党の政治家アトリーのことを考えていた。一九四五年に成立したアトリー内閣の閣僚たちが、二〇〇二年の労働環境を目にすることができたら、どう思うだろうか。バラ色の未来を謳った英国祭（一九五〇～五一年）を思うにつけ、五〇年たってもまだ英国労働者の三分の一の賃金がＥＵのいう適正賃金限界値に満たない現状を見たら、さぞがっかりするだろうと思わずにはいられない。

私は学校の入り口でベルを押し、インターホンに向かって「給食助手です」といった。姿の見えない相手が開けてくれたドアを入ると、廊下には給食用のハッチが三つ並び、いまはシャッターが閉まっていた。居合わせた人に教えられてハッチの裏の、キッチンに続くドアを開ける。この瞬間さえなければ新しい仕事も悪くないのだが。仕事の内容もわからず、自分が役立たずのように感じられて、不安にかられる瞬間だ。低賃金労働者の多くがなかなか職を移ろうとしない理由のひとつもここにある。求職活動自体——面接からオリエンテーションまで、概して見下げられて、屈辱感を味わう——も大変だが、新しい職に就く不安も転職意欲を失わせる。なにがあるかわからない場所に出ていくことに比べれば、親しい仲間に囲まれ、なじんだ手順で仕事をするほうがましに思えるのだ。経済学者が描く労働移動性モデルを見ると、証券ディーラーの指先一本で資本が世界を飛び回るように、労働者も高賃金を求めて移動するはずだと思える。しかし、学者先生は、新しい職場にはじめて顔を出すときの不安を体験したことがない。そこで待ち受けるのは、また物知らずのパートタイマーがやってくるとうんざりしている人たちなのだ。

キッチンに入ると、小柄で小太り、顔に皺を刻んだ女性が立っていた。この人がコックらしい。真っ白とはいいがたいオーバーオールに青いヘアネットをかぶり、オーブン用焼き皿の山の向こうから私を見て、「新しい人?」という。少なくとも私がくることを予期し、私の名前を知っていてくれた。ホッとした瞬間、その人のピンク色の丸顔に、笑顔が広がった。五〇歳くらいだと思うが、もっと老《ふ》けて見えた。まくり上げた袖口から、長年の労働に荒れて赤らんだ腕が出ている。足早に近づいてくると、「私はマギー。この人がウィルマ。私の片腕よ。この人がいなかったら、やっていけないわ」といって、もうひとりの女性の肩を抱く。アフリカ系らしいがっしりした人だ。ウィルマも私に笑顔を向けた。マギーは、ここじゃ五人で男一〇人分の仕事をするのよ、と苦笑を浮かべて、残りのふたりを紹介してくれた。ふたりとも若い黒人男性だ。モリスは常雇いで、しばらくまえからここで働いている。エディーは私と同じ新入りのパートタイマーで、「ブルーアロー」というエージェンシーから派遣されているというが、チェーンで首から下げた身分証には「ワークエクスチェンジ」というべつのエージェンシーの名前があった。

マギーは、「制服は持ってる?」と聞いたが、すぐに「もちろん、そんなはずないわね」と首を振り、狭い更衣室に案内してくれた。ロッカーが並び、一日中つけっぱなしのラジオから大音量の音楽が流れている。マギーがあたりをかき回し、歴代のパートタイマーが残した仕事着を集めてくれる。サービスチーム社の、オレンジ色のポロシャツ——青で大きくTの字がついている。青のゆったりしたオーバーオール——胸当てにオレンジ色でサービスチームというロゴ。ビニールエプロン。オレンジ色で大きくTと書かれたベースボールキャップ。どことなくマクドナルドの制服に似ている。会社支給のズボンは見つからなかったので、ズボンと例のクラークスの靴は自前だ。しばらくして青いヘアネットもどこかから見つけて、渡してくれた。ベースボールキャップに青いヘアネットとは、なんという組み合わせだろう。会社支給の制服を着るとひどくみっともなく見えるのも、この種の仕事のうんざりする一面だ。『ガーディアン』紙のオフィスで、全員が「ガーディアン」というロゴ入りのポロシャツとベースボールキャップ姿で働いているところを想像できるだろうか。

　手早く、効率的に、猛烈なスピードで働くのが、このキッチンのモットーらしい。新入りには勝手がわからず、気後れする。オリエンテーションで聞かされたこととは状況がまるで違う。たぶん会社としては、こうあるべきだという規則を私たちに教え、たしかに教わったという文言に私たちが署名すれば、法的責任は果たしたわけで、あとはそれぞれのコックに任せているのだろう。そうすればなにかまずいことが起きても、悪いのは私たちだ。署名が証拠になる。たとえばキッチンの床の一部が濡れていたり、モップをかけた水跡が残っていたりしたときは、ただちに「危険」と書いた大きな黄色い旗を立てる、と教えられた。誰かが滑って怪我をしても会社の責任ではない。しかし、ここでその規則に従ったらキッチン中に旗が立って、身動きもとれなくなる。なにしろ床はいつも濡れていて、滑りやすいのだ。汚いわけではないが、あちこちに水たまりができて、つねにモップをかけどおしなのだから。

　マギーにいわれて見ると、ドアの内側に注意書きが貼ってある。スタッフ五人の作業分担と、受け持ち作業を週単位で入れ替えるローテーション表が鉛筆で書いてあった。私は「シャロン」の仕事をすることになるという。シャロンはとうに辞めていった給食助手の名前で、よくしゃべる娘《こ》だった、というくらいしか皆の記憶には残っていなかった。マギーは――字が小さいのに老眼鏡を忘れて――表が読めなかったので、私が代わりに読み上げた。最初の作業は「茶色の食品棚の清掃」だ。

「へえ、そうなんだ。じゃ、それをやってちょうだい」

茶色の食品棚にはハーブ、スパイス、使いかけの砂糖袋、ケーキ型、刻みチョコレートなどが詰め込まれ、久しく使っていないようで、どれも埃をかぶっていた。新入りとしていいところを見せようと、私はすべてをいったん取り出し、棚を一段ずつよく拭いて、またひとつずつ、きちんと並べていった。われながら時間のかけすぎだ。

様子を見ていたウィルマが肩をすくめ、ありがたいことに教育係をかってでてくれた。ウィルマは顔立ちこそいかついが、ふっと笑顔になると、相手を安心させる。このキッチンではマギーだけが調理にあたり、残りの私たちはウィルマの指示に従って、調理以外のすべての仕事をかたづける。私がまずいいつけられたのは、巨大なガスレンジ二台を掃除することだった。あちこち探し回ってタワシとバケツと洗剤を集め、早速仕事にかかった。くず受けを丁寧にはずし、長年のあいだ（かどうか知らないが）にこびりついた焦げつきをはがして磨き上げる。かなり年代物のレンジだった。一九五〇年代製ではないかと思うが、ひょっとしたらアトリー内閣時代にさかのぼるかもしれない。今朝、調理に使うまえの状態を知らないので、どのくらい磨けば「きれいになった」といえるかわからない。そのうち、マギーとウィルマが立ち止まり、腰に手を当てて私の仕事ぶりをながめたあげく、ざっと拭けばいいのだといってくれたので、ホッとした。

つぎは、マギーが今朝使った大きな平鍋や調理器具を洗う。ミキサーはマッシュポテトがべったりついていて、とくに難物だ。これも重労働だったが、あとに続いた作業を考えれば、嵐のまえの静けさというべきものだった。この時点で給食の時間まで残り一五分。ホールから生徒の姿が消えるやいなや、大急ぎで隅の戸棚に積んであるテーブルと椅子（小さいけれど、とても重い！）を台車に移し、テーブルひとつにつき椅子を六脚ずつきちんと並べて、フォークやナイフと広口コップをセットする。

いよいよ給食の時間だ。ハッチのシャッターを開け、料理の容器をオーブンから出してホットプレートに並べる。モリスが電子温度計を取り出して、肉料理の温度を測り、表に記録しながら料理ごとに少量のサンプルを取りわける。食中毒が発生して訴訟問題になったときの用心だ。ホットプレートのほかに、サラダと、パンとバターのセルフサービスカウンターがある。温料理は肉炒めのチリソースあえ（生徒にはまったく人気がなかった）、ベークドポテトの溶かしチーズかけ、子羊肉のハンバーグ、ヴェジタリアン用の炒め物と種類が豊富だ。私はつけ合わせの野菜担当で、グリーンピースとスイートコーンがそれぞれ入った大きな容器をまえにして、マッシュポテト用のサーバーを片手に待ちかまえた。突然、生徒の大波が押し寄せる。おしゃべりしながら目を輝かせ、押し合いへし合いする子たちもいれば、礼儀正しい子、皿になにが載せられるか不安でしかたないといった態《てい》の子もいる。給食のおばさんとしては最高の瞬間だが、至福の時は長続きしない。

つけ合わせの野菜を少なくとも一種類は食べさせるという規則を知らなかったので、何人かの生徒が私のところへ戻されてきた。「規則、規則ってうるさいんだから！」とウィルマがいう。ウィルマの担当は蒸しプディングのカスタードソース、またはヨーグルト添え。大きなプラスチックバッグからドボドボとヨーグルトを小分けにしたボウルを抱えている。たいていの生徒は、わずかの緑野菜でも拒否反応を示す。生まれつきキャベツや豆を嫌うようにできているのではないか、と思うほどだ。私がほんの少し皿に載せただけでも、小さな顔をゆがめて、気持ちが悪くなると訴える。ウィルマとモリスはたくさんの生徒の名前と好みを覚えている。私から見ると十人十色で、あれもこれもと皿を山盛りにしている子を見れば、そんなに空腹だったのだろうかと心配になるし、最低限しか盛ってないのに手をつけず、教室助手の監督のもと、少しでも食べるまで席を立たせてもらえない子もまた、逆の意味で心配になる。

結局、料理は大量に残った。マギーにいわれて私たちは、それぞれひと皿分の料理を取りわけ、あとで食べるためにホットプレートに載せた。皆、これがメインの食事になるのに加えて、貴重な役得なので、山のように取っていた。マギーは大きな蓋付き容器をふたつ取り出して、肉のチリソース炒めを詰めている。子どもたちの夕食にするのだそうだ。夕ご飯が給食の残り物だと知って喜ぶ子はあまりいないだろうから、本当に必要に迫られているのだろう。どうせ残りは捨てるのだからと、私にも持って帰るように勧めてくれた。マギーのいうとおり、つぎの作業は料理を入れた大容器から残り物をかき出して、ゴミバケツに捨てることだった。ほぼそっくり残った料理もあり、この壮大な無駄に慣れるには時間がかかりそうだった。

このあたりから、作業のテンポが高速から超高速にアップした。もう言葉を交わす暇はない。私たちはたしかに皿洗い機より安上がりかもしれないが、かなりうまく機械のまねができていたと思う。まずすべてのナイフとフォークとスプーンを巨大な金網籠に入れ、かなり熱い湯をはって洗剤を入れたシンクに浸ける。つぎに大きなブラシで全体をかきまぜながら、ざっと洗う。さらに湯気の立つ重い籠を前後左右に揺すぶってから、熱湯をはったシンクに移して、また揺すぶる。自然に乾かす暇はないので、いちいち拭いて、専用ワゴンにきちんと並べる。それが済んだら、低学年の生徒用のプラスチックの皿とトレイの山が待っている。トレイには、飛行機の機内食のように、料理ごとのくぼみがついていた。これも猛スピードで残り物を捨て、洗って重ねる。シンクからは盛大に湯気が上がっている。エビがゆでられるほどの熱湯なので、うっかりなにか落としたら大変だ。ゴム手袋は支給されているが、仕事が遅くなるので誰も使わない。最後にくるのが料理の入っていた大容器や平鍋と蓋だ。電光石火の早業で洗い上げるので、ついていくのもひと苦労だ。それぞれ微妙に形が違うので、身と蓋を正しく合わせて、所定の場所に納めるのはむずかしいが、皆、信じがたい速さでやってのける。

なぜこんなに急ぐのか不思議だった。ペースを決めるのはウィルマで、残りの私たちはそのペースに合わせて作業する。作業分担を指示するのもウィルマだった。しかし、ついに終わりがきて、キッチンに静寂が戻った。床にはモップがかかり、すべての容器や鍋や調理器具があるべき場所に納まっている。ふきんも干され、皆、腰を伸ばしてため息をつく。誰もがくたびれていた。

お昼にしましょうというマギーの声で、それぞれがホットプレートから料理の皿をとり、急いでロッカールームに移動する。ここには椅子がいくつか置いてあるのだ。皆、食べるのが速い。私は相変わらず、首をひねっていた。洗い物は終わり、キッチンはピカピカなのに、どうして食べ急ぐのだろう。マギーとウィルマは、新入りの給食助手がつぎつぎにやってくるのに慣れていて、目のまえの作業に必要な説明しかしてくれない。それに忙しすぎて、なにかの理由を詳しく教える余裕もなかった。

四分ほどたっただろうか。ウィルマが窓の外に目をやって、「ほら、きた」というと、深いため息をついた。全員がただちに立ち上がり、食べ残しをゴミバケツに捨てて、あたふたとキッチンに戻る。救急隊員のような蛍光色の上着を着たドライバーが大きな黄色いプラスチック容器をトラックから降ろし、ワゴンに積んで、キッチンの裏口から運び込んできた。私たちは容器を台車から降ろし、カウンターに積み上げる。なかには平鍋が並んでいた。半分ほど残った料理に膜が張っている。また洗い物のはじまりだ。ウィルマが残り物をゴミバケツに捨て、私もウィルマにならった。スプーンを使っていては時間がかかるので、手でかき出す。まもなく両手はマッシュポテトと生クリームでべたべたになってしまった。ウィルマと私が食べ残しを捨てているあいだに、モリスはプラスチック容器を洗い、エディーがシンクに湯をはる。

捨てて、洗って、拭いて積む作業が再開。洗い上げた平鍋をワゴンに乗せ、キッチンを右へ左へ、拭いては棚に収納する。

今度は急ぐ理由がわかった。残された有給の勤務時間三五分のうちに、すべてかたづけるためだ。作業を残したら無給の残業になる。ウィルマの目標は、遅くとも二時一〇分には全員がキッチンをあとにすることだった。私たちのシフトは二時半までだが、それは無給の昼休み三〇分をフルにとった場合のことで、誰もそんな無駄はしたくなかった。それで無給の昼休みは五分以下にして、休まず仕事をするわけだ。ウィルマの目標はだいたいいつも達成できていた。ただしそれには、重い物を急いで運ぶことも含めて、猛スピードで働かねばならない。黄色い容器がどのくらい重いか正確には知らないが、ひとつにつき料理が半分残った大きな平鍋が三つ入っていて、女性が運ぶ法定限度――一六キロ――は軽く超えていたに違いない。背の高いワゴンから持ち上げ、高いカウンターに載せ、蓋を開けて平鍋を取り出すのは、若い男性にとってさえ腰の痛くなる作業だった。作業が時間内に終わったのは、ひとえにウィルマの「なにがなんでも終わらせる」という強い意志のたまものだ。給食のおばさんをテーマにした例のテレビドラマには、こんな場面はおよそ登場しなかった。大きなレストランやホテルの厨房ならいざ知らず、小学校のキッチンでこんな重労働がおこなわれているとは、想像もしなかった。ママたちの小遣い稼ぎとはほど遠い。

この黄色い容器は、どこからきたのだろう。ひと息ついたとき、マギーとウィルマが話してくれたところでは、マギーが早朝に調理し、キッチンを持たない学校や短大、保育所に配達された料理だという。では、なぜ自前のキッチンがないのか。サービスチーム社は前年一年かけて経費節減のために、地元の学校数校のキッチンを閉鎖した。そして、その分の数百食の調理とかたづけの作業が、クレメント・アトリー校のキッチンに割りあてられた。「この仕事もまえはよかったわ」とマギーがいう。「ここの分だけだったころは、楽しんで仕事ができたけれど、いまはとてもじゃないけど大変すぎる」。

余分の膨大な作業が割りあてられたというのに、マギーの待遇は時給が一ポンド［二〇〇円］上がり、有給の作業時間が一時間増えただけだというから、とうてい割りには合わない。調理の専門訓練を受け、調理助手なしに作業しているというのに、時給は七・二二ポンド［一四四二円］。それでメインの料理からサラダ、つけ合わせの野菜三種、プディング二種を毎日数百食作るうえに、食材の発注、メニュー作り、キッチン内の作業の監督から書類や作業時間表の作成までこなす。マギーが疲れはてているのも無理はない。猛スピードで働くのは私たちと同じだが、時間の配分は少し違う。毎朝七時半に作業にかかり、配達トラックがくるまでに、他校用の調理を終えなければならない。私たちが出勤するころには書類作りと、翌日の給食の下ごしらえまで済ませている。

余分の仕事が増えたとき、ウィルマも有給作業時間が一時間増え、時給も一ポンド上がったが、それでも五ポンド［一〇〇〇円］強だ。筆頭の給食助手として調理以外のすべてを管轄し、あのスピードで働きつづけるにしては、あまりに安い。ウィルマとマギーの待遇が変わったといっても、増えたのは日に一一ポンド［二二〇〇円］前後だから、サービスチーム社にとってキッチン閉鎖は大幅な経費節減になったに違いない。ちなみに、残りの私たちの時給は四・一二ポンド［八二四円］のままだ。これほど大量の作業を三時間でやれというのが、そもそも無理な話だ。せめてあと二時間あれば、人間らしいペースで働けるのだが。国は公共サービスの補助的作業を民間に委託して「効率」を買ったつもりかもしれないが、実態はこのとおりだ。国としてはこんなひどい労働条件を押しつけるわけにいかないが、民間企業なら大目に見られる。給食助手の入れ替わりが激しいのも当然だろう。

マギーとウィルマは、ふたりともここで六年働いている。マギーはそのまえに、ほかの学校で一六年の調理経験がある。ふたりはよく気が合い、ちょっとした身振りや気分の変化を読み取って、完璧なチームワークを見せる。ふたりとも、こんな給料が安くて報われない仕事はやっていられない、すぐにでも辞めてやりたいと愚痴をこぼすが、実際には辞めることもなく、毎日重労働をこなして疲れはてている。なぜ辞めないのかといえば、お互いが好き、この学校が好き、仲間が好き、校長が好きだからだ。それにも増してふたりで結束し、毎日の過酷な労働に立ち向かうこと自体が、続けていく原動力になっている。それができること、重労働に負けないことが、ある意味ふたりにとって誇りになっているのだ。

会社はこうした気持ちを徹底的に利用する。それどころか、辞めない人がいる理由すら理解していないことが多い。辞めない人がいるなら訓練と昇進の機会を与えることを考えてもよさそうなものだが、愚かで積極性に欠けるから動こうとしないと口にする管理職もいる。辞めていく人間のほうを高く評価するきらいがある。マギーとウィルマが辞めない理由がなんであれ、サービスチーム社への忠誠心でないことだけは確かである。ふたりとも会社のことは嫌っている。とくに、作業分担表の欄外に「会社の代表として元気で働きましょう」などとメッセージを書き込んでくる給食担当マネージャに対しては、偉そうで我慢がならないといっていた。なかには笑顔と泣き顔の絵を描いて、「いつも笑顔を絶やさずに」と書き添えてくるマネージャもいるという。

仕事は暮らしの一部にすぎず、家庭に重大なトラブルを抱えているときなど、どんなに過酷な仕事でも職場が避難所になることがある。マギーにも家庭の悩みがあった。ある朝、一七歳になる娘からキッチンに電話がかかってきた。リッチモンドまで迎えにきてほしいと電話の向こうで泣き叫んでいる。父親と姉と三人で、商売用のワゴン車で移動中に喧嘩をして、財布も持たずに車を降りてしまったらしい。マギーによると、夫は車で中古品の販売をしており、娘ふたりは手伝いのために同行しているという。マギーとウィルマは午前中ずっと、十代の子は扱いにくいと愚痴をこぼし合っていた。「とんでもないっていってやったわ。あんなところまで迎えにいけるわけがないじゃない」とマギーはいうが、心配しているのは明らかだった。以前から、下の娘は悩みの種なのだそうだ。社会福祉施設に預けたこともあったが、すぐに逃げ出してきて、また引き取ることになったらしい。マギーは「どうしようもないわ」と暗い表情で首を振った。しばらくすると、問題の娘がキッチンの裏口に現れた。痩せて、顔色が悪い。マギーは娘を連れて自分用の小さなオフィスに閉じこもった。ドアの向こうから泣き声が聞こえてくる。モリスがウィルマに「いってやんなよ」と声をかけたが、長い経緯を知っているウィルマは、そっとしておくほうがいいといっただけだった。いずれにしても、私たちは猛スピードで仕事をこなしている最中で、そんなゆとりもなかった。

二時一〇分にはすべての作業が終わった。キッチンは隅々まで整頓され、マギーが翌朝七時半に気分よく仕事が始められるようになっている。マギーはまだオフィスから出てこないが、ウィルマは、皆、先に帰ろうという。「早めに仕事が終わるように苦労したんだし、仕事は終わったんだから、帰りましょう。ここにいたってマギーの役には立てないわ」。帰る道すがら、ウィルマも子どもの愚痴をこぼしはじめた。「子どもが頭痛の種になるなんて、赤ん坊を産むまえには誰も教えてくれないんだから」。今朝も、私が出勤するまえに、子どものことで面倒があったのだという。一三歳になる息子の学校から電話があって、まだ登校していないといわれたらしい。しかし、息子は遅刻しただけで（バスが渋滞にはまったそうだ）、これは空騒ぎに終わった。「気の休まる時がないわ。このあたりは環境が悪いから、子どもを守るっていっても限度があるし。ほら、ドラッグとかなんとか、いろいろあるじゃない」。子どものために一生懸命働いているけれど、環境のせいで子どもは簡単に悪くなってしまう。といって引っ越しする余裕もない、とウィルマは苦々しげだった。

ウィルマ自身はコックの訓練が受けたいのだが、コックの仕事は朝が早く、子どもが登校する時間に家にいてやれない、自分で送り出してやらないとずる休みするかもしれないから、コックにはなれない、といっていた。ウィルマもまた、賢く、よく働くのに、もっといい仕事に移るチャンスに恵まれない女性のひとりだった。もっと上にいく力がありながら、誰も認めてくれない。そんな会社のために一生懸命働くのは、ほかになにも期待していないからだ。強烈な自尊心にすがって働きつづける。激しい労働を立派にこなしており、割りあてられた時間内に自分ほど立派にやれる人間はほかにいない、と思っているからこその自尊心だ。

ある朝、修理工のアリが大きな脚立をかついで現れた。ホットプレートの上の照明が壊れてしまったのだ。小柄なアリは口汚いが、陽気なトルコ人で、マギーとウィルマとは旧知の間柄だ。が、この日のアリはかんかんに怒っていた。「リストラだとよ！　あと一年半で年金暮らしになるっていうのに。いまから新しい仕事なんか見つけられるか。俺は六三だぜ。なのに、給料が高すぎるから辞めてくれときた。給料が高いのはサービスチーム社なんて馬鹿野郎がくるずっとまえから、ランベス市会に雇われていたからさ。でも、俺はもういらないんだと。作業区分を見直したからあなたの仕事はもうありませんときた。嘘に決まってる。嘘つきの糞野郎が！　俺がやってた仕事にはちゃんと後任がいて、俺はそいつのことも知ってるんだ。俺の仕事はなくなってない。ただ、もっと給料の安いやつにやらせたかっただけさ」。とことん戦ってやる、とアリはいきまいた。

「労組には話したの？」とマギーが聞いた。話した、とアリがいう。「労組のやつら、尻を蹴っ飛ばさないと、なにもしないからな。やつらがいうには、勧奨退職扱いになるかもしれないってさ。首になるよりはマシだが、元の仕事に戻れるわけじゃない」。生徒たちが並ぶ時間が近づいても、アリはまだ帰らず、私たちが平鍋をホットプレートに並べるのを横目で見ながら大演説を始めた。「昔は労組も強かった。俺は古株だから炭鉱労組が保守党のヒース内閣をおん出すのを、しっかり覚えている。でも、マーガレット・サッチャーがなあ……炭鉱労組はもちろん、国中の労組を潰しちまいやがった。いまじゃ国のやりたい放題よ。なにもかも民間に移して、労組は頼りにならないし、俺たち労働者は踏んだり蹴ったりだ」。ウィルマとマギーとエディーは大賛成の意を表したが、生徒たちが並びはじめたので、アリは脚立をかついで、足音も荒く帰っていった。

金曜にはエディーが出勤してこなかったので、マギーをのぞく三人で午前の作業をこなさなくてはならなかった。エディーは金曜になるといつも、なんのかんのと理屈をつけて遅刻する、とウィルマは怒っていた。マギーも、今度こそ出勤簿に記録して、一時間半分の給料をさっ引かせる、といっていた。生徒に給食を配るころになってようやく現れたエディーは、強盗にあったとかなんとかいっていたが、ウィルマは鼻で笑っただけだった。この日、エディーと私は平鍋を洗いながら、ちょっとしたいさかいをした。話題はエージェンシーで、エディーが私の言葉を誤解したのだ。私は、エージェンシーが雇い主から七〜八ポンドとりながら、労働者には最低賃金しか支払わない、と愚痴をいったつもりだったが、遅刻したことで気がとがめていたエディーは、私がエージェンシーの派遣労働者を馬鹿にしたととったようだ。今回はサービスチーム社に直接雇われているが、私自身、エージェンシーから派遣されたこともあり、派遣労働者の働きぶりに苦情をいっているわけではないと説明して、エディーをなだめるのには苦労したが、エディーはようやく機嫌を直して笑顔に戻った。しかし、あとでウィルマがこっそりいうには、エージェンシーの派遣労働者は当てにならないという。他人の仕事は手伝わないし、自分の役目でさえきちんと果たさない。どこへいっても、常雇いから嫌われる。ま、誰でも馬鹿にできる相手がほしいものだが、エディーは派遣労働者だからといって、馬鹿にはされたくない。だから、この話題には神経をとがらせるのだそうだ。

この職場には、気楽にさよならができなかった。とても心苦しかったのでマギーとウィルマには、金曜いっぱいで辞めるのをいいそびれてしまった。病院のポーターを辞めたときは、皆にきちんと挨拶したのだが。マギーとウィルマは、私に長続きしてほしいといってくれた。嬉しかったので、よけいに辞めるとはいいにくかった。ふたりから見れば、パートタイマーがすぐに辞めてしまうと、新入りに仕事を教える手間がそれだけ増えることになる。そのうえ、これはほかの職場でも見られたのだが、パートタイマーが一週間で辞めるのを見ると、あとに残る者は心を乱される。辞めるというのは、この仕事に見切りをつけるということだ。マギーとウィルマが残る道を選んで続けている仕事に見切りをつけ、仲間としてのふたりにも見切りをつけたことになる。経験を活かして献身的に働くことに価値がないと断じられたような気がするのも無理はない。

会社の給食担当マネージャには、金曜で辞めることを電話連絡した。月曜に代わりの手配が間に合わないと、マギーたちに迷惑がかかるからだ。ついでに、いつもはしないのだが、皆がすぐ辞める理由——仕事量が多すぎ、給料が安すぎる——を少々きつい言葉で伝えた。「あら、そう。でも、あれは三時間仕事と決まっていて、ということは、三時間でできるってことなんです！」と、つっけんどんな答えが返った。マネージャ女史が自分でやってみたことがないのは明らかだった。辞めるのはつらく、長く続けられない理由をマギーとウィルマに説明できないのは、もっとつらかった。キッチンをあとにするやいなや、優しく仲間に入れてくれたふたりが懐かしくなった。どんなにひどい仕事でも、後ろ髪を引かれることはあるもので、難破船を見捨てて逃げるネズミになったような気がした。

第8章 託児所

*

職業紹介センターで魅力的な求人広告を見つけた。珍しくなんの資格も要求していないうえに、勤勉、無遅刻、清潔さをモットーとする説教調の広告に比べて、ぜひきてほしいという温かみがある。

託児所助手、時給五ポンド［九八一円］、臨時雇い。保育経験は歓迎するが、人生経験をより重視。仕事内容は子どもたちの相手、遊びやさまざまな活動の監督助手、散歩のつきそい、ランチとおやつの介助。フルタイムとパートタイム有り。いずれも臨時雇い。

例によってセンターのデスクは敬遠し、家に帰って雇用局直通電話をかけた。これも例によって電話の向こうの声は親切で、求人広告番号をいうと、ただちに広告主の詳細を教えてくれた。広告主の正体は国防省内の「どんぐり託児所」。思いがけない大物だ。教えられた電話番号にかけると、キャロラインと名乗る女性が、それはもうふさがったが、外務省に新設された託児所の仕事ならあるという。ますますいい話ではないか。そちらへ電話をした結果、翌日早速、面接を受けることになった。外務省に着いたときは、かなり緊張していた。閣僚や官僚に会う仕事でここには何度もきたことがある。受付で署名を済ませて、柱廊がみごとなロビーで待つあいだも、顔見知りに会わないことを祈りながら、新聞に顔をうずめていた。

私を迎えにきたのはシャーリーという女性だった。「キンダークエスト」というロゴの入った明るい青のポロシャツを着ている。シャーリーは親しげに握手を交わすと、私を連れていったん外に出て建物の角を曲がり、キングチャールズ・ストリートに面した脇の入り口からなかに入った。シャーリーの笑顔は開けっぴろげで人なつこい。女性の管理職にときに見られる、優雅に取り澄ました雰囲気とは無縁だ。シャーリーは歩いているあいだ中、外務省職員のために数ヶ月まえに新設されたばかりの託児所について話しつづけた。キンダークエスト社は現在、四八の託児所を運営している。一般向けに独自で運営しているものはない。すべて政府機関職員や全国各地の一流企業社員のために作られている。「この仕事は臨時雇いなんですけど、それはご承知ですよね」と聞かれて、私は「ええ」と答えた。このときはまだ臨時雇いということの意味が具体的にわかっていなかったからだ。わかっていたら、そして本当にこの収入だけが頼りだったら、この仕事はあきらめるしかなかっただろう。

またセキュリティチェックを受け、エレベーターに乗って着いた先は、いままで見たこともないほどすばらしい託児所だった。内装が豪華なだけでなく、天井が高くてゆったりしている。新品の玩具や絵本が並び、幼児用のパソコンから滑り台、ジャングルジム、ゲームから子どもらしい絵を置いたイーゼルまでそろっていた。まさに子どもの天国だ。なにもかも上質の木製で、真新しい。

シャーリーは広いプレイエリアが見わたせるオフィスに私を案内すると、いささか緊張の面持ちで、面接にまだ慣れていないのでなにを聞いたらいいのやら、といいだした。まずお決まりの調査書——犯罪歴なし、病歴なし——に記入する。信用照会先や職歴は例によってでっち上げだ。それから、シャーリーが質問を並べたプリント片手に質問し、私がまえもって考えておいたことを答えていった。ええ、(孫の) ベビーシッターをしていましたと答えて、まえの勤め先からの推薦状を差し出す。私自身が書き、娘婿に署名してもらったもので、「ずっといてほしかったのですが、託児所の仕事がしたいということなので……」云々。見たところ四〇歳くらい、キンダークエスト社に長年勤めているというシャーリーは、四〇歳以上の人を雇うのがうちの社の方針ですから、という。

プリントの質問を問題なく消化したところでシャーリーが、人手が足りなくてせっぱ詰まっているのだが、明後日からこられないか、といいだした。私はこられると答えたが、「臨時雇い」の実態を聞いて仰天した。人手が必要になったとき、「明日」とか「明後日」といわれて飛んでいくのが「臨時雇い」らしい。私はそれで結構ですといったが、もちろん結構などではない。いつ何時呼び出されるかわからないのだから、生活賃金に足りないからといってほかの仕事とかけ持ちするわけにいかない。定収も保証されない。「お給料はいくらになるんだったかしら」とシャーリーは首をかしげて、本社に電話をかけ、時給六ポンド［一二〇〇円］でいいかどうか聞いていた。広告では五ポンド［一〇〇〇円］だったから、六ポンドなら上々だと思ったが、よく考えてみると、無為に呼び出し電話を待つのだから、フルタイムの給料よりずっと高くて当然なのだ。今週は一日だけだから、拘束八時間（うち、無給の昼休みが一時間）で四二ポンド［八四〇〇円］。来週は三日だそうだが、それでも一二六ポンド［二万五二〇〇円］。かけ持ちができない以上、週にこれだけではとても足りない。常雇いの仕事はないかと聞いてみたが、当面は予定がないということだった。ここで働いていればフルタイムの口ができたとき、いち早く耳にして応募できる、とシャーリーはいったが、のちに聞いたところでは、キンダークエスト社は常雇いではなく、臨時雇いをもっと増やす計画だったらしい。

二日後に出勤すると、明るい紫色のポロシャツを支給された。例によって襟つき、半袖で、キンダークエストのロゴが入っている。洗ってアイロンをかけるのも簡単で、動きやすいが、制服然とした雰囲気は否めない。履いてきた靴を入れるロッカーも割りあてられた。ここでは外履きと上履きをはっきりわけるのが規則になっている。カーペットを乳幼児が這い回っても心配ないように、清潔を旨としているのだ。気持ちよく働けそうだった。皆が笑顔でいるのも気分がいい。

私の担当は乳児室だった。相棒はリアンヌ。シャーリーと、その片腕のナタリーもしょっちゅう部屋を出入りするが、私たちふたりは八人の乳児がいるこの部屋をかたときも離れてはならない。乳児室は広い託児所の一角を区切ったもので、下半分だけのドアがついている。どこからでも室内の様子が見える仕組みだ。反対側の一角には乳児たちの寝室があり、清潔そのものの木製ベビーベッドが並んでいる。赤ちゃんたちは這い回ったり転がったり、趣味のいいさまざまなおもちゃに物珍しげに手を延ばしたりする。四人の子育てを経験したうえに、二歳になったばかりの孫を持つ私としては、赤ちゃんだらけの状況にも比較的ゆったり構えていられた。

急に変わったことをして子どもたちを驚かさないように、毎日の日課は何時何分まできちんと決められている。時間ごとに目的の異なる活動が割りふられているから、飽きさせることもない。渡されたプリントの表題は「サンレイたちの日課」。ここでは二歳以下の子を「サンレイ（太陽光）」、二歳以上を「ムーンビーム（月光）」と呼ぶ。プリントには私がやるべきことも書いてあった。「午前八時　朝食。おむつ替え。自由に遊ばせる。九時　朝食終了。テーブルとベビーチェア清掃。自由な遊び。抱きしめたりしながら、社交性と探求心を養う。九時三〇分　朝の散歩の支度。トイレ清掃。九時四五分　朝の散歩。子どもたち全員に、散歩にふさわしい服装をさせること」等々。一日が終わると、リアンヌに教わったとおり、テディベアの形をした大きな連絡表に必要事項を記入する。なにを食べたか、何分くらい昼寝をしたか、どんな玩具で遊んだか。そのほか、どんな特記すべき行動をしたか。まさに託児所としては五つ星クラスだ。ここまで配慮の行き届いた託児所は見たことがない。

散歩は日課のなかでもっともむずかしく、軍隊の行軍並みの作戦と手際のよさが要求される。二月の寒い朝のことだから、つなぎの防寒着に手袋、靴下、ゴム長と重装備だ。しかも、できるだけ手早く着せないと、最後の子の番になるころには、最初の子が暖かい室内で汗だくになってしまう。つぎに四人編成の「分遣隊」がローテーションを組み、赤ちゃんと乳母車ともどもエレベーターで一階に降り、また上がって、つぎの子たちを下へ降ろす。やがて出発の準備が整う。赤ちゃんたちは三人乗りの乳母車。上手に歩ける子は左右から乳母車につかまる。もちろん腰にしっかり巻いた紐の一端が、私たちの手首に結ばれている。一行はそろりそろりと外務省の脇の入り口を出て、キングチャールズ・ストリートを進み、ホワイトホールへ曲がってダウニング・ストリートに向かう。

私はこの散歩を恐れていた。ジャーナリストとしての私は、週に何回もこの道を通る。特別顧問や閣僚に会う、記者会見に出席する等々の目的で、官庁の建物を出入りしたことは数知れない。ホワイトホールの通りを歩けば、記者仲間だったり議員だったり、誰かしら顔見知りに会わない日はないくらいだ。ダウニング・ストリートにもよくいく。一一番地ではアダム・スミス研究所の早朝セミナーがあるし、顧問の誰かに会いに一〇番地の首相官邸にいくこともある。建物の入り口に立つ警官は、何千人もの顔を記憶する訓練を受けている。これまでも私の顔を覚えていて、名乗るまえに訪問予定者名簿をチェックすることが多かった。だから笑顔で見守る警官の目のまえを、カタツムリ並みにゆっくり通過するのは拷問に等しかった。私たちの行進はなかなかの見《み》物《もの》らしく、皆、目を丸くして立ち止まり、微笑を浮かべる。その視線のなかを犬の散歩よろしく紐でつないだ子どもたちを連れ、セントジェームズ公園を目指してしずしずと進むのだ。私はといえば、キンダークエスト社のロゴ入りの、紫色のポロシャツを着て、三人用の大きな乳母車を押し、片手には幼児をひとり紐でつないでいる。顔見知りの政治記者や議員に会ったら、なんといえばいいのだろう。しかし、心配することはなかった。ホワイトホールの通りでは乳母車を押して歩く女など別世界の住人で、数にも入らない。仲間と一緒に乳母車を押す中年の保育助手は、完璧な透明人間だった。

一度だけドキッとする瞬間があった。ホワイトホールの通りへ曲がろうとしたとき、スマートなスーツに身を包んだ男性の一団が、とある建物の玄関を出て私たちのほうへ足早に歩きだした。なかのひとりがもっとも会いたくない人物だった。長年の知り合い、ピーター・マンデルソンだ。相変わらずスタイリッシュで、ここぞというときに必ず居合わせる人特有のオーラを発散している。通りに出たとき、部屋に入ったとき、鋭い視線を四方に走らせて、すべてを脳裏に刻む。なにも見逃さない。そのマンデルソンが私をちらりと見て、ふと視線を戻し、軽く挨拶を送りかけた。口元を微笑がかすめさえしたが、結局、何事もなかったようによそを向く。知っているような気がしたが、どこで会ったか思い出せない、という表情だった。私は赤面して、彼が思い出さないことを祈った。一団のなかにはもうひとり、何度か食事をした知り合いがいたが、まっすぐ私を見たにもかかわらず、なにも気づかなかった。

それ以後は誰に会うこともなく、セントジェームズ公園に到着した。公園には早咲きのクロッカスやパンジーやタンポポが咲き乱れている。ロンドン一手入れの行き届いた公園だ。噴水あり、花壇あり。ペリカンや白鳥もいて、乳幼児の散歩にはもってこいだ。私たちはムーンビームちゃんたちの紐をほどいて、芝生で遊ばせた。リアンヌが子どもたちを追いかけ回し、ララが近づいてくるアヒルの群れを怖がってみせて、皆を笑わせる。

寒さに頬を赤くして散歩から帰ると、今度は重装備を脱がせる作業が待っている。それぞれのゴム長、手袋、靴下を所定の場所にしまう。「一一時　朝の散歩から帰所。おむつ替え」――時間どおりに完了。「一一時三〇分　昼食。社交性を高めるのに最適の時間。ほかの子どもたちと、あるいは、担当の世話係と仲よく」

私は新米なので昼食の世話はふたりだけでいいことになった。ひとりはベビーチェアに座った赤ん坊。もうひとりは、小さな椅子に座って小さなテーブルに向かう、一八ヶ月の男の子だ。今日の昼食はフィッシュケーキと揚げポテトに豆の煮込み。コックのウィニーが託児所内のキッチンで調理したものだ。赤ちゃんはサッカーボールのように丸々とした頬で、じつによく食べた。つぶした料理を口いっぱいに頬ばるそばから、もっとほしいと両手を振り回す。もうひとりの男の子、アレクサンダーは痩せていて、なにを見てもいやいやをするばかりで食べようとしない。プディングのワゴンを指さしたものの、いざ目のまえにくると、これも食べなかった。結局、食べたのはゆでたバナナのカスタードソースかけだけだった。それでも誰も騒がない。「好きなものを食べさせるの。うるさくいってもしかたないから」とナタリーがいう。「うるさくいわないほうが、結局はよく食べるのよね」。まことにごもっとも。経験からいいとわかっているやり方は大事にしながら、規則や日課は細かく決めておき、会社が運営する四八の託児所すべてがそれを守る。どの託児所でも、同じ時間に同じことが起きているわけで、理にかなった運営方法だと思う。

ある日——私の出勤日だったのは、運が悪いとしかいえない——外務省の事務次官、サー・マイケル・ジェイ夫妻が見学に訪れることになった。おむつ替えや昼寝より昼食時間のほうが見て楽しかろうというわけで、神聖なる日課を変更して、昼食を遅らせる。しかし、待っているあいだにも、到着が遅れるという知らせが入った。もうこれ以上待てなくなって、しかたなく食事を始める。夫妻が到着したとき、私は制服姿で小さな椅子に座り、マッシュポテトと豆を赤ちゃんに食べさせている最中だった。隣ではアレクサンダーが、「いや、いや、いやっ！」といいながら首を振っている。サー・マイケルとは顔見知りだ。長身でエレガントな夫人がまっすぐ近づいてきたときは、正体がばれた、おしまいだと思った。しかし、夫人は「まあ、かわいいことね」といっただけで、私も「ええ、ほんとに」とつぶやくだけで済んだ。夫人はスプーンを手にとって、アレクサンダーに食事をさせようとしたが、アレクサンダーがいよいよ激しく首を振るので、私以上の成功は収められなかった。私は夫妻と目が合わないようにうつむいて、どうしても避けられないときだけつぶやくようにしゃべった（違いが耳だつのはアクセントより、むしろ声の出し方、響かせ方らしかった。口をきちんと開けず、ぼそぼそとしゃべれば、どこへいっても目だたずに済むのだった）。

サー・マイケルは、赤ん坊たちを視察するくらいなら、イスラム法廷に立たされるほうがましだ、といわんばかりの様子で、青白い顔に作り笑顔を浮かべていた。外務省の人間に特有の、居心地悪そうなぎごちなさだ。頭がきれることに疑いはないけれど、堅苦しいダークスーツに長身を包み、長い手を持てあますように振り回すところは、チャールズ皇太子を思わせる。妻の後ろから私のテーブルに近づいたものの、なにもいうことを思いつかず、「いやいや、これはまあ、その、なんともはや」とつぶやくのが精一杯だった。ありがたいことに、視察はそれで終わりだった。制服姿の私は、ここでも透明人間だったのだ。

私と一緒に一日中赤ん坊の世話をするリアンヌは、ロンドン北部のトテナムに住んでいて、保育士の資格を目指して勉強している。頭がよく、活発で、赤ん坊が大好きだった。担当する赤ん坊たちのちょっとした仕草にも魅せられ、赤ん坊が学びながら育っていくのを見ているのが楽しくてしかたないといっていた。しかし、その勤勉さと熱意が十分に報われているとはいえない。常雇いの保育助手としての給料は年間一万ポンド［二〇〇万円］だそうだ。週にすると一九二ポンド［三万八四〇〇円］。男子の収入中央値の半分にしかならない。幸い結婚していて、共働きだからやっていける。保育士の資格をとれば給料も上がるかもしれないが、この最上等の託児所でさえ、外務省は、親にとって自分の仕事より気にかかるはずの大事な仕事を低賃金労働者に任せている。

ただし、外務省がキンダークエスト社の給与体系になんら関知しないのは、いうまでもない。ここでも国は、作業を民間委託することによって、低賃金に目をつぶっていられるのだ。サー・マイケルにしても、ここで働く人たちの給料がいくらかということなど、なにも知らない（あるいは、知ろうとしない）に違いない。なぜなら、彼らは政府ではなくキンダークエスト社に雇われているか、私のようにエージェンシー（人材派遣事務所）に雇われて派遣されているからだ。

デイケア・トラストの報告によると、保育関係で働く人は一〇万人を超え、その九五パーセントが女性で、平均給与は年間一万一〇〇〇ポンド［二二〇万円］弱。管理職でも一万三〇〇〇ポンド［二六〇万円］だという。これでは求人難に陥るのも当然だが、不思議なことに、だからといって労働市場の調整機能が働いて、給与が上がるということにはならない。保育に携わる女性が、働いているあいだ自分の子どもを預ける経済的余裕がないというのは皮肉な話だ。ここにも悪循環がある。低賃金の女性は、子どもが預けられないので、働きに出られない。子どもの世話をする仕事がしたいと思っても、自分の子どもの面倒を見るために家庭に釘づけになり、その結果、保育の分野で求人難が生じる……。

外務省で働く親たちは、きわめて恵まれている。最善のやり方で子どもの世話をしてもらうための費用は週に一二〇ポンド［二万四〇〇〇円］。しかも、外務省が手厚く援助をしている。省内のゆったりしたスペースを賃貸料なしで提供するだけでなく、あのみごとな内装から備品まで、すべて支払っているのだ。保育部門専門アナリストのレインとビュイソンによれば、インナーロンドンの標準的託児施設に子どもを預ける費用は週平均一五一ポンド［三万二〇〇〇円］で、ロンドン中心部の、外務省のそれのように豪華な私設託児所となると、週二五〇ポンド［五万円］にもなる。たいていの母親の手が届かないのは当然だ。

外務省の建物をあとにしながら、私は想像にふけっていた。貧しい子どもたちもあんな託児所に入れたら、将来が大きく違ってくるのではなかろうか。すべての地区に、小学校や診療所があるのと同様に児童センターがあったら、どうだろう。センターには、母親が朝早く仕事に出る子どものために朝食クラブがあり、同様に夕食クラブもある。母親が三時半に学校まで迎えにこられない小学生のために、放課後クラブや宿題クラブもある。ひとりで悩みを抱え込む母親を、医療と心療の両面から支える機能もあってほしい。児童センターは、地区のすべての子どもを対象とする。費用や預け先が足りなくて悩むのは、高収入の母親も同様だからだ。収入に応じて費用を負担するシステムにしておけばいい。こういう場所にきたがらない孤立ぎみの親のために、フィットネスクラブやジムに加えて、読み書き、算数、ＩＴ、英語などのクラスも設ける。子どもが安心して預けられれば、楽しみのためのクラスや、仕事に役立つクラスに出席する気にもなるだろう。

幼いころに適切な教育の機会を与えることは、成長してからさまざまな援助金を出すよりはるかに役に立つ。米国では、リンドン・ジョンソン大統領が「偉大な社会」政策の一環として推進した「ペリ・ハイ・スコープ」計画が大成功を収めている。貧しい家庭の子どもたちに就学まえの二年間、集中教育を施すもので、三〇年後の追跡調査によると高等教育を受け、いい職に就き、家を持ち、社会保障の世話になったり犯罪を犯したりしない者の比率が、同様の境遇に育ってこうした教育を受けなかった者に比べてはるかに高い。この計画に費やされた予算一ドルにつき七ドルも、国は、子どもたちが成長してからかかるはずだった費用を節約することができた。労働党政権はこの調査結果に想を得て、「シュア・スタート」計画を開始した。一部の地区で、とくに貧しい家庭の幼児に早期教育を施す試みである。しかし、この計画はまだ対象がきわめて限られている。政府は二〇〇四年までに託児所の収容能力を一〇〇万人分増やすといっている。たしかに飛躍的な数字だが、それでもまだ、貧しい子どもの三分の一が救済されるにすぎない。

英国では、ヨーロッパのどの国よりも、仕事を持つシングルマザーの数が少ない。これはひとえに国の保育予算が少ないことによる。ヨーロッパ各国では、福祉国家形成の一環として、保育予算が長年根づいてきたのに対して、英国の保守党政権は、保育が国本来の機能のひとつであることをかたくなに否定してきた。しかし、ほとんどの国民にとって保育は、医療と同様に、自力で全額負担するのがむずかしい。保守党政権は母親たちに家庭を守れと説教することで、みずからのケチぶりを隠してきた。現在の労働党政権は保育が国の役割であることを認めたうえで、「国家保育戦略」を推進しているが、失われた年月を取り戻すにはまだ時間がかかる。働く母親のために勤労世帯控除に加えて保育控除が設定されたが、これによって週当たり九〇ポンド［一万八〇〇〇円］前後が浮いたとしても、子どもを預けるにはさらに五〇ポンド［一万円］ほど必要だから、働きに出るのは相変わらず不可能だ。その結果、保育控除は期待したほど活用されていない。英国では親が保育費用の七五パーセントを負担しているのに対して、ヨーロッパ各国では負担率が三〇パーセントにすぎない。税控除のほかにもいくつかの保育プロジェクトがスタートしているが、保育施設の収容能力は八歳以下の子ども七人につきひとり分にとどまっている。

困っている家庭に早急に手をさしのべることが政府の目的であるならば、全国に児童センターを作るのが最善の道だろう。デイケア・トラストによれば、小学校一校当たり児童センターをひとつ作るとして、必要なセンター数は一万ヶ所で、必要な予算は年間二五億ポンドだという。二五億ポンドといわれても、ピンとこないかもしれないが、じつはさほど大金ではない。たとえば所得税の個人的控除を基本課税分に限定すれば、基本課税のみの低所得者の懐を痛めることなく、高所得者からの税収が年間二六億ポンド増額する。こうすれば、高所得者ほど優遇されるという税制上の不備が解消されると同時に、税収を公平に分配することにもなろう。これはほんの一例で、高額所得の税率引き上げとか、国民保険料の引き上げなど、方法はいくらでも考えられる。国民保険の場合、わずか一ペニー［およそ二円］引き上げるだけで三〇億ポンド［六〇〇〇億円］の増収となり、児童センター予算が十分確保できる。米国の追跡調査が示したとおり、貧しい家庭の子どもに早期の保育・教育を実施することが長期的に見て費用の節減につながるのであれば、そのために予算を投入するのは賢い投資というべきだろう。母親（と、祖母！）の一票を獲得するにも役立つはずだ。懐具合に見合う保育施設を見つけるのは、貧しい家庭だけでなく、中流以上の家庭にとっても頭の痛い問題だからである。

外務省からの帰路、クラパムパーク団地を歩いている私の脳裏に、あちこちにある空き地のどれかにそびえる新設児童センターの雄姿が浮かんだ。団地に住むすべての子どもたちの宮殿になることだろう。隣には十代の子ども向けの施設もあって、スポーツや美術から音楽、演劇まで、さまざまな活動がおこなわれる。労働党政権の提唱する「ニューディール」政策は、予算のあったけをほかのなによりも、こうしたことに注ぎ込むほうがいいのではなかろうか。しかし、私の部屋のある棟の階段室に足を踏み入れたとたんに、夢想は消え失せた。外務省で見たようなすばらしい保育施設が必要なのは事実だが、こんな場所に建っているところを想像するのは、本当にむずかしかったのだ。

第9章　クラパムパーク団地のお隣さんたち

＊

この団地で子育てをしたとしたら、いまごろどんなふうになっていただろうか。大人は問題ない。私は一度も脅されたりしなかったし、住みなれるにつれて不安感も薄らいだ。しかし、十代の子どもにとっては、事情が違うかもしれない。十代には十代固有の社会があり、子どもたちは危険の芽をはらむ社会を泳ぎわたっていかなくてはならない。息子は、クラパムの繁華街で四度、強盗にあった。「強盗」というのは少し大げさか。たしかに犯罪一般の発生率が下がるなか、とくにランベスでは街頭強盗が急増している。しかし、その多くは加害者も被害者も十代で、脅して携帯電話や財布をまき上げるものだ。息子の場合も壁に押しつけられて財布をとられたりしたが、しょせんは子どもどうし。重大な暴力犯罪というより、いじめの延長線上にある。都会で暮らす少年には起こりがちなことで、息子も危なそうなグループを見かけたら迂回するとか、目を合わせないようにするとか、注意を引かないようにするなど、危険を避けるすべを学んでいった。

しかし、この団地で育ち、危なそうなグループとも幼なじみだとしたら、どちらの側につくかを選択し、ときには犯罪の仲間に入るふりなどして機嫌をとる必要にも迫られるだろう。リスクは大きい。団地で私が知り合った親たちの大半は、子どもがひとにぎりのワルの悪影響を受けるのではないか、と不安にかられていた。私ひとりなら、いざとなったらずっとこの団地に住みつづけることも考えられる。しかし、子育てはなんとしても避けたいと思うだろう。問題のある家族や子どもがほんの少しいるだけで、社会生活の土台は揺らぐ。だからこそ、親の多くは機会さえあれば、団地を脱出したいと願っている。しかし、自分の家を持つことが安定した未来を手に入れる一助になると思っても、低賃金のサイクルから抜け出すのは容易ではない。

いい例がティナだ。ティナが生まれ育った棟は、私の部屋から反対の端にあり、この団地のなかではかなりきれいな赤煉瓦の建物だ。築年数が古く、古びた建物ならではの魅力がある。各部屋に小さなバルコニーがあり、造りがしっかりしていることもあって、不動産業者のあいだではいちばんのねらい目になっている。ティナの家族は団地ができたころからの住人で、ティナ自身もいま住んでいる部屋の一階下の部屋で祖母に育てられた。いまは夫と共働きで、一一歳の息子と一歳の赤ん坊を育てている。「この棟は本当にきれいで、階段もきれいだったのよ」とティナは言う。「回り持ちで階段を掃除し、壁を洗い、バルコニーには花を絶やさなかったわ。お互いに知り合いで、子どもたちは幼なじみだし、皆でお互いの子どもたちに目を配っていたの」。一一歳の息子は上の階に住むナイジェリア人の少年と親友だった。生年月日がほとんど同じで、ずっと一緒に育ってきた。「ふたりは毎晩どちらかの家に泊まり合いっこしていたわ。ほんとにすてきな人たちだった」。しかし、残念なことにナイジェリア人の一家は最近引っ越し、あとに新しい家族が入居したときからすべてが変わってしまった。子どもが六人もいて、どの子も手がつけられない。風呂を二回もあふれさせ、そのたびに真下のティナの部屋は水浸しになる。ゴミを階段室に放置し、ゴミのなかには汚れた紙おむつまで混じっている。音楽を大音量で鳴らすわ、足を踏みならすわ、ドアをバタンバタンと開け閉めするわ、大声でわめくわ、ひと晩中やかましい。子どもたちはしょっちゅう鍵を忘れ、入ろうとしてインターホンを叩き壊す。あまりにたび重なるので、住宅供給局ももう直してくれない。それに入ってきてほしくない人間がすでになかに住んでいて、好ましくない知り合いをどんどん招き入れるのだから、インターホンを直しても意味がない、とティナは苦笑した。この件に偏見は絡んでいない。ティナは白人だが、階段室を共有するティナの友人の大半は黒人だからだ。

もちろん、皆、住宅供給局に苦情をいった。局はティナに迷惑記録をつけるように指示し、ティナは指示に従ったが、なんの効果もなかった。問題家族が入居したことによって、それまで絶妙に保たれていた社会秩序が崩壊した。もう誰も花を作らないし、階段を掃除したり壁を洗ったりもしない。問題一家が共同体精神を無視して汚したい放題に汚すのを皆できれいにしてやる必要がどこにあるのか。誰もが自分の部屋にひきこもり、かつて回り持ちできれいにしていた共有スペースは見捨てられた。住宅供給局長のトム・ブレムナーは、この問題をよく承知していたが、打つ手がなくて困りはてていた。「法に訴えて退去させるにはよほどの証拠がなくてはね。この件は門前払いがいいところでしょう。証人を、なんていわれても、皆、かかわり合いになりたくはないだろうし。たとえ証人がいても、やかましくしたり階段にゴミを放置したりする程度では、退去処分にはできないといわれそうです。犯罪を犯したわけではないし、裁判官も退去処分には慎重になりますからね。問題の家族を一階の、もっと広い部屋に移せればいちばんいいんだが。一階なら多少物音をたてても、下の部屋の迷惑にはならないし。しかし、いまは適当な一階の部屋の空きがないのですよ。ま、空き部屋があっても、移りたくないといわれれば、それまでですが。周囲に迷惑をかける以上の悪いことをしないかぎり、私には打つ手がありません」

ある土曜の朝、気がつくと寝室の壁を水が流れ落ちていた。あわててベッドを壁から引き離すと、下のカーペットもじっとり濡れている。廊下は水が四〜五センチもたまって、沼地と化していた。玄関の木のドアにも水が滴って膨張し、開けることもできない。閉じ込められては大変と、郵便受けから手を出して引っぱること数分。ようやく開いた。住宅供給局の時間外電話に連絡すると応急処理係をよこしてくれたが、屋上の貯水槽が壊れているのですぐにはどうすることもできないという。

月曜の朝までにはほかの人たちからも通報があったようだ。いつもどおり出勤して、夕方帰ってみると、水はまだ流れ落ちていた。玄関のドアはさらに膨張し、助走をつけて跳び蹴りを繰り返さなければならなかった。コンクリートの廊下から階段室まで騒音が響きわたったので、誰か様子を見に出てくるかと思ったが、誰ひとり顔を出さなかった。トラブルにまき込まれないようにとりあえず自室にひきこもる――それがふつうなのだ。ようやく部屋に入ったはいいが、ドアをいったん閉めたら二度と開けられないのではないかと不安になった。ぴたりと閉めて閉じ込められる危険を冒すのと、少し開けておいて悪いやつがチャンスとばかり押し入ってくる危険を冒すのと、どちらがましかと考えて、閉じ込められるほうを選んだ。

しかし、水漏れにもいいことがひとつあった。同じ階の隣人や上下の部屋の人たちに、水漏れの様子はどうか、住宅局に通報したか、聞いてみるという口実ができたのだ。それまではこの棟の住人に誰ひとり会ったことがなく、どうやって近づいたものかと悩んでいた。たまに姿を見かけても、脇目も振らず足早に去っていくだけで、知らない人間におはようの挨拶をする気分ではなさそうだった。私にしても、どんな人が住んでいるかもわからずにドアをノックするのは気が進まなかった。ある部屋は麻薬の売買に使われていて、私が入居する数週間まえに警察が踏み込み、いまはドアが封鎖されている。一階のある部屋にも問題があるようだった。アル中の老人が住んでいて、しょっちゅう飲み仲間を連れ込んでいる。布地を節約した派手なドレス姿の若い娘たちが、朝早くから老人の部屋に出入りするのを見かけたこともある。商売女のように見えたが、本当のところはわからない。だから知らない人間がドアをノックしても、罵倒されるのがオチだろうと思っていたが、今度は少なくともノックする口実がある。

廊下に出ると、向かいのドアから黒人の若い女性が出てきたところだった。水漏れのことをいって、おたくはどうかと聞いてみると、女性は笑顔で首を振った。「いいえ、なにも。でも、大家さんに聞いてくださいな。私にはわからないから。いまは留守なので、あとでよろしくね」というと、小走りにエレベーターに向かっていった。しばらくして部屋に入ろうとしていると、同じドアからべつの若い女性が出てきたので、私は自己紹介した。女性は微笑して、マチルダと名乗った。ここにお住まいですかと聞くと、「いえいえ、違います。ここは祖父の部屋」と早口で答える。それ以上の質問を封じたかったのだろう。お節介おばさんと思われたようだ。水漏れを話題にしてみたが、自分のところはなんともないという。「祖父が帰ったら聞いてください。これから仕事で、急いでいますから」。

べつの部屋をノックすると、なかから生楽器を弾く音が聞こえた。ベースの低音が壁越しに響いてくる。なかからなにか飛んできたら避けられるように、逃げ腰になりながら、ドアを叩く手に力を込め、郵便受けの蓋をガチャガチャいわせてみる。最初は労働党の党員として、二度目は社会民主党の候補者（落選！）として、団地の戸別訪問で無為に時間を過ごした経験があったから、けんつくを食わされるのには慣れている。誰かが子どもに向かって、やめな！　と鋭くささやくのが聞こえて、ふいに室内がしんとした。私はもう一度ドアを叩き、「上の階の者ですが、水漏れのことでちょっと」と声をはり上げたが、答えはなく、あきらめることにした。ほかの一二のドアでも同じことが起きた。ここの住人はそれぞれ秘密を抱えていて、簡単にドアを開けたりはしないのだ。

真下の部屋の住人は、黒人の若夫婦だった。子どもがふたりいて、親子ともどもきちんとした身なりをしている。室内もきれいで、いつもテーブルに花が飾ってあるタイプだ。私がいったときは、水を廊下に掃き出しているところで、カーペットと壁がめちゃめちゃだと嘆いていた。ご主人がいうには、まえにも水漏れがあって、そのときは洋服ダンスいっぱいの服がダメになったそうだ。奥さんの話では、夫婦が顔を合わせるのは週末だけだという。ご主人は昼間大学で国際関係論を学び、夜、働いている。奥さんはご主人が家で子どもを見られる時間に合わせて、パートタイムの仕事をしている。夢を抱いてけんめいに働きながら、ようやく生活の帳尻を合わせ、団地で子育てをすることに不安を感じる毎日なのだろう。

しばらく時間をおいて、若い女性がふたり出てきた例の向かいの部屋をノックしてみると、もう若くはない黒人男性が顔を出した。向かいの部屋に住む者だというと、顔が晴れた。「ああ、あんたですかい。どんな人が越してきたかと思っていた」。私がポリーと名乗り、彼がドミニクと名乗って、私たちは握手を交わした。水漏れの話をするとドミニクは廊下に出てきて、私の部屋の玄関から流れ出す川をながめて首を振り、評議会について、この棟の状態について、エレベーターの状態について愚痴をいった。「会えてよかった。困っていたのですよ」。電話が故障したので修理を頼みたかったらしい。私はドミニクの電話番号を聞き、部屋に戻ってうちの電話で修理を依頼してあげた。廊下に戻ると、ちょっと寄ってお茶を飲んでいかないか、と誘われた。

ドミニクの部屋は、寝室がふたつに居間、キッチン、バスルームが私の部屋と左右逆に並んでいる。ドミニクは、ひと部屋だけを居間兼寝室に使い、残りふた部屋を朝会った若い女性ふたりに貸している。自分用のひと部屋にはダブルベッド、ソファ、専用台に重ねたテレビとビデオデッキ、雑誌と本の山などが詰め込まれていた。乱雑なコーヒーテーブルの上に、食べかけのソーセージロールが置いてあった。ドミニクは私をソファに座らせて、お茶を淹《い》れにいった。

お盆にティーポットとカップを載せて戻ってきたドミニクに、私はこの団地と、団地再生プロジェクトを取材するためにここに住んでいると打ち明けた（団地の住人に隠す必要はなかった。隠さなければならない相手は雇用主候補と、遺憾ながら職場の同僚たちだ）。幸いドミニクは、インタビューを受けるのを喜んで、団地が抱える問題とその解決策について滔々《とうとう》と語りはじめた。同じ棟の誰もがいっていたが、ドミニクもオートロックが最優先だという。大賛成だ。二、三日まえの朝、三階の階段に人糞が巨大なとぐろを巻いていた。危うく避けながら出勤するのは嬉しくない。「ここは見かけがトイレそっくりだものな」とドミニクが苦笑する。昼間のうちに、団地が契約する清掃業者が掃除を済ませていたが、夕方、私が帰ったときには、壁に「糞ったれな場所！」という落書きが書かれていた。

「ここは誰でも出入りお構いなしさ。銃を撃ったり、麻薬を売買したり。商売女がどこかの部屋で仕事に励んだり、悪ガキどもがエレベーターにいたずらして壊したり、やりたい放題だ」。ドミニクの愚痴は続いたが、いっていることは正しい。夜、横になってから、下のほうで入り口のドアがバタンと音をたて、叫びかわす声や走る足音が聞こえてくるのは気持ちのいいものではない。

誰かがまっすぐ駆け上がってきて、玄関のドアを蹴破っても、誰も助けに出てきてはくれないだろう。私だって統計の数字は知っている。そこまで恐れるほど、犯罪発生率は高くない……が、夜中の二時にそんな数字の知識は慰めにならない。オートロックになっていれば不安感はずいぶん解消されるだろうが、いずれは取り壊す予定の建物に贅沢だという理由で、改修計画には入っていない。「もっとも、オートロックのこっち側にどんな人がいるかによって、あんなやつと一緒に閉め込まれたくはない、と思うときもあるがね」とドミニクは首を振った。「悪しきもの、すでに内にありってやつさ。いま現在は、一階にあるな」

二、三日まえの夜、廊下でどなり合う声がしたことがあった。「あれは、私をどなっていたんだ」とドミニクがいった。日曜の夜、男がふたり、ドミニクのドアをノックした。ガスの検針だといったが、ドミニクはドアを開けなかった。「いつまでもドアを叩いて、ガスのメーターを見せろといいつづけたが、うちにはメーターはない。警察を呼ぶといったんだが、帰ろうとしないんで、電話を手に持って、いま電話をしているといったら、ようやく逃げていったよ」。本当に警察を呼んだのだろうか。「いや、そこまではしなかった。うちの窓の下に立って、サツを呼んだら仕返しにくるぞ、とかなんとかどなっていたからね」。警察は、匿名でもいいから、なにかあったらすぐ通報してほしい、と呼びかけている。トラブル発生箇所の地図を作り、最悪の地点に努力を集中しようとしているのだ。しかし、ドミニクは、通報するのは危険すぎるという。どこに住んでいるかを知られてしまったら、いつでも仕返しにこられるのだから。

ドミニクはナイジェリア出身で、一九七〇年に学生として英国にきて、ノースロンドン・ポリテクニックで金融と銀行業務を学んだ。卒業と同時にロンドンにあるナイジェリア資本の銀行に就職し、長年勤めて英国に帰化もした。ところがその銀行が倒産してしまった。「アフリカ流でやっていたからね」とドミニクは笑う。「融資を受けても返済しないから、結局、お手上げさ」。そのときドミニクは四五歳で、ほかの銀行には転職できなかった。しかたなく時給六ポンド［一二〇〇円］でガードマンになったが、そのうちからだを壊した。腎臓病が引き金になり、心臓も悪くして、いまではバス停まで走ることもできず、六〇歳という実年齢よりはるかに老け込んでしまった。障害者手当が週八〇ポンド［一万六〇〇〇円］で、そこから家賃と、電気代二五ポンド［五〇〇〇円］を払う。一日中部屋にいるので私よりずっと暖房費がかかるのだ。最近、ドミニクは悪徳業者にひっかかった。電力プロバイダーを替えれば電気代が安くなるといわれて、その気になったのだが、逆に週四五ポンド［九〇〇〇円］にはね上がってしまったのだ。いまはプロバイダーを元に戻したので、大丈夫だという。ガスと電気の勧誘員は成功報酬制だから、うちのほうが安くなると平気で嘘をつく。この団地でもだまされた人がたくさんいるそうだ。

この団地の住人は秘密を抱えていることが多く、それもあって人づき合いを避ける。ドミニクの場合は、入居資格に問題があった。団地には独身では入れないので、ドミニクは、若い女子学生をカップルの片割れにしたてて、まんまとこの部屋に入居した。が、その女子学生はもうナイジェリアに帰国してしまった。ドミニクにいわせると、彼女は英国に戻ってくる気があるが、ビザをとるには袖の下が不可欠で、目下、金策に奔走している。だから、いまのところは「悲しいことに、ひとり暮らし」なのだ。秘密がもうひとつ。ドミニクというのは本名ではない。最初は偽名のほうが安心だと思ったからだそうで、本のなかでは使わないという約束で、本名を教えてくれた。

気心の知れたころを見計らって、この部屋に住んでいる若い女性のことを聞いてみた。間借り人ですか？　そうだ、と彼は答えた。孫娘というわけではない。しかし、こういうことは誰にでも話していいというものでもない。もちろん、部屋を貸す権利はあるし、住宅供給局にもその旨を届ければいい。しかし、届ければ給付金局に連絡がいって、障害者手当から家賃の分が差し引かれる。だから、間借り人のことは身元や同居している理由も含めて秘密なのだ。団地で知り合った人の多くは、ここに住んでいることさえ最初は認めようとしなかった。なにもいわず、なにも明かさず、隣人に弱みを握られないことが肝要だ。「秘密」というには小さなことかもしれないが、脅しの種になるという意味では十分に危険をはらんでいる。社会保障をちょっとごまかしたり、こっそり部屋を又貸ししたり、すでに転居した人の名前で家賃が払われていたり、架空の配偶者や親族と書類上だけ同居していたり――住宅供給局のつかみきれない、秘密の約束事はいろいろある。

住宅供給局は最近、形ばかりではあったが現況調査を試みたらしい。誰がどこに住んでいるか、いないかを調査して、違法入居の現状をチェックしようとしたようだ。ある男性は、身元を証明するものを用意して、指定の日時に在宅するよう指示された。待っていたが、誰もこない。べつの日に、今度は住宅供給局にきてほしいといわれたので、いってみると名前を書かされただけで、身元証明は要求されなかった。入居者台帳に誰の名前が記載されているかを知り、その誰かが正規の家賃を払いつづけているかぎり、この男性が不法入居者だったとしてもばれる心配はほとんどない。入居したい人が多く、又貸しの家賃がかなり高い現状を見るかぎり、住宅供給局に勝ち目は薄い。ロンドンのアパート不足を考えると、あまっている部屋を又貸しするのも人助けといえるかもしれない。

このとき以来、ドミニクは、必要とあればいつでもドアを叩くことができるという意味で、頼れる存在になった。ドミニクは私を信用して小さな秘密を打ち明けてくれたし、私はドミニクにとって、団地再生計画の進行状況を知る格好の情報源になった。住民説明会には一、二度いったが、なにを信じればいいか判断しかねたという。棟の内外の、壁の塗り直しはすでに始まっていたが、インターホンがつき、セントラルヒーティングが完成するまで、いい方向に変わりつつあるなどということを信じる気にはなれないのだそうだ。長年の住人は、調子のいい約束ばかり何度も聞かされてきた。すばらしい計画が提案されては消滅し、予算がついては途中で金欠になる。と、ここでドミニクが現政府への期待を語りだしたのには驚いた。「トニー・ブレアは評価するね。〔七〇年代の労働党政権で首相を務めた〕ハロルド・ウィルソンに負けないくらいだ。すべてをぶち壊したのは、マーガレット・サッチャーさ。まわりを見るがいい。この団地もサッチャーが残した残骸だ。昔は各棟に管理人がいたもんだが、サッチャーがやめさせちまった。なにからなにまで、節約、節約」。ドミニクは怒りに声をふるわせ、財布から労働党の党員証を出して、誇らしげに振ってみせた。

ドミニクの部屋と私の部屋のあいだには、もうひとつドアがあるが、誰も出入りするのを見たことがなかった。ドミニクの間借り人のひとりは、男がひとりで住んでいたが、引っ越したのだと思う、といっていた。そうかもしれない。どう考えても寝室ひとつの狭い部屋しか作れない計算だからだ。ドミニクによると、「あいつはOKだ。とてもおとなしいし」。ドミニクからすれば、「おとなしい」のは隣人として最高の評価だった。

しばらくして、また水が漏ったとき、その謎のドアをノックしてみた。さんざん待たされたあげく、スキンヘッドの男がしかめ面をのぞかせた。四〇歳くらいだろうか。唇にピアス、眉にピアス、耳にもいくつかピアス。刺青《いれずみ》が数ヶ所。私は反射的に後ずさった。男がじろじろと見るので、ノックしたのを後悔したが、もう遅い。隣に住む者ですが、おじゃましてごめんなさい、水漏れの件でよそのお宅にも漏れていないかどうかうかがいたくて……あせって早口でしゃべるあいだも男は私をじっと見つめている。とうとういうことがなくなり、息を切らせて口を閉じると、男の顔がくしゃっとゆがんで、思いがけなく明るい笑顔になった。「お会いできてよかった！　どんな人が越してきたかと思っていたから」。見かけと裏腹に優しげで、声も優しく、ゲイそのものだ。「私、ミッキー」と彼。「私、ポリー」と私。ホッとして、笑いがとまらなくなった。水漏れはしていない、雨漏りをバケツで受けるのはいつものことだけれどといって、キッチンを見せてくれた。ポタッ、ポタッと水が落ちているが、私の部屋とは比べものにならない。私は自分がここでなにをしているか説明した。彼は、名前をもう一度と確かめると、「ああ、やっぱりあのポリー・トインビー！　『ラジオ・タイムズ』に連載していたでしょ。あのコラム、愛読していたのに、もうなくなって残念」。そこから本格的に話がはずんだ。なんといってもジャーナリストにとって、自分の書いたものを本当に読んでくれた（しかも、ケチをつけようとしない）人に会うほど、嬉しいことはないからだ。

翌日、ミッキーがお茶に誘ってくれた。コーヒーメーカーで淹《い》れたての、おいしいコーヒーだった。狭い居間は明るいカナリアイエローで統一され、テディベアのコレクションがソファに座っていた。壁には最近はやりの絵がかかっている。一九世紀風の暗い景色を背景に、全裸の男が膝を抱えて座っている。美術評論家は馬鹿にするかもしれないが、暗示的で、ロマンチックな絵だ。べつにゲイ御用達というわけではなく、オフィスの壁にかけている女性も多い。私も一時、飾っていた。

ミッキーは一九八四年からここに住んでいる。「はじめはふたりだったの。クリスと私。でも、クリスのお馬鹿さんはニュージーランドにいってしまったから、いまは私ひとり」。それまで住んでいた不法占拠者が退去処分になり、部屋をめちゃめちゃに壊して出ていったあとに入居した。新手の占拠者が入り込むまえに、すぐに入居し、自分たちで部屋を直すなら一生住んでいていい、という約束だった。まさに天の助けだったという。それまではウォンズワース・ロードにある六〇年代以前の古い団地にふたりで住んでいたが、暮らしにくいことこのうえなかった。ゲイというだけで悪ガキたちにはやされ、石を投げられ、あげくのはてに何度も泥棒に入られた。そんなある日、クリスが出かけたすぐあとに、誰かがドアをノックした。「私ったら、確かめもせずにドアを開けちゃったの。クリスが鍵かなにかを忘れたんだと思ったから。そしたら、大男が押し入ってきて、私を縛って、一切合切盗んでいったの。助けがくるまで四時間も縛られたままだったんだから」。それで、ふたりは逃げ出すことにしたのだった。

クラパムパーク団地では比較的安心していられるという。「私はよく帰りが遅くなるの。朝の二時ごろかしらね。でも、誰かに待ち伏せされるといけないから、同じ道は通らないように用心しているの。ここでは皆、自分の部屋にこもって、よけいな質問をしたりしないから、そこがいいわね。トラブルは一度もないわ。話してみれば、皆、親切かもしれないし、ゲイが嫌いじゃないかもしれない。でも、あの人はゲイだって子どもにいうかもしれないし、子どもから子どもに噂が広がれば、まえの団地と同じことになるでしょう。だから気をつけているの。誰かに会えば挨拶くらいはするけれど、敬遠されるみたい。ほら、私って強面《こわもて》だから。ほんとは軟弱で、暴力をふるうどころか、虫も殺せないんだけど」。

私は、私の部屋のまえの住人について聞いてみた（教えてもらったとたんに、聞かなければよかったと思ったのだが）。「ポルトガル人の女の人。子どもがふたりいて、いい人だった。でも隣の棟の、同じポルトガル人一家と友だちになって、それが間違いのもと。一見優しそうな女の人だったけど、じつは息子が強盗に入れそうな部屋のあたりをつけていたのね。で、息子がナイフを振りかざして押し入って、なにもかも盗っていったわけ。二度もね。二度目は彼女と子どもたちを洋服ダンスに入らせて鍵をかけたので、何時間も閉じ込められたのよ。気の毒なことをしたと思うわ。そのとき、私はこの部屋にいたんだけど、壁越しにはなにも聞こえなかったの。そういうわけで、彼女は二度目の強盗の数日後に引っ越していったわ。あなたがくるまで、何ヶ月も空き部屋だったのよ。問題の息子は警察に捕まったけど、ほかに二三件も余罪があったんですって。ね、なにかあったら、玄関の壁を力いっぱい叩いてね。そうしたら、居間にいても聞こえるから」。

ミッキー自身も近年つらいことが続いたという。ミッキーは、ランベスの、重度障害児を対象とする「子どもの家」つきのソーシャルワーカーをしていたが、これらの施設は不祥事が発覚したため、あるいは資金不足のため、あるいは各種の基準が満たせなかったためにすべて閉鎖された。給料は安いが、好きな仕事だったという（私が見た求人広告では給料が年間一万二〇〇〇ポンド［二四〇万円］前後だった）。「ずいぶんひどい虐待の話もあったわ。里親がグルだったケースもあるみたい。でも、ランベスに『子どもの家』がなくなったのは悲劇だわ」。職を失ったのと前後して、ミッキーはＨＩＶ検査で陽性と判定された。六年ほどまえのことだ。いつ死ぬかわからないのだから、なにが大切か考え直して、べつの生き方をしようと苦闘していたところ、四年もたってから誤診だったことがわかった。ミッキーにはまったく問題がなかったのだから、最初の血液検査が他人と混同されたに違いない。誤診した病院からは精神的苦痛に対する補償金が出たが、当時の神経衰弱からいまだに立ち直れないでいることを思うと、十分な額とはいえなかった。いまは週七七・一〇ポンド［一万五四二〇円］の障害者手当で生活し、そこから家賃、評議会税、水道代（約八ポンド［一六〇〇円］）を支払っている。

ミッキーにいわせると、団地がよくなる徴候がようやく見えてきたという。階段と外壁が改修されるのはいいことで、ゴミバケツに捨てられる（麻薬中毒者の）注射器の数もまえより減った、と喜んでいた。一九八〇年代に廃止された管理人制の復活を望むのは、ドミニクと同様だ。私の部屋に雨を降らせる屋上水槽については、「水槽はどれもひどいものよ。少しまえには鳩の死骸が入ってたんだから。この棟の人たちは皆、知らずに飲んで具合を悪くしたの。生水は絶対に飲んじゃだめ。キッチンの冷水だけは本管からきてるから大丈夫だけど」

同じ階のお隣さんたちと知り合って、住み心地がだいぶよくなった。ドミニクもミッキーも部屋にひきこもってはいるが、どんな人なのかがわかり、いつでもドアがノックできるというのはこれまでと大違いだ。知り合いの数が増えるにつけ思うのは、ここの住人を型にはめることはできない、ということだった。それぞれに独自の物語があり、それぞれに違い、それぞれに興味深い。貧しさの程度が一律だというわけでもない。夫婦共働きで貧しくない人もいる。貧しくても理由はさまざまで、統計数値には納まりきれない。こんな団地に住む人は皆どうしようもない落ちこぼれだという思い込みが、地域社会の「伝説」として根づいている。しかし、住人の大半は団地の外の人々となんら変わりない――裕福でないことを除けば。

水漏れは数日でとまったが、濡れたカーペットの黴《かび》くさい臭いは部屋に充満して、なかなか消えなかった。しかも、壁がようやく乾きかけたと思ったところで、また水が漏って、すべてが水浸しになった。のちに住宅供給局が説明したところでは、最初の水漏れで水槽を修理するとき、いったん給水を停止したため一部の部屋が断水した。水が出ないという苦情を受けたべつの契約会社の緊急処理班が屋上に上がり、「開けるな」と大きく注意書きがしてあったにもかかわらず、水槽の栓を開けたのが再度の水漏れの原因だった。壁はそのうち乾いたが、黴くささが完全に消えることはなかった。

水漏れの問題が解決したと思うまもなく、外壁の改修が本格的に始まった。外壁に水がすごい勢いで吹きつけられ、窓枠がゆがんでいるためきちんと閉まらない窓の隙間から、容赦なく入ってくる。セメントと泥混じりの水が窓枠にたまり、床に垂れる一方、ぽってりしたしずくが窓ガラス一面に散って、光をさえぎる。そのうえドリルの音が繰り返し響いて、建物全体を震わせる。

私が不平をいう筋合いはなかった。この部屋を借りられたのは、工事が終わるまで一般に貸せなかったからこそなのだ。トム・ブレムナーは、騒ぎが終わるまで家賃は払わない、といいだす人がいないのに驚いていた。なにかを期待する段階を過ぎてあきらめの境地に入ってしまったからなのか、ついによくなりそうだと思うから不平をいわないのか、どちらだろうと首をひねっていた。しかし、たしかに効果は目に見えだしていた。二週間ほどかけて階段室全体が洗浄され、蒸気消毒された。何十年来の悪臭が消えた。しばらくは階段室に足を踏み入れるたびに息をとめる癖が抜けなかったが、本当に臭いは消え、塗りたてのペンキの心地いい匂いに変わった。

といっても、ゴミが散らばるのは相変わらずだった。綿棒、鶏の骨、哺乳瓶、靴の片方――なぜこんなものが、と思うようなゴミが捨てられては回収されていく。悪臭のない状態がいつまでもつか怪しいものだった。この階段は妙な人物のたまり場だ。帽子を目深にかぶった人が階段にただ座っていて、踊り場を曲がったとたんにギョッとさせられることもある。階段を何段とばしかで駆け上がり、駆け下りる人、麻薬でもやっていそうなタイプ、商売女ふうのタイプ、誰かが上がってくる足音を聞いただけで逃げ散る怪しげなグループ。トム・ブレムナーにいわせると、ここは最悪の棟の最悪の階段で、団地のそれ以外のところと一緒にされては困るのだそうだ。

ある日、うちの玄関の、まだ湿っているカーペットにチラシが一枚落ちていた。珍しいことだ。本来の自宅の郵便受けには毎日あふれるほどチラシが入っていた。不動産会社のグラビアカタログ。クラパムには金持ちしかいないと思えるような、金のかかったフリーマガジン。高級クリーニング店、専門訓練を受けた家具修理屋、パーティ専門のケータリング、ピザの宅配。ここではピザの宅配のチラシさえ入らない(一度、近所のピザ屋に電話したところ、「配達区域外」だと断られた)。これまでに入っていたのは、神様のお助けであらゆる悩み(金の悩みも含む)を解決しますというゼロックスコピーのチラシと、近々家賃が二ポンド［四〇〇円］上がるという評議会からの通知だけだ。ここでは誰も私になにかを売ろうとはしない。だから、バークリー・アライアンス社のチラシには、いつになくじっくり目を通した。

「評議会テナントの皆様。賃借権放棄をお考えになったことはありませんか。もしおありなら、六〇〇〇～二万六〇〇〇ポンド［一二〇万円～五二〇万円］を手にするチャンスです」。悪徳不動産業者が団地を徘徊している、という噂は聞いていた。団地再生委員会のオリバー・ヒギンス委員長をはじめ委員たちも、かなりの部屋が売られるのではないかと心配していた。土地を一部売却して団地増築資金にする案を委員会が検討しているあいだにも、入居者が買取請求権を行使するという形でたくさんの部屋が不動産業者の手に渡りかねない。グレーターロンドン当局は、クラパムパーク団地に三〇〇〇戸（大変な数だが、これはのちに三〇〇〇戸に縮小された）を増築する計画を立てていた。ロンドンの不動産価格が高騰し、ドーナツ化現象が進行するなかで、基軸労働者――教師、看護師、警官、ソーシャルワーカーなど――にも手の届くアパートを、というロンドン全体のニーズに応えるためだった。しかしその一方で、団地では多くの部屋が投機目的の不動産業者の手に渡ろうとしていた。「ニューディール」政策の一環として、五六〇〇万ポンドの再生資金がクラパムパーク団地に投入されることが公表されて以来、部屋を買い取ろうとする不動産業者の動きは一層活発化している。そのこと自体はなんら違法ではないが、まもなくもっとよくなるということを入居者側が信じていない、という意味では望ましくない傾向だ。

ともあれ、チラシにあったフリーダイヤルに電話してみると、慇懃《いんぎん》な猫なで声が応対に出た。私は世間知らずを装って、「賃借権を放棄しようと思ってるんですけど、どうやったらお金が手に入るんですか」と聞いてみた。

「賃借権をすんなり返してしまうなんて、馬鹿みたいじゃありませんか、お金が儲かるのに」。ええ、と私は相づちをうった。

「それにはまず買取請求権を申請するんです。自分の住んでいる部屋を優先的に買い取る権利ですが、必要なお金はすべて当社が用意します。買い取ってから三年間は転売できない規則ですから、とりあえず当社と二〇年間の再賃貸契約を結んでいただきます——これはまったく合法で、公明正大な行為です」

「ホントに？」

「間違いありません。住宅局に再賃貸契約を結ぶつもりだといっても、彼らにはとめられません。契約を結ばせていただいたら、当社はお宅さんの名前が登記簿に載っている最初の三年間、部屋を賃貸し、その後は売りに出します」

説明のとおり、これはまったく合法的な行為だ。電話の相手は団地の部屋をすでにかなり取得したといって、棟の名前をいくつか具体的に挙げてみせた。「ここはそんなに人気があるんですか」と私は聞いた。団地の不動産価値を周囲の私有不動産並みに引き上げることは、再生計画の目標のなかでも困難なものと目されていた。いま私のいる棟を見ても、道遠しとしか思えない。

「正直いいまして、クラパムパーク団地はその……いささか評判が芳しくありません。二年まえに取得を開始して以来、評価の上がった不動産はまだ一件もないのですが、当社は上がると信じております。なんせ大規模な改善計画があることですし。たとえば、トラブルの多い部屋の取締りを強化するとか。購入希望者は列をなしている状況です」

「じゃ、私の部屋はいくらくらいで売れるんでしょう」

「寝室ふたつでしたら、八万三〇〇〇ポンド［一六六〇万円］にはなりますね。ただし評議会側の評価は七万八〇〇〇ポンド［一五六〇万円］どまりです」

「私が買うとしたら、その値段になるわけですか」

「いえいえ、お宅さんが賃借人として二年以上お住まいなら、価格は五〇パーセント引きです。つまり三万九〇〇〇ポンド［七八〇万円］で済みます。お得でしょう？　だから当社としては、お宅さんに買っていただきたいわけです」

「わ、半額でいいの！」

「ええ、当社はかねてから賃借人の皆さんがなぜ、こんな宝の山に気づかないのか不思議に思っていました。だから、その幾分かを手にするお手伝いがしたいのです」

「私の名前で部屋を買ったことにして、そちらさんに部屋を渡したら、いくらもらえるんですか」

「七〇〇〇ポンド［一四〇万円］です」

もうけの割りに分け前が少なすぎる感じがする。私の名前で登記されている最初の三年間、いくらで賃貸するつもりなのだろう。

「クラパムパーク団地で寝室ふたつとなると、週一八〇ポンド［三万六〇〇〇円］は堅いでしょう」

「私がいま払っている家賃は、たったの五九ポンド［一万一八〇〇円］ですよ」

「ええ、皆さんご自分の部屋の市場実勢価値をご存知ないようで」

わずかな分け前と引き換えに、住むところと公営団地への入居権を永久に失うわけだが、生活が苦しかったり借金を背負っていたりする住人だったら、飛びついてしまいそうだ。

私は、少し考えてみるといって電話を切った。不動産業者が再生計画の成功を期待して、舌なめずりしながら待ちかまえているというのは、いい徴候というべきなのかもしれない。しかし、考えれば考えるほどひどい話に思えてきた。ロンドンでは、半ばホームレスの人、劣悪な住居に住む人、そしてとくに基軸労働者のための、手頃な価格の住居が早急に求められている。その一方で、せっかく建てた公営住宅が民間市場に流れても、とめるすべがない。不動産価値を上げるという目標は、それなりに納得できる。再生計画が成功し、団地がもはや望ましくない場所ではなくなったのを、市場が認めた証拠になるからだ。しかし、団地が改善されればされるほど部屋が民間に流れるとしたら、せっかくの目標が意味をなさなくなる。懐の豊かな人たちが部屋を買い取ったからこそ、団地の評価が上がったのだと見られかねない。いい住環境を求めるなら私有不動産中心のところに限る、という偏見が助長されるだけに終わりそうだ。クラパムパーク団地の場合、特別規則を設けてでも投資の成果を守るべきではないだろうか。たとえば、今後部屋を買い取った賃借人が移転する際は、部屋を団地側に売り戻すことという規則を作るのだ。バークリー・アライアンス社については、もうけが電話で認めたより大きいことがわかった。私の部屋の売値を八万三〇〇〇ポンド［一六六〇万円］といっていたが、トム・ブレムナーに電話で聞いたところ、この棟の――そう、私の住んでいるこの棟の――部屋が一五万ポンド［三〇〇〇万円］で売れたそうだ。クラパム全体をまき込んだ不動産ブームのおかげで、こんなところまで人気が上がったらしい。もっとも、これでも周辺のテラスハウスが並ぶ通りの、小さなフラットの半値でしかないのだが。

その夜はひときわ寒かった。踊り場の割れた窓ガラスから吹き込む風が、悲鳴のような音をたてる。私はブレムナー氏に聞いた数字を反芻《はんすう》した。この部屋が一五万ポンド！　コンクリートの冷たさがカーペット越しにしみわたるこの部屋が……。私はといえば、厚手の靴下を履いた足が床に触れないように、ソファに上げて、ストーブのまえに丸まっている。最低賃金労働者がそれだけの金を貯めるとしたら、何年くらいかかるものか、ノートに計算してみた。公式推定によると、所得の少なくとも四分の一が住宅費にあてられるという。とすると、七二年だ。民間市場で家を買うのが、手の届かない夢にすぎないことがよくわかる。

しかも、買えるのがこれ？　数週間住んだいまも、ここは相変わらずわびしい。一日の仕事を終えて帰った部屋で待っているのが、豆のスープとじゃが芋と、チーズのかけらと紅茶。ワインなしの夕食というのが、わびしさに拍車をかける。テレビで刑事物のドラマをながめていると、団地のひと部屋に警察が踏み込む場面が出てきた。クラパムパーク団地の東側にそっくりだ。テレビに登場する公営団地のイメージといったら、これしかない。犯罪と、社会生活の崩壊と、悲劇。この団地や、ほかの何千という団地に住むふつうの人たちは、国民の目には触れない。無法地帯で起きる騒動のお話にしか役割を持たない忘れられた人々、透明人間だ。住人の三分の一近くが法を遵守して暮らしているふつうの場所というのは、国民が描くバッドランドのイメージにそぐわないのだろう。

レントの数週間ではなく、一生ここで暮らすとしたらどんな気持ちになるだろう。正直なところ、私にはわからない。これは私の暮らしではなく、そこで生きている自分が想像できないからだ。四階の部屋の汚れた窓際に立っていると、カシミールかアフガニスタンの丘陵に立つ外国特派員のような気分になるときもある――が、実際は、一〇分もあれば本当の家に逃げ帰れるのだ。

たしかにここにも住人の生活に陰を落とす程度の犯罪はある。私の住んでいる棟でも、問題を起こす部屋がひとつあるだけで、皆ふるえ上がって自分の部屋にひきこもっているのが実情だ。それがB氏の部屋、というよりB氏を利用する人たちが出入りする部屋だ。

一階に住むアルコール依存症のB氏は、住宅供給局から何度となく警告を受けていた。望ましくない人たちを追い出さないと、あなたを追い出しますよ。すでに一、二度強硬手段に出ていたし、私が引っ越す少しまえには警察が警告に訪れていたが、望ましくない連中はほとぼりがさめるとまた戻ってくる。最初は飲み仲間だけだったのが、だんだん悪くなる一方だった。B氏はだまされやすい気弱な人で、にぎやかなのが好きなだけだった。にぎやかなら相手は誰でもいい。商売女や麻薬の売人たちはそこにつけ込んだのだが、ある意味、味方にもなった。部屋を商売に使う代わりに小銭をつかませるので、B氏はおぼつかない足取りで、無許可で酒を売る店に出かけていく。B氏を部屋から追いはらう手段ではあったが、B氏自身はそれで満足していた。しかし、だんだん事の収拾がつかなくなってきた。階段をうろうろする人たちはますます怪しげになり、部屋に出入りする若い娘の数は増える一方だった。そのうちの誰かに話しかけてみたいと思ったが、勇気が出なかった。目がとろんとしているか、逆に目つきが鋭く、声をかけたら即殴られそうか、ふたつにひとつだったのだ。ちょうどこのころ、大物が乗り出してきて、本格的な麻薬取引が始まった。B氏のドアの内側には、頑丈なバリケードまでできあがった。

ある晩、パトカーの一隊がサイレンを鳴らして到着した。誰も逃げ出さないように、防弾チョッキを着た武装警官が棟の裏手を包囲する。住人たちは窓から乗り出して見物した。空気ドリルのようなものが持ち出されて、B氏のドアが粉砕される。証拠は集まったはずだが、本書を書いている時点ではまだ立件にいたっていない。住宅供給局はついに退去命令が勝ち取れると自信ありげだが、事はそう簡単ではなさそうだ。翌日、評議会から業者がやってきてドアを直し、B氏はドアの内側におさまった。妙な連中を出入りさせないよう、これまでにも増して厳しく警告されているが、裁判は何ヶ月も先のことになる。しかし、警察の努力はわずかずつでも実を結んでいる。麻薬取引の場をひとつずつつぶしていった結果、本当に危険な連中は寄りつかなくなり、ちんぴらたちも大半はよそへ移っていった。よくなる徴候は随所に見えはじめたが、徴候に気づいたと認める住人を探し出すのは容易ではない。

第10章　飛び込み電話セールス

＊

コールセンターや電話セールスの現場は現代の奴隷船だ。労働者が鎖ならぬヘッドホンでデスクに縛られている。彼らの労働条件についてキャンペーンをはっているＴＵＣ（労働組合会議）によると、賃金は全国平均より四〇パーセント前後も低いという。電話セールスの従業員は四〇万人以上いて、これは石炭、鉄鋼、自動車製造の従事者を合わせたよりも多い。英国の労働者の五〇人にひとりがコールセンターで働いている計算で、しかも、この産業は成長しつづけている。当然ながら従業員の入れ替わりは激しく、労働移転率は三〇ないし六〇パーセントと見られている。反復運動損傷がコンピュータユーザーの新疾患として登場したのと同様に、「聴覚性ショック」がこの産業の新たな職業病となっている。電話をかけつづけることによって、抑鬱症や、大きな音に耐えられなくなる症状が現れる。たしかにこの仕事を数時間するだけで、誰でも鬱になりそうだ。「反復脳損傷」と名前を変えるほうがいいかもしれない。

電話セールスはいまや基幹産業のひとつといえる勢いだから、私も体験してみるべきだと思えた。職業紹介センターで求人広告を探すときも、そのつもりで見ていたのだが、これが見つからない。もっぱら新聞に広告の出る職種のひとつらしかった。それでなくてもコールセンターの多くは、いまやロンドンから経費の安い地域にオフィスを移している。言葉のなまりも重要らしく、各種のアンケート調査によると、スコットランド、ウェールズ、ヨークシャーのなまりが好まれるのに対して、バーミンガムなまりがもっとも信頼を得にくいという。ランベス周辺で見つかった唯一の仕事が『サウスロンドン・プレス』に掲載されていたもので、「フルタイムの電話セールス。SE1郵便区の清掃会社が募集中。給料（基本給とボーナス）優遇。有経験が望ましいが、熱意ある初心者には訓練あり」。当方、初心者には違いない。「熱意ある」かどうかは疑わしいが、とりあえず応募してみることにした。

目当ての会社は地下鉄バラ駅に近い教会の裏手にあった。似たような会社がたくさんあるなかのひとつにすぎないから、ここではかりに「クリーン・ダイレクト」社と呼ぶことにする。ロンドン中心部で、オフィス清掃契約をめぐって熾烈な競争を展開している中規模企業のひとつだ。巨大倉庫のようなオフィスに電話の列が並び、トイレ以外は席を離れることもできず、電話の一部始終がコンピュータ経由で監視され、台本どおりの発言しか許されないタイプのコールセンターでないことは、こぢんまりした入り口をひと目見てわかった。いわれたとおり二階の営業部に上がっていくと、さほど広くない部屋に五人のセールス要員がいて、壁沿いに延びるカウンターに向かっていた。部屋の中央に一段高いデスクがあり、主任らしき人が座って、仕事の進捗状況に気を配りながら、自分も終日電話に向かっている。

その主任がデスクを離れて出てくると、私を面接してくれた。名前はメリッサという。四〇歳前後のほがらかな女性で、派手な柄のドレスを着ている。誰でも対等な同僚として扱う、きさくな人柄だった。メリッサは、電話セールスルームの外のデスクに私をいざなうと、ここでは信用照会もセールス経験も、その他もろもろも必要ない、といった。重要なのは電話で売り込みができるかどうかだけだ。「できるかどうかはやってみなくてはわからないわ。スゴ腕の子もいれば、箸にも棒にもかからない子もいる。年配の人で、この人にいわれたらサルも木から下りてくるんじゃないかと思える人もいる。すべてはあなた次第よ」。

仕組みはこうだった。週五日、九時から五時の勤務で、無給の昼休みが一時間。基本給は一〇〇ポンド［二万円］。週三五時間で一〇〇ポンドということは、時給二・八五ポンド［五七〇円］強だから最低賃金にも足りない。広告にあった「給料優遇」は、基本給に関するかぎり優遇でもなんでもないことがこれでわかった。基本給以外はボーナス次第で、ボーナスは私の売り込みがどのくらい成功するかにかかっている。「どう、できそうかしら」と聞かれたので、できると思う、と答えた。

数日後、それまでの仕事に区切りをつけた私は、朝九時に、メリッサの電話ルームに出勤した。やる気だけは満々だが、せめて基本給分だけでも働きが見せられるだろうか。

メリッサが仕事の手順を説明してくれた。まず郵便番号を目安にして、ロンドン中心部の企業に電話をかける。そして、オフィス清掃費用を無料で見積もりするといって、コンサルタントに会ってもらうアポを取りつける。そこまでこぎつけたら、なにより重要なのは、週五日、日に少なくとも二時間程度の清掃が必要かどうかチェックすることだ。それ以下なら規模が小さすぎて時間のムダだから、即電話を切ること、とメリッサはいった。

「私たち電話要員にとって大事なのは、なにがなんでもコンサルタントのアポをとること。アポをひとつとるごとに、七・五〇ポンド［一五〇〇円］のボーナスがつきます。大きな仕事なら――大きいっていうのは、大病院とかデブナムズみたいなデパートとかね――特別ボーナスが一五ポンド［三〇〇〇円］。ただし、この場合ボーナスがつくのはコンサルタントが先方に会いにいってからだけど」。メリッサの説明では、もう一種類ボーナスがあるという。毎週、メリッサがアポとりの個人別目標を設定する。目標が達成できたら、アポ一件につき七・五〇ポンドのボーナスに加えて、七五ポンド［一万五〇〇〇円］のスーパーボーナスが出る。私は新人だから、今週は一日につきアポ二件だけでいい。五日後にアポが一〇件とれていたら目標達成で、スーパーボーナスがもらえる。今週アポが本当に一〇件とれたら大枚二五〇ポンド［五万円］がもらえるわけで、一時間当たりに直すと七・一四ポンド［一四二八円］にもなる。ただし、目標値を達成するにつれて、その後の目標は高くなる。高跳びと同じで、一度跳べたらバーが高くなるわけだ。アポをとるのがどのくらいむずかしいかは、やってみなければわからないので、今週の収入もはっきりしない。とりあえず一〇〇ポンドから二五〇ポンドのあいだということだ。

アポがとれたらどういうふうに日誌に記録するか、などの手順も教えてもらった。清掃料金を聞かれたら、どう答えるのかと聞くと、「いちばんいいのは一時間当たり四・五〇ポンド［九〇〇円］前後です、ということね。『前後』をつけるのを忘れないように」。私は首をかしげた。清掃係に最低四・一〇ポンド［八二〇円］は払うのに、それではもうけが出ないのではないか。「なんだか、ずいぶん安いみたいですけど」と私はおそるおそるいってみた。率直なのは、メリッサの長所のひとつだった。

「そうすると、全体でいくらになるのか、と聞かれることもあるわ。そのときは週五日、一日二時間の清掃で、週に約――『約』を忘れちゃダメよ――約六五ポンド［一万三〇〇〇円］と答えるの」

「でも、一時間当たりの料金と週単位の合計にズレがあるのを気づかれないかしら」

「いいえ、大丈夫。電話でとっさに暗算するのはむずかしいからね。これにいろいろ特別料金を加算すると、最終的には一時間当たり七ポンド［一四〇〇円］を超えるけれど、それは電話ではいわないの、絶対に」

私が不安げな顔をしたらしく、メリッサはデスク越しに乗り出すと、私の手を軽く叩いていった。

「ときには小さな嘘も必要よ。いまは正直にしていたら損をする時代なんだから。悲しいけれど、本当よ。世の中、そういう仕組みだものね。うちのコンサルタントを送り込むためなら、なんでもいわなくちゃ。わかるでしょ」。わかった。

メリッサが電話する様子を五分ほど見学して、いよいよ独り立ちだ。目のまえのカウンターには電話と、新しいメモ帳と、電話帳。電話帳はいろいろしるしがついているうえに、手ズレしていた。見たところ、うんざりした誰かに何度か放り投げられたこともあるようだ。私は「G」から始めることになっていた。ロンドン中心部の郵便番号を持つ企業に、片端から電話をかけていく。プリントした台本も渡されたが、自由にやっていいとメリッサはいっていた。ほかの人たちの様子をうかがったところでは、台本に忠実な人もいれば、アドリブをきかせる人もいるようだ。

台本は気に入らなかった。「おはようございます。クリーン・ダイレクト社のXです。御社の清掃手配の責任者の方とお話ししたいんですが」。電話が責任者につながったら、もう一度自己紹介をして、「ここ一、二週間、うちのコンサルタントが御社の地域にうかがっています。オフィス清掃費用を無料で見積もらせていただけませんか。現在の段取りを変えていただくためではなく、あくまでも必要が生じたときのご参考のためですが」。台本どおりに何度か試してみたが、ますます気に入らなくなった。そもそも飛び込み電話のくせに、名乗り方が妙になれなれしい。こちらの名前など、誰が聞きたいだろう。相手をいらいらさせるばかりだと思ったので、名前をいうのはやめにした。もうひとつ気に入らなかったのが、「現在の段取りを変えていただくためではなく……」だ。もちろん、変えていただきたいに決まっているのに、こんなせりふを信じる人はいないだろう。と思ったが、何本か電話するうちに、この表現にもそれなりの効果があることがわかった。いや、効果というのは正しくない。なにをやっても効果はないのだから。しかし、ガチャンと切られるまえに、相手が一瞬ためらうのは事実だった。

「断る！」「間に合ってるよ」「いえ、おつなぎできません」「このまえ電話してきたとき、いまの清掃会社で満足しているといったのに、またかけてくるとは信じられんな」「またかよ！」「だめだめ。先月、あんたのところを首にしたのを知らないのか。まったく、恥を知れ」「なにをいってるんだ。もうお宅と契約してるよ。自分の会社の顧客も知らないなんて、いったいどんな会社なんだ！」「うるさい、とっとと消えちまえ」「今度また清掃会社がこの番号にかけてきたら、そっちへいって、あんたらを清掃しちまうぞ。うちの電話番号をコンピュータからはずしてくれ、わかったか」。驚きだったのは、丁寧に断る人が多かったことだ。「残念ですが、いまの清掃会社に満足しているんですよ。わざわざ電話をくれてありがとう」「資料をいただきたいのは山々ですが、いま課長がちょっと手が離せなくて」「お話はたしかに承りました。清掃サービスが必要になったら、こちらから連絡させていただきますよ」「ここ一、二週間は少々忙しいんですが、ご連絡ありがとうございました」。

電話で話すのは、相手の領域に踏み込むようななれなれしさがある。飛び込み電話に腹を立てる人が多いのはそのためだろう。頼んでもいないのに時間かまわず電話してきて、勝手にしゃべりまくる。とはいえ、私にもそれなりの苦労があった。相手の「もしもし」という第一声から性格や気分を推しはかり、一対一のおしゃべりに突入しなければならない。かさにかかって押しまくるのがいいか、親しげな軽い口調がいいか。それとも、下手に出て同情を誘うべきか。ともあれ、規則その一は、相手に口をはさませないように、早口でしゃべることだった。そのうえで、相手がためらいがちだったら「上司の方に代わってもらえますか」と命令口調になるのが功を奏することもあった。友だち口調でおしゃべりを長引かせて、「うちのコンサルタントが明日お近くにいくんで、ちょっとお寄りしてお話したいな、なんていってるんですよ」と迫るほうがいい場合もあった。お芝居を続けるのにくたびれて、台本どおりのせりふを単調に読み上げることもあった。隣の席のリーは、もっぱらその口だった。まだ若い男の子だが、成績はまったく上がっていない。

時計の針の動きがこんなに遅いとは、ついぞ知らなかった。高校の授業より、今回経験したどの仕事より、時間の進み方が遅い。つぎからつぎへと電話番号を叩き、同じせりふを繰り返していると、退屈で死にそうになった。ほかの人たちが繰り返すせりふも耳について、気が滅入る。いつもなら、細かい言葉遣いにめくじらたてるほうではないのだが、「清掃手配の責任者の方がおられましたら……」がなぜか気になって、「おられましたら」を一日中繰り返す女性の首を絞めたい衝動にかられた。拷問のような反復が、そんな小さないらだちまで増幅させる。

それにも増して我慢ならなかったのが、隣でしゃべっている自信過剰の営業マンだ。ギャリーは褐色の肌をしたハンサムな黒人で、しゃれたスーツに身をかため、この部屋の王様気取りだ。気の毒に、リーなどギャリーのまえではいつも小さくなっていた。音楽省があったら絶対ＤＪを頼まれてるぜ、というのが決まり文句で、ことあるごとに、自分は会社でいちばんホットな営業マンだ、と自慢する。朝は悠然と遅刻してくるが、それはボスも承知の上で、アポをとりつづけているかぎり、なにも問題ないのだそうだ。自分専用の椅子と電話があり、誰にも触らせない。いったん電話にとりつくと、甘い声を出したりくすくす笑ったり、同情してみせたりするうえに、寒いジョークを連発して聞くに堪えない。「へえ、ボスは休暇なんだ。ついてるやつ！」「名前はドンだって？　じゃ、ドン・コルレオーネと一緒だ、ヒャヒャヒャ」「課長はお出かけ？　サボりだね」「これは名刺代わりのお電話なんですが、うちのナンバーワンコンサルタントが明日、お宅の近くにいくんですよ。これ、ホント」。まったく、あの甘ったるい声を聞くだけで、ぞっとする。が、効果があるのは事実だった。というか、ある程度、効果らしきものはあった。ギャリーといえども、罵られたり、「結構です」といわれたりして、向こうから電話を切られることが多かった。拒絶、拒絶、また拒絶がこのゲームのルールだ。しかし、ギャリーは電話にとりついていた四時間で、アポを三つとった。だから、彼は王様なのだ。

リーは丸一日ひとつもアポがとれず、もうやめようかと思っている、といっていた。昼休みに、もっといい仕事を探したら、といってみると、リーはうなずいたものの、「まえにやっていた戸別訪問セールスよりは、ここのほうがましさ。ここではくたびれるのが足じゃなくて指だけだからね」と首を振った。営業マンという職業が、たんなる肉体労働より一段上等な気がして、気に入っているのだそうだ。世界でいちばん役に立たず、臆病で、成績の上がらない営業マンだとしても。

私はといえば、七時間で一六三件電話して、とれたアポはひとつだけだった。それもかなりあやふやなアポだ。整骨療法協会に電話したところ、様子のわからないらしい若い男の子が出て、上司は留守だけどといいながら、コンサルタントの訪問に同意した。上司が戻ったらさんざん怒鳴られて、アポはただちにキャンセルされそうだ。たとえキャンセルされず、アポ一件当たりのボーナス七・五〇ポンド［一五〇〇円］がもらえたとしても、この日の収入は時給にしてわずか三・九二ポンド［七八四円］。目標達成ボーナスをもらうには、翌日三件、アポをとらなくてはならない。しかし、翌日は出勤しなかった。というより、できなかった。あの部屋に閉じ込められて、意味のない作業に心をすり減らすのは耐えがたかった。今回体験したほかの仕事は、どれも誰かがやらなければならない、意味のあるものだった。しかし、電話セールスは違った。ボロもうけをたくらむ清掃会社が、べつの、同様に怪しげな会社から契約を乗っ取ったところで、どんな意味があるだろう。この手の契約業者はどれも顧客に請求する料金の半分程度しか清掃労働者には支払っていない。そして、電話で売り込みをする私は、清掃労働者のわずかな稼ぎの上前をさらにはねることになる。

競争が資本主義の動力源であることは認める。しかし、ここでは競争が、誰にも生産的価値をもたらさない。強いていえば、清掃労働者の賃金を低く抑える役に立つかもしれないが、賃金はどの清掃会社でも、すでに最低線に落ち着いているようだった。

この週、ゴードン・ブラウン蔵相がたまたま中小企業の努力を賞賛し、税制上の優遇措置を約束していた。この人は中小企業に身を置いたことがあるのだろうか、小さいことがいいこととはかぎらないのを知っているのだろうか、と首をかしげたくなった。会社が小さいのは、成長するに値しないという立派な理由がある場合が多い。中小企業はときとして、最悪の雇用主になる。中小企業が作る団体は雇用主が作るさまざまな団体のなかでもとりわけ狭量で、自己中心的だ。多国籍の大企業の場合は、ひとり勝ちだと非難が集中しようとも、守るべきブランド名があり、最低基準がある。景気がたそがれどきにあるいま、中小企業は最悪の存在にもなりうるのだが、なぜか賞賛され、税が免除され、劣悪な労働条件も目こぼしされる。労働者を適正に処遇し、ほかの誰とも同じように税金を払うことで経営が行き詰まるというなら、そのほうがいいともいえる。もっと持続力のある優良企業に吸収してもらえば、顧客にとっても被雇用者にとっても事態が改善されよう。労働党がはじめて最低賃金制を提唱したとき、大反対したのは中小企業主だった。一方、大企業の多くは、最低賃金を設定する「賃金評議会」に対して、労働者の賃金を低く抑え、二流のサービスを提供することでしか生き残れないような小企業は保護するに値しない、と指摘したのだった。

メリッサが、飛び込み電話セールスという心も凍る単純作業にどうして八年も耐えられたのか、不思議だったが、メリッサの挙げた理由は、仕事を持つ母親たちに共通するものだった。子どもが学校にいっている時間に合わせた、パートタイマーから始めたのだそうだ。上司がいい人で、安心感があるのも長続きした理由だという。「ここに八年もいたから、いまさらよそで面接を受けるのもねえ。私はコンピュータも使えないし」。メリッサは明るくて、人好きがする。てきぱき仕事をこなし、管理職としても優れているのだから、ちょっと訓練を受けさえすれば、仕事はたくさんあると思うのだが。「私もそう思うし、やってみるべきかなとも思うわ。でも、よその会社はここほど子どもの都合に合わせて融通をきかせてくれないかも。ほかの仕事がどんなものだかわからないし、転職なんて考えるだけで不安になるの」。やはり、それだ。転職のリスクに不安を覚え、慎重になるのは、母親としては当然かもしれない。ともあれ、私は翌日電話して、メリッサに、辞めるという伝言を残したのだが、伝言を見てすぐに電話してくれたのは、今回知り合った上司のなかで、メリッサだけだった。一日でも働いた分の賃金を受け取らなくては、と心配してくれたのもメリッサだけだ（ほかのたいていの会社では、辞めてから賃金を受け取るのが至難の業《わざ》だった）。メリッサは、我慢ならずにすぐ辞めていく人の気持ちがよくわかる、といった。「私はやらなきゃならないから、続けているけれど」。

クリーン・ダイレクト社から受け取った賃金は、謎の塊だった。一日分の給料は二八・五八ポンド［五七一六円］。時給にすると四・〇八ポンド［八一六円］で、これでは週一〇〇ポンド［二万円］と聞いた基本給を超える。さらに謎だったのは、日をあらためて五・九六ポンド［一一九二円］が届いたことだ。アポ一件をとった分のボーナス七・五〇ポンド［一五〇〇円］の一部だろうか。給与明細がついていなかったので、本当のところはわからない。低賃金労働をする人たちに時給を聞いても、正確に知らない人が多いのは、ここに一因がある。ボーナスや成功報酬の仕組みが複雑でわかりにくいうえに、勤続期間によっても給料が変わり、算出方法を銘記した給与明細もないから、わからなくても無理はない。

私は好奇心にかられて、しばらくしてからクリーン・ダイレクト社の清掃係に応募してみた。時給四・五〇ポンド［九〇〇円］は高いほうだが、顧客には一時間につき七ポンド［一四〇〇円］以上請求するのだから、当然といえば当然だ。清掃作業を売り込む仕事をした以上、自分でもやってみるべきだと思ったのだが、一日中飛び込み電話をかけるよりはるかに気持ちがよく、賃金もわずかながら上回った。クリーン・ダイレクト社の近くに、もっと大きな「シティ・アンド・ケント」という契約会社があり、NHSに派遣する清掃係の求人広告が『サウスロンドン・プレス』に載っていたので、これも試してみた。テムズ川を渡ってウェストエンドのオフィスを掃除するより、NHSに派遣されるほうが私の好みには合っていた。

第11章　早朝清掃

＊

まだ暗いなか、夜間バス停のベンチにはすでに背中を丸めて待つ人の列ができていた。風よけガラスに頭を預け、目を閉じて、深い吐息を冷気のなかに白く吐いている人もいる。大半は女性だが、男性も二、三人混じっていた。時間は午前四時二〇分。皆これから仕事にいく人たちだ。やってきたバスは半分眠っている私たちを乗せて、途中のバス停でも眠たげな人たちを乗せながら、暗い道を走っていく。地下鉄ストックウェル駅の外では蛍光色のジャンパーを着た道路清掃係が早くも持ち場について、音もなくゴミを掃き集めている。ここには私がめったに目にしたことのない夜の世界が広がっていた。こんな時間から車やバイクが走り、街はちょっとしたラッシュアワーだ。クラブで散々踊ってきた夜更かし族ではなく、これから新しい一日の始まる人たちが、早くもくたびれた様子で職場に急いでいる。

私は地元の新聞にたくさん載っている早朝清掃の求人広告に応募したのだが、朝がこんなに早いと、夢遊病にでもなってべつの次元に迷い込んでしまったような気がしてくる。たび重なれば慣れてきて、体内時計も調節されるのだろうが、出勤第一日の私にとっては夜と朝の感覚が逆転して、まるでお化けの世界に落ち込んだようだ。

シティ・アンド・ケント清掃会社はバラ・ハイストリートから入る暗い横道にあった。公立ガイ病院の敷地に接している。ベルを押すとしばらくして男が顔を出し、なにかつぶやくと先に立って歩きだした。ビルの奥に続く暗い廊下を歩き、鍵のかかったドアをいくつか抜け、中庭を横切ると驚いたことにそこはもうガイ病院の一部だった。見覚えのある建物の外階段を上がる。そう、病院のサックラー・ビルだ。夢を見ているような気がした。しんとしたロビーを抜け、防火扉をいくつか抜けるとそこは煌々《こうこう》と電気のついた待合室だった。女性が一二、三人、ベンチに座ったり壁に寄りかかったりして、静かに待っている。私もベンチに座った。隣の女性はかなり腹部の目だつ妊婦で、居眠りしている。デスクには夜間ガードマンがふたり座って、ほとんど身じろぎもせずに監視カメラの画像を見つめていた。アフリカ出身らしい女性がふたり、母国語で低い会話を交わしている以外は、皆、目を閉じて最後のひと眠りを楽しんでいる。

五分後、主任らしい女性（ヘザーという名前はあとで知った）が急ぎ足で入ってきた。会社お仕着せの、シティ・アンド・ケントのロゴが入ったポロシャツに、同じくお仕着せのロイヤルブルーのフリースを重ねている。全員が立ち上がる。ヘザーはそれぞれに担当の仕事を指示したが、ほとんどの人はどこでなにをするか知っているようだった。「あなたが新人？」とヘザーが私に声をかける。「じゃ、教えるから、一緒にきて。休みをとった子の代わりをしてもらいます」。私はヘザーから、ロイヤルブルーのつなぎを受け取って、あとについていった。曲がりくねった廊下を通り、また防火扉をいくつか抜け、中庭を抜けていくうちに、方向感覚がなくなってしまった。やがてべつの診療棟にたどりつき、なかに入ると、そばかすだらけの若いガードマンがひとり、前日の『タイムズ』紙を読んでいた。ガードマンはあわてて立ち上がると、忙しいふりをしはじめた。ヘザーが足を止めて、最近この棟で続発した夜盗事件の話を始める。彼がここにいるのはそのためらしいが、見たところ再発を防ぐ力にはなりそうもない。

さらにいくつもの防火扉を抜けて二階に上がっていくあいだにも、新しい仕事の初日につきものの不安感が襲ってきた。この仕事はむずかしくないだろうか。複雑な清掃機器を使う仕事だったり、やり方のわからない作業だったりしたらどうしよう。ヘザーの説明では、これから三時間、私はここでひとりで作業するらしい。ということは、誰かに教えてもらうこともできないわけだ。ヘザーがドアを開けると、そこが私の受け持ち区域の始まりになる廊下だった。ここは薬品研究部門だという。ここにくるのは新薬の被験者なのだそうだ。被験者は薬を投与されたあと、一日中ここにいて反応をモニターされ、テストされる。「それだけのことで、日に一二〇ポンド［二万四〇〇〇円］ももらうのよ。でも、いくらもらえても、私はごめんだわね。誰だっていやじゃない？　そんなことをするなんてどういう人たちなのかしら」。ヘザーは私をあちこち連れ回すあいだも被験者批判を続けた。「部屋を汚すことといったら、まったく。誰が掃除すると思ってるのかしら」。ヘザーにいわせれば、掃除の仕事をして立派に生きていく能力があるくせに、仕事嫌いの怠け者だから、からだを痛める道を選ぶ。そのいい加減さに腹が立つらしい。しかし、被験者の報酬がヘザーのいうとおりなら、なにもせずに週六〇〇ポンド［一二万円］稼ぐことになる。それだけ稼ぐには週四〇時間掃除をしたとして、一ヶ月近くかかる計算だ。

新薬治験部門は明るく、モダンで、内装を新しくしたばかりのようだった。テレビや本やゲームを置いた部屋がいくつか、パソコンを置いた部屋がひとつ、喫煙室、ビリヤードルーム。それにロッカーが並んだ更衣室。食堂がふたつ。食堂にはさまれて、キッチンがあった。配膳カウンターや喫茶コーナーに、汚れた紙コップが散らばっている。「ほら、このとおり。スタッフ用の食堂はきれいにかたづいているのに、こっちはこのざまよ。食堂の使い方を見ただけで、どんな人たちかわかるってものだわ。そこいら中散らかしっぱなしなんだから！」とは、顔を見たこともない被験者たちをよくよく軽蔑したものだ。ヘザーは掃除道具用戸棚（予備の掃除用品が山積みになっていた）から、大きなバケツを取り出した。なかにはワックスの缶と、洗剤スプレーと、ふきんがたくさん入っている。珍しく、ここでは用具をケチらないらしい。掃除機を見てホッとした。強力な業務用タイプではあるが、小回りがきいて使いやすい。

私たちは廊下をゆっくり歩いて、私が掃除することになる部屋をひとつひとつ見ていった。私はといえば、部屋の位置どりとヘザーの指示を覚え込むのに忙しい。スタッフ用食堂の、テーブルの脚を磨く。ゴミバケツを空《から》にする。ゴミを大きなゴミ袋にまとめて廊下に出す。ドアについている窓のガラスを拭く。壁にコーヒーのはねがついていないかどうかチェックする。ヘザーいわく、「あの人たちときたら、どこにでもコーヒーをはね返すから！」。すべてのフロアーに掃除機をかける。説明が終わると、ヘザーは姿を消した。三時間後の八時になったら迎えにきて、ヘザーの通行証で外まで送ってくれるそうだ。ひとりになった私は、もう一度廊下を歩いてみた。わかってみれば簡単だった。曲がり角はあるが一本道で、掃除すべき部屋もすべてこの廊下に面しているからだ。

まずいちばん奥のスタッフ用食堂から作業にかかった。床に掃除機をかけ、テーブルと椅子と、棚と窓枠と壁の幅木《はばぎ》を拭く。つぎは廊下だ。丸い形の掃除機本体が、小さなロボットのようにあとをついてくる。カーペットが新しく、ペンキが塗り直したばかりで、家具も少ないから、掃除がしやすい。すっかり目もさめたことだし、作業はなかなか楽しかった。モダンなテーブルや椅子は拭き掃除のかいがある。お金がもらえるとなれば掃除やかたづけも苦にならない。見張っている人がいなくて、マイペースで作業が進められるのもありがたかった。

予定より一時間以上早く仕事が済んでしまった。なにか忘れているのではないかと不安になって、何度かチェックし直したほどだ。初日で、なにがどこにあるかわからなかったから、これでも長くかかったほうだった。しかたないのでワックスとふきんを持って後戻りし、壁の古いシミをこすった。食堂のゴミバケツの蓋の裏と、バケツの底をきれいにした。ビリヤード台の脚を磨いた。指示されてはいなかったが、窓ガラスを拭いた。掃除していない部屋が隠れていないかと、戸棚やドアをひとつ残らず開けてみた。しかし、二時間たった時点で、思いつくことはすべてやり終えた。読むものはなにも持っていないし、怠けていると思われるのもいやなので、ワックスとふきんを手にして、誰に見られてもいいように、さも忙しそうに部屋から部屋へ歩き回った。

　そこへキッチンを掃除する男性が現れた。キッチンの掃除はキッチンポーターの仕事で、私の受け持ちではない。「やあ」と気さくに声をかけてくれたので、カウンターに寄りかかって、ガス台を磨くところを見学した。最新式のガス台はそもそもあまり汚れていないし、ポーター氏も私同様さほどすることがなさそうだった。

「私、なにか忘れてないかしら」と声をかけると、ポーター氏はキッチンを出て、私と一緒に廊下を歩きながら部屋のチェックにつき合ってくれた。

「いや、ちゃんとできてるよ。まえはあんたの仕事をしてたんだ。三〇分が最高記録だったね。楽な仕事さ」というと、キッチンに戻ってあちこちをゆっくり拭きはじめる。「学生さんには向いてる。朝のうちに勉強する時間がたっぷりあるからね」

　外が明るくなってきた。食堂の窓から乗り出すと、向かいにある大きな公営団地の空がピンクの朝焼けに染まっていた。掃除係の大半はあそこに住んでるのさ、とキッチンポーター氏がいう。私の仕事は一時間でできる、余裕を見ても一時間半でいいのに、どうして三時間も割りあてられているのだろう。考えてみると、答えは容易に想像がついた。病院内サービスの大半は、すでに何年もまえから民間に委託されている。契約会社が病院の管理者に、それぞれの仕事に何時間かかるかを申告して、料金を請求するのだろう。掃除係は最低賃金しかもらえないかもしれないが、会社はその倍は請求するのだから、一時間よけいにかかることにすればそれだけ儲かる仕組みだ。

一九七〇年代に院内サービスが非効率的になりがちだったことは認める。しかし、いまや病院管理の新世代が育ち、たとえば清掃作業についても現場管理の体験を持たずに、契約会社の見積もりに依存する傾向が強まっている。労組の報告によると、NHSや地方自治体から作業を委託される企業の顔ぶれが徐々に固定し、半ばカルテル化して、契約を分け合っているという。NHSや地方自治体はときどき契約会社を変更するが、会社のほうもほぼ同様の周期で仕事を分け合っている。真剣に競争して、料金を下げようという気はないようだ。病院側の管理者としては、清掃係の雇用・管理に直接の責任を負わなくなったいま、どんな仕事にどれくらいの時間がかかるかを正確に判断するだけの現場知識がなくなっているのだろう。管理能力が低下し、清掃作業の詳細を把握することもできなくなっているに違いない。

民間委託の好ましくない影響は、もうひとつある。作業のさまざまな部分をべつの会社に委託するため、管理者にとっては作業分担を見直して効率化をはかることが不可能になっている。たとえば、私が受け持った廊下の突き当たりには、被験者たちが薬を投与されるための部屋があり、ついでに掃除してしまうのは簡単なのだが、これは医療部門に属するのでべつの会社の守備範囲になっている。シティ・アンド・ケント清掃会社の契約には医療部門は含まれない。だから、私はいわれたとおりの仕事だけをする。楽な仕事ではあるが。

チェルシー・アンド・ウェストミンスター病院でポーターの仕事をしたときも同じジレンマが

あった。せめて患者を移動ベッドや車いすに移したり、ベッドに戻したりするときだけでも、ポーターが看護師に手を貸すことができればいいのだが、誰も改善策を考えようとはしない。ポーターの技量を上げるすべを考えることもない。看護師が病院に雇用されているのに対して、ポーターや掃除係は契約会社であるキャリリオン社に雇われており、作業分担の範囲は契約によって厳密に線引きされているからだ。

トニー・ブレアをはじめ閣僚諸氏は、公共サービス従事者に「柔軟性」の必要を説き、旧来の縄張り意識を捨てて協力し合えるようにしようと叫ぶ。しかし、民間委託のプロセスはまさにそうした声に逆行している。作業区分の線引きは逆に厳しくなり、契約会社の管理職は従業員に、契約内容以外のことをするなといいつづける。トム・ブレムナーもいっていた。二〇〇一年にクラパムパーク団地の管理責任者の地位に就いてみると、契約会社が一五ないし三〇社あって、それぞれが異なる作業を請け負っていた。ひとつの会社の責任範囲はごく狭いから、団地のどこかでトラブルが生じたとなると、いくつもの会社が右往左往することになる。住人としては、ちょっとした故障を直しにきた人に、ついでにこっちの不具合を見てほしいといっても、「うちの仕事じゃないんで」といわれて、腹を立てることがたび重なる。

八時少しまえにヘザーが戻ってきて、受け持ち区分をざっとチェックしてから私を連れ出してくれた。ここの掃除は楽だったが、ヘザーの話によると、楽でなかった区分もあったようだ。「今日は大変だったのよ。週末のあいだに業務用フライヤーの油を抜いて掃除したんだけど、派遣した作業員の仕事がいい加減だったたってクレームがきてね。月曜に使おうとしたら油が煮たっちゃって、大騒ぎだったんですって。このごろはきちんと訓練を受けた作業員をよこさないのかってカンカンよ」。たしかに小学校のキッチンでも、フライヤーの掃除は油だらけになる大仕事だった。しかし、こんな低賃金で熟練作業員がくると思うほうが高望みというものだ。病院の管理者は、契約会社に支払う料金のうち、どれくらいが作業員の手に入るかさえ知らないのかもしれない。

しかし、作業としては今回経験したなかでもっとも楽だった。とんでもなく早起きするのだけは大変で、一日中時差ボケしているような気分だったが、私の場合はこれが生涯の仕事というわけではない。ほかの掃除係の大半は、仕事をかけ持ちしているようだった。ヘザーは、私もそうだと思ったらしく、つぎの仕事に遅れそうだったらもっと早く仕事を始めることもできる、といってくれた。団地で知り合った何人かは、ふたつならず三つもかけ持ちしていた。早朝と夕方にオフィス掃除をして、そのあいだにフルタイムの仕事をひとつ入れる。どれも最低賃金だとしたら一日に少なくとも一二時間、週に五日働いて、わずか二四六ポンド［四万九二〇〇円］。しかも家と職場の往復だけでなく、職場間も二回移動しなくてはならない。

シティ・アンド・ケント清掃会社の時給も最低の四・一〇ポンド［八二〇円］だった。近所のクリーン・ダイレクト社で働けば時給が四〇ペンス［八〇円］高いのだから、皆、なぜそうしないのか不思議だった。が、考えてみると、誰もが近くの団地に住んでいるから、朝が早くてもガイ病院まで歩いてこられる。クリーン・ダイレクトの場合は、ロンドン中心部のオフィスまで掃除にいくことになるから、通勤に時間がかかる。日に一時間半前後は無給の通勤時間を覚悟しなければならない。すでにロンドン中心部の仕事をかけ持ちしていて、バス定期に週八・五〇ポンド〔一七〇〇円〕払っているのでないかぎり、時給が多少高くても転職する価値はないだろう。ここでも低賃金労働者の市場は経済学者の考える原理に沿っては動かない。賃金の高いほうに流れていくほど単純ではないのだ。

第12章　ケーキ製造所

＊

見つけるのに苦労した。バーモンジーの迷路のような道の奥に隠れていたからだ。小さな建物が雑多に集まったわびしげな通りは妙にレトロで、一九四〇、五〇年代を背景にした映画のロケに使われそうだ。工場自体も、そこで働く人たちや、作られるケーキも、すべてレトロだった。

職業紹介センターで見た求人広告には、こう書いてあった。「箱詰め作業。時給四・一〇ポンド［八二〇円］。店頭で販売されている程度のケーキの種類が見わけられること。作業内容はケーキを数えて箱に詰めること。若干の書類作成等を伴う。ケーキの種類を見わけるだけの知識必須」。よさそうな仕事だと思った。ケーキの箱詰めなんてゆったりと楽しそうではないか。雇用局直通電話で教えてもらった番号に電話すると、中流階級らしい言葉つきの女性が唐突に聞いてきた。

「ケーキのことはご存知？」

「はい。ケーキ工場で働いたことがありますから」と私。三〇年まえのことだという必要はないだろう。

「エクルズケーキはわかりますか」

「はい」

「じゃ、どんなケーキかいってみてください」

「干しぶどうを詰めた丸い焼き菓子です」

「OK。今日の午後六時に面接にきてくれるかしら」

　問題のケーキ製造所は、大きな公営企業ビルの裏手のサービスエリアに位置していたが、入り口も看板も見あたらない。煉瓦の高い煙突だけが、なかでケーキを焼いていることを思わせる。建物の外にはトラックがひしめいて、なにやら箱を積み込んでいる。トラックの合間を縫って近づくと、ドアのない狭い入り口があった。そこにも箱が積み上げてあって、なかに入るのもひと苦労だ。ほかにもっと広い玄関はないのかと思ったが、入り口はここだけらしかった。なかは思いがけなく広く、薄暗かった。磨《す》りガラスの天窓から、頼りない外光がひと筋射している。たくさんの人が右往左往しているが、誰も私に気づいてくれない。そのうち古いTシャツに汚れたエプロンの男性が近くで足を止めたので、ボスはどこかと聞いてみた。「上だ！」とひと言。また急ぎ足でいってしまう。階段がなかなか見つからなかった。箱を持って行き来する人たちを避けながら、ドアをいくつか開けてみると、角を曲がった先に暗い階段があったので、上がっていく。険しい顔に鋭い目をした五〇年配の女性がせかせかと、狭く乱雑なオフィスから紙箱を積み上げた廊下に出てきた。

「仕事のことできたんですが」

「娘に会ってちょうだい。私はいま忙しいから」という声が、電話の主だった。私の脇をすり抜け、階段を下りて消えてしまったので、紙箱の山に腰をおろして待っていると、エプロンにキャップ姿の二〇代らしい女性が出てきた。オーナーの娘と自己紹介をして、私をオフィスに招じ入れる。紙と鉛筆を出して、私の名前と住所をメモしてから、経験は、と聞くので、アールズコートのライアンズチェーンのケーキ工場で働いたことがある、と答えた。幸い相手は工場が二〇年ほどまえに閉鎖されたのを知らないようだった。

「ケーキの知識はあります？　うちで作っているケーキは一〇〇種類くらいあるから、それを見わけて、注文どおりにそろえられないと困るんだけど」

「それは大丈夫です」

またエクルズケーキについて聞かれたので、もう一度正解をいうと、女性はうなずいた。

「いつからこられますか」

「いつでも」

「ただ、仕事があるかどうか、まだわからないんですよ。週末に大きな新規注文が入りそうなんだけど、本当に入るかどうかによるの。もし注文が入ったら、臨時の人手が必要になるから。金曜に電話してくださいな。そのころにはわかっているでしょう」

パスポートも就労許可証も、国民保険番号や身元紹介状も求められない面接は、これがはじめてだった。

　帰りがけに階段の下で立ち止まって、周囲を見回した。皆、忙しそうだ。いろいろなものを乗り越え、かいくぐり、ところかまわず積まれたケーキの箱の山を迂回して、小走りに行き来している。こんなに混乱した職場を見るのははじめてだった。

　金曜に電話してみると、オーナー女史が出た。

「悪いけど、あの仕事はほかの人に決めたんですよ。ケーキ作りをしていた人で、ケーキをよく知っているんで」

　また、時間をムダにさせられた。

「もちろん、その人がこないことも考えられます。当日になって、こないことがよくあるんです。だから万一に備えて、あなたの電話番号はキープさせてもらいますね」

　事情はどうあれ、断られるのは嬉しくない。時給四・一〇ポンド［八二〇円］の仕事を熱望していたとはいえないが、いざ断られてみると意外なほど傷ついた。断られるのがいやなばかりに、もっといい仕事に転職しようとしない人が多いのを忘れていた。面接であれこれ詮索されたあげく、断られれば、自分のどこが悪かったのかと考え込んでしまう。このプロジェクトを始めたころは、どこへいっても断られそうだから仕事を見つけるのはむずかしいだろう、と覚悟を決めていた。私はどう見えるだろうか、と思った。刑務所や麻薬中毒のリハビリセンターを出たばかりと思われはしないだろうか。声の出し方やアクセント、てきぱきしたしゃべり方から、素姓を疑われるのではないか。年齢だけではねられるのではないか、等々。しかし、これまでのところは必死に職探しをする女のひとり、掃除機を押したり鍋を洗ったりする程度のことは人並みにできる労働力の持ち主として、扱われてきた。とくに自分を偽ることなく、面接を受けて雇われるのにいつのまにか慣れていたようだ。ふだんの自分より緊張気味で、気後れしていたのは事実だが、それは偽ったわけではなかった。でも、しかたがない。私は落第の一件を忘れて、ほかの職探しに専念することにした。

その週の日曜日、私は仕事のことなど考えていなかった。家族と一緒にクラパムパーク・コモンを散歩し、池の縁で立ち止まって、二歳の孫がおもちゃの船を浮かべるのを見ていた。風が強くて波が立ち、船は揺れてすぐにひっくり返る。私はサッカーボールを蹴りはじめた。孫が喜んで、笑い声を上げる。そのとき携帯電話が鳴った。

外国なまりのしわがれ声が、「今日は仕事にこられるかね」という。どこの誰からの電話か見当もつかなかった。このところたくさんの求人広告に応募していたし、返事のきていない件がいくつもあったからだ。職探しは早い者勝ちで、すでに決まっていても名前と連絡先を残しておくのが通例だった。「なんの仕事でしょう」と私は聞いた。電話の声はむっとしたようで、仕事といえば世界《い》にこれしかなかろうとでもいわんばかりに、「ケーキに決まってる」と答えた。「すぐに人手が要るんだ。大忙しなんでね。あとどのくらいでこられるかね」

「場所はどちらですか」と私は重ねて聞いた。ケーキ製造の仕事だけでもふたつ応募していたのだ。電話の声が住所を告げる。

「ポーラが、あんたは場所を知ってるといっとったが、まえにきたことがあるんじゃないのかね」。いいえと答えて散歩の続きを楽しみたい気もしたが、このケーキ製造所には好奇心をそそられる。それで残念な気持ちを抑えて、四五分でいくと答えた。「マニュエルといえばわかるから」といって、電話が切れた。現実の人生と仮の世界を行き来するときは、よくこんな身を引き裂かれるような感覚を味わったものだ。

　私に代わって仕事を手に入れた人はどうやら敵前逃亡したらしい。それとも利口な人で、さっさとほかの仕事を見つけたのかもしれない。例の大口注文が実現して、にわかに人手不足になったのだろう。

　相変わらずごたごたした入り口を抜け、このまえより高くなったような箱の山を迂回すると、ケーキ職人長がケーキを運んでいるところだった。「わしがマニュエルだ。コートを上に置いてさっさと下りてこい」という。二階に上がってみると、思い思いのTシャツにエプロン姿の女性の一団が、ケーキの箱に腰かけてタバコを吸いながらおしゃべりしていた。小さな子が数人、あたりをうろちょろしている。女たちは私に目を向けたが、誰もなにもいわない。「コートなんかはどこに置けばいいんでしょう」と聞くと、痩せた娘が「どこでもその辺に置いておけば」という。私は、紙箱の上にできたコートの山に、自分のコートとバックパックを載せて、一階に下りた。コートの下は白いポロシャツと、仕事用の黒いズボンだ。階段の下にいた大柄な女性が、エプロンを渡してくれた。この人が今日の現場責任者らしい。背が高く、髪をカーリーヘアにして、顔を真っ赤に上気させている。「私、ジョアン。もう死にそう」と笑って、急ぎ足で通り過ぎる人たちに私を紹介する。「今日は朝の三時起きよ。午前中ずっとナイン・エルムズの青物市場でケーキを売って、そのあとがこれ！　そろそろ限界だわ」。口ではそういったものの、ジョアンは親切な人で、ジーナという一七、八の女の子を引き合わせ、私に仕事を教えるようにといってくれた。

ジーナはそれまで、とくに仕事はせず、若い男の子たちと冗談をいい合っていたようだ。「もう、ここでは働いていないの」という。「今日は友だちに会いに寄ったんだけど、仕事を教えるくらいならお安いご用よ」。ジーナは、テーブルの上にあった紙束の山からコンピュータのプリントアウトを一枚とって、ボールペンを出し、仕事の手順を説明しはじめた。大きな箱を持って、このリストにあるとおりのケーキを集めて、箱に詰める。「気をつけていないと、せっかく集めたケーキを誰かにさらわれるわよ」。社名入りのメモ用紙に「ウェスタン・ベーカリーズ」と走り書きして、箱の金具に刺す。トラックのドライバーはこれを見て、ケーキを注文先に配達する仕組みだ。それからジーナは、あちこちの隅を指さして、どんなケーキがどこにあるかを教えてくれた。焼き菓子は向こうのあのあたり、ドーナッツはこの辺。「それ以外はどこかその辺にあるから、探してね」。

その日の混乱と大騒ぎは、筆舌に尽くしがたい。レストランの厨房を部外者が一見すると、ガス台と流しと冷蔵庫の詰まった狭い場所を大勢の人が行き交い、どなったりガシャガシャと音をたてたりで、混乱そのものに思えるが、しばらく見ていると、混乱の底に動かしがたい秩序があることがわかってくる。いやしくもレストランと名のつくところの厨房なら、厳格な手順があり、罵声が飛び交うなかで実行されているとしても、効率的であることに変わりはない。しかし、ここはそうではなかった。少なくともこの日曜日は。最初、行き当たりばったりに見えた無秩序は、いくら見ていても、やはり無秩序だったのだ。

「朝一にきていればよかったのにね。そしたらケーキが種類別にきちんと置いてあったんだけど」。ここまで事態が進んでしまっては、それをいっても詮《せん》ないことだ。ほとんどのケーキは種類がごちゃごちゃになり、半分詰めかけの箱がそこいら中に置きっぱなしになっている。そのうえ、大勢の人が箱を手に、置きっぱなしの箱を避けながら右往左往するので、狭い通路は身動きもとれない。

たしかにケーキの種類は多かった。しかも、注文リストにある名前は実際のケーキと似ても似つかない。最初に説明しておくほうがよさそうだ。ここで作っているケーキは、レストランで出るものとも、近所のスーパーで見かけるものとも違っている。ひとつひとつが大きく、柔らかく、とにかく重い。箱一杯に詰めると鉛の塊を運んでいるような気がするほどだ。こんなに大きなケーキははじめて見た。ふつうのケーキの倍はあり、重さは五倍ある。厚くアイシングで飾った巨大なドーナッツ。白い合成クリームに毒々しく赤いジャムののたくる特大シュークリーム。なかでも大きいのが、キングという名のついたエクレアだった。食パン一斤ほどもあり、クリームが詰まったうえに、チョコレートが二センチ以上はあろうかという厚さにダラリとかかっている。ひとりで食べるとはとうてい思えない。昔、工場の食堂でときに見かけた。激しい肉体労働をして、ひどく空腹な男の人なら食べる気になろうかという代物だ。ミスター・キップリングをはじめとするブランドの、しゃれたケーキがいろいろ発売されている昨今、この手のケーキはとうに駆逐されたものと思っていた。ナイン・エルムズの青物市場で、早朝から売る理由がわかろうというものだ。

求人広告にあったとおり、種類を判別するのは難題だった。「チーズケーキ」の正体が、白く四角い焼き菓子にココナツをまぶしたものだなんて、わかるわけがない。誰かに聞くしかないのだが、二〇〇人近い人たちがそれぞれの注文リストを片手に走り回っているのだから、聞くのもひと苦労だ。カスタードタルト一〇個といえば簡単そうだが、大きくてぐにゃぐにゃしているので、運ぶにも危なっかしいことこのうえない。誰もが箱は置いたままにして、ケーキのほうを両手で、あるいは両腕に抱えて運んでいる。私も見習ったが、突き飛ばされないように注意しながら、手のなかのケーキをつぶさないように運ぶのは大変だ。リストにある種類の数が足りなくて、箱詰めが完了しないこともある。カスタードドーナッツ五四個――三三個しか見つからない。クリームケーキのスライス一〇個――八個しかない。フルーツデニッシュはどれも同じに見えるのに、アップルとアプリコットを区別しなくてはいけない。注文リストに、ただフルーツとしか書いてないのは、どうすればいいのか。しかも、ジーナに注意されたとおり、気をつけていないと、なにかをとりにいったすきに、ようやく半分ほどそろえた箱からケーキをさらわれる。逆に、その辺に置いてある箱が誰かのそろえかけだと気づかずに、横取りしてしまうことにもなりかねない。

私がきたとき二階でタバコを吸っていた痩せた女の子も、働きだしていた。「こんなところ、いますぐ辞めてやる！」とぶつぶついいながら、箱の山を運びおろす。仕事を始めてしばらくしてから、はたと気がついた。手を洗っていない。どこにも手を洗う場所が見あたらないし、仕事を始めるまえに洗面台のありかを教えてくれる人もいなかった。床はだいぶ汚れてきていたが、ときどきそこにケーキが落ちる。転がり落ちたチェリーを拾ってケーキに戻すこともある。肉を扱っているわけではないから、床に落ちたケーキを食べても食中毒を起こすことはないと思うが、それにしても砂糖のかけらや紙切れなどで床は汚れる一方だ。にもかかわらず、ケーキの見かけはちゃんとしていなくてはならない。重ねた箱の重みで、砂糖のアイシングにヒビが入ることもあるのだが、見回っているマニュエルは見逃さずに撥《は》ね出す。今日の大口注文は新規だから完璧でなければならない、とマニュエルは繰り返していた。少なくとも見かけだけは完璧さが要求されるのだ。

混乱に輪をかけるのが子どもたちの存在だった。誰の子か知らないが、五歳から七歳くらいの子が三、四人。どこから見つけてきたものか、車輪付きのオフィスチェアの壊れたのに乗って、棚のあいだを走り回る。ケーキを指でつつく。狭い通路で取っ組み合いの喧嘩をする。ときどき誰かがどなっても、あまり効き目はない。徹底的に叱りつけるか戸棚に閉め込んでやりたいと思っても、全員が我慢しているところを見ると、偉いさんの子どもかもしれない。一度などドーナッツの上に座り込んで、電話帳をちぎってはばらまいていたことさえある。

そのうち万策尽きて、ケーキが足りなくて注文が完了できない、とマニュエルにいいにいった。マニュエルとジョアンは、役立たずのコンピュータめ、日曜というと決まってなにか足りなくなる、とグチをいいながら大きな冷凍庫に入り、凍ったドーナッツや菓子パンを出してきた。マニュエルは凍ったドーナッツの窪みにカスタードを注入し、私に手渡して、いってしまった。あとはアイシングの箱のなかでドーナッツを転がせば、注文完了というわけだ。

いちばん面倒なのは、いろいろな種類を少しずつ、という注文だった。チェリーパイふた切れ、カスタードデニッシュ二個、シュークリーム四個、バニラ風味のキング二個――あちこち走り回って集めてこなければならない。逆に、まとまった注文はありがたい。チョコリング四五個とくれば、箱ごと持ってくるだけで済んでしまう。

この日最後の仕事は、包み菓子の注文だった。私はマリアと並んで、加熱包装マシンを操作することになった。マリアは私の三倍も速い。ケーキをセロハンの下に置き、金属プレートの上に滑らせて、熱いバーをガシャンと下ろせば、セロハンの縁が溶けてくっつく。最初は簡単だと思ったが、それは丸くて平たいチェリータルトを包んでいたからだった。転がり落ちたチェリーを床のゴミのなかから拾い出す手間をべつにすれば、ほとんど問題はない。むずかしいのは背の高いケーキや菓子パンだった。セロハンにほんのわずかでもくっついていないところがあると、マニュエルはめざとく見つけて戻してよこす。なかでも面倒なのはカスタードタルトと、窪みにクリームを盛り上げたドーナッツだった。カスタードやクリームをつぶさずに包むのはほとんど不可能なのだが、それでは見場が悪くなる。一部のケーキ店や食堂が包んだケーキを注文するのは、そのほうが衛生的だと思っているからだろうか。もしそうだったら、それは幻想というものだ。包装すればそれだけケーキに手の触れる回数が増えるからだ。ひょっとしたら、包装したほうが空気にさらされない分長持ちするのかもしれない。

マリアの仕事は手早い。私がそのペースに遅れまいとすると、決まってトラブルが起きた。セロハンのロールがねじれて、ケーキがつぶれたり、カスタードがセロハンにべったりくっついたりする。マリアがあまりに上手なので、さぞベテランなのだろうと思ったが、「とんでもない」という。「たったの三週間よ」。マリアは二〇代半ばで、マディラ出身。最近までボーンマスのホテルでメイドをしていたのだそうだ。「でも、ロンドンに出てきたわけ。どうかしてたわ。ボーンマスはいいところだった。ここはひどいわ」。マリアは白目をむいてみせると、作業場と、汚れた床と、暗がりと、包まれるのを待っているケーキの山を見わたした。

私はマリアに、給料のことを聞いてみた。こんなに手早く、頭がよくて勤勉なのだから、実力を見せたいまは給料も上がったに違いないと思ったのだ。答えは「時給三・九五ポンド［七九〇円］よ」だった。あたりがうるさいので聞き間違えたと思ったが、聞き直しても答えは同じだった。最低賃金の私よりまだ少ない。「でも、それって違法よ」というと、マリアは肩をすくめて、また白目をむいてみせた。「私にはどうしようもないわ」。そのとき、マニュエルがふいに背後に現れたので、私たちは口をつぐんだ。マニュエルがいってしまってから、最低賃金というものがあるのを知っているかと聞くと、「ええ、でも関係ないわ」と答えたが、どこか警戒しているように見えた。詮索しすぎたかもしれない。私は黙って働くことにした。

出身がマディラならEU圏内だ。不法就労だから安くても文句がいえない、というわけでもないだろう。しかし、一時間当たりわずか一五ペンス［三〇円］が惜しくて法を犯す雇い主がいるとも思えなかった。マリアの給与明細を見たわけではないから、本当のところはわからないのだが。

これはのちのことだが、税務署のマルサを装って母娘オーナーに電話し、最低賃金法に違反しているらしいので立ち入り調査する、といってやろうかと本気で考えた。しかし、実情が暴露されないようにマリアたちを首にするだけかもしれないと思って、やめることにした。

ケーキを包み終わったときは、もう八時半になっていた。ほかの人たちはほとんど帰ってしまった。皆、壊れたケーキを入れた袋を携えていた。人のいい老人のトムは帰りがけにわざわざ立ち止まって、ケーキを持って帰るのを忘れないように、と注意してくれた。「役得さ！」といっていたが、ここのケーキはどうも食欲をそそらない。マリアと私はひたすらケーキを包みつづけた。マニュエルは相変わらず背後に立って、セロハンにわずかな隙間でもあれば、即返してよこす。ケーキに何度手が触れても気にしないくせに、見かけだけ完璧を期したがるのは納得がいかなかった。それでもついに、すべてのケーキが包まれ、最後の箱が一杯になって、作業が終わった。

残っていたのはマニュエルを除けば、マリアと私だけだった。ふたりとも疲れはてていた。よろよろと階段を上がり、マリアが教えてくれたトイレの小さな洗面台で、砂糖とクリームとカスタードとジャムと、その他もろもろを洗い流して、コートを着る。髪の毛や爪のあいだにはまだ砂糖が残っていた。表に出ると、配送トラックがすべて出払ったいま、あたりは暗く、静まり返っていた。マリアが小さく手を振って、夜のなかに消えていく。私も逆方向に歩きだした。私たちが出たあとにマニュエルが鍵をかけている。

翌日の月曜からは新しい仕事が決まっていたので、もうケーキの箱詰め作業には戻らなかった。混乱のなかであれ以上働いても、仕事の実態についてたいしたことがわかるとは思えなかった。ただし、働いている人たちについてはもっとよく知ることができたかもしれない。年齢はまちまちだが、大半が英国籍の白人だった。サウスロンドンの低賃金の職場には珍しく、黒人がほとんどいない。男女はほぼ半々で、外国なまり、それも東欧のなまりとおぼしき人が何人か混じっていた。

なぜあの職場を選んでいたのだろう。腰かけ仕事の人も多いだろうが、母親や、仕事をかけ持ちする人に都合のいい職場なのも事実だった。シフトが細かく分かれているので、子どもが学校へいっている時間や、ほかの仕事の時間に合わせやすい。では、何年も勤続している人がいたのはなぜだろうか。小学校のキッチンで見たのと同様に、ここにも独特の仲間意識があった。条件の悪いところで、むずかしい仕事をやり遂げようとするなかから、絆が育っていた。長く勤めている人たちは、肩をぶつけ合いながら、よく笑っていた。不平をいったり冗談をいったりしながら、あの仕事をやり抜いてきたみずからのスタミナをひそかに誇っているようだった。もっといい仕事が近所にあるのだから、これまた経済学者のいう労働市場モデルが当てはまらないケースといえる。選択肢がほとんどない人たちのために、最低賃金をもっと高く設定すべき理由でもある。こうした人たちにとって、健全な競争のなかで賃金が自然に上がっていく理想的な労働市場などというものは存在しない。ある仕事を選ぶ理由、すぐに辞めてしまわない理由は、人さまざまだ。たとえば、歩いていけるから交通費がかからない、というのも理由になりうる。賃金と労働条件だけで仕事を選ぶわけではないという人も多いのだ。

一九七〇年にウェスト・ケンジントンのケーキ工場で働いたときは、週四〇時間労働で、週給一四・二五ポンドだった。さほど給料がいいとは思えなかったし、仲間の女性たちはそろって貧しかった。ライアンズチェーンは中小企業ならぬ大手で、大企業のほうが給料が高いことが多いのは事実だった。完全雇用と強力な労組の時代で、給料分の労働はとことん搾り取ることが管理職の評価基準になる一九八〇年代は、まだ先のことだった。しかし、その当時でさえコンベアベルトに向かう作業は息つく暇もなくハードだった。一日中神経を集中して、単調な作業を繰り返す。仕事のペースを決めるのはコンベアベルトで、ベルトの速度より速くも遅くもなく、流れてくるエンゼルケーキにクリームを塗りつける。つらい作業の割りに給料は安く、先の展望もなかった。

財政調査研究所によると、当時の一四・二五ポンドは現在の二三九・四〇ポンド［四万七八八〇円］に相当するという（同研究所のトム・クラークによれば、一九七〇年の一ポンドを現在の賃金に直すと一六・八〇ポンドになる）。今回のケーキ製造所で、最低賃金で週四〇時間働いたとすると、収入はわずか一六四ポンド［三万二八〇〇円］。つまり、二〇〇二年の賃金が最低賃金制のなかった一九七〇年よりはるかに少ないことになる。差額はじつに七五・四〇ポンド［一万五〇八〇円］だ。本書のプロジェクトを開始したとき、こんなことは予想もしていなかった。これに限らず、比較できるケースのすべてについて、GDP（国内総生産）が大幅に伸びたにもかかわらず、現在のほうが給料は低いのだ。驚くべき発見だった。

それどころか、事態はもっと悪かった。数日後、給料を払ってもらいにいったところ、オーナーの娘に追い返されてしまった。お金のことは母任せで、母はいまいない、というのが理由だった。ねばってもう一度いってみたが、結果は同じだった。そして、三度目。私がすごい形相をしていたからだろうか、渋々二階のオフィスに通してくれた。オーナー女史はのろのろとハンドバッグに手を延ばし、財布の現金を数えて、渡してよこした。明細書もなければ領収書も要求されない。渡された現金を計算してみると時給四ポンド［八〇〇円］にしかならなかった。抗議しようかと思ったが、オーナーの険しい表情からして、役立たずのくせに、それだけもらえただけでもありがたいと思え、くらいのことはいわれそうだった。喧嘩するエネルギーもなかったので、金を受け取って、エプロンを返した。きれいに洗っておいたエプロンを。

第13章　老人ホーム

*

私はもっぱら、居丈高ではなく温かみのある求人広告に惹きつけられる。それは、最悪の雇用主が提供する最悪の仕事を探そうとするのではなく、最低賃金をめやすにして、ごくふつうの日常的な仕事を見つけるのが目的だったからだ。

介護助手。民間老人ホームで、有資格の看護スタッフを補佐する。経験や資格は望ましいが、理解と思いやりの気持ちがより重要。指示を理解するに足る英語力と、チームワークを旨とする環境で作業に協力する態度が必要。

この求人広告の難はただひとつ。夜や土日を含むシフトなのに、時給が四・八五ポンド［九七〇円］なのだ。

「ヘイズルディーン」は、ランベスとウォンズワースの境界に位置する、上品な老人ホームだった。きちんとしているが、なんとなく気の滅入る雰囲気があるのは、地方のモダンなホテルと共通している。受付係の笑顔はさわやかだし、介護助手たちの制服もスマートで、正規の看護師の制服とどことなく似通っていた。ただし、老人ホームとしては第一級でも、賃金まで第一級なわけではないし、居住手当もつかない。

ここもまた、郵便や電話で応募することはできなかった。低賃金労働者にとっての時間は、値段がつかない。つまり、タダとみなされる。勤務時間中であろうと何時だろうと、指定の場所に足を運ばなければ、職は得られない。ヘイズルディーンの場合、団地からはバスをふたつ乗り継がなくてはならない。応募書類をもらうためだけにバスを乗り継いで出向き、ふたつ乗り継いで帰る。翌日、必要な書類を添えて応募書類を提出するために、またはるばると出かける。さらに一週間後、面接のためにもう一度。面接は火曜の午後の早い時間にしかおこなわれない。平日の昼過ぎとなると、すでに職に就いている者には厳しいが、雇う側の都合がつねに優先される。

私を面接したのは、シスター・プルネラという介護責任者だった。威厳のある中年の黒人女性で、チェックのシャツと同柄のプリーツスカートという、一見キャビンアテンダントを思わせる事務職用制服を着ている。靴はすり切れていないか、爪は割れていないか、とでもいわんばかりに相手を点検するところは、女学校の先生を思わせる。会社はいま老人ホームを四六ヶ所運営しているが、新しい施設も増えており、ヘイズルディーンの隣にも、ケア付きの自立居住施設を建設中だという。

政府が入所者ひとり当たりの補助金を削減したため、とくに南東部では、小規模な老人ホームの多くが閉鎖に追い込まれている。その一方で、介護部門の大企業は成長が著しい。この傾向は、サッチャー政権が民間介護ホームを奨励した一九八〇年代初頭に端を発する。当時の保守党政権は、民間ホームに入所する人に社会保障省から手当を給付する一方、地方自治体が運営するホームの入所者には、予算をつけなかった。シスター・プルネラによると、ヘイズルディーンには四つの階にわかれて一四〇人の入所者がおり、その大半が八〇代後半から九〇歳代だという。一部は自費、一部はNHS（国家医療サービス）援助だが、「ここでは、入所者の扱いにいっさい区別をつけません」。

シスター・プルネラは私の応募書類を、これまで見たこともないほど念入りに点検した。じつに立派な態度だと思った（と同時に、これは危ない、と身構えた）。面接も、同じ質問を何度か繰り返し、まえと違った答えをしないかどうかチェックする。一度嘘をつくのはたやすいが、どんな嘘をついたか覚えているのはむずかしいから、これは賢いやり方といえよう。たとえば、私は母を元雇い主に仕立てたが、何年働いたことにしたかは、もう覚えていなかった。二年？　それとも、三年だったろうか。シスター・プルネラにそこをつかれて、私は口ごもり、厳しい目でにらまれた。夫を雇い主にして、どんな仕事をしたことにしたかもうろ覚えだった。掃除？　家事全般？　なんとか切り抜けたが、ギリギリだったと思う。これはほかの面接でも同様だったが、パスポートも綿密にチェックされた。また、信用照会先に手紙を書くともいっていたが、本当に手紙を書いたのはシスター・プルネラがはじめてだった。たしかによく働いたという返事が届いてはじめて、私は雇ってもらえたのだ（その返事がでっち上げだったのを見抜けなかったのは、シスター・プルネラの責任ではない）。

「私たちはグッドでもベターでもなく、ベストを目指します」。シスター・プルネラは力を込めて、このスローガンを繰り返した。私は皮肉でもなんでもなく、感銘を受けた。話の中心は、入所者に優しく、そしてなによりも、尊敬の念をもって接する、ということだった。「『おじいちゃん、さ、ねんねしようね』式の話し方は許しません。入所者のなかには、専門家やドクターだった人もいます。皆さん、尊敬に値する方たちです。まず、どんなふうに呼ばれたいか、確かめてください」。シスターの言葉には心がこもっていた。入所者のある人はからだが弱り、ある人は精神が弱っている。また、ひとりでいるのが寂しいという理由だけで、ここに入っている人もいる（とシスターはいう）。だから、チームの一員として入所者を介護し、入所者をよく知って、それぞれがなにを望み、どう扱われたいと思っているかを学んでほしい。優しさと、丁寧さと、尊敬の念、というテーマが何度も繰り返された。「グッドでもベターでもなく、ベストを！」

大事なことだけを強調する、非常に効果的なオリエンテーションだった。チェルシー・アンド・ウェストミンスター病院で、キャリリオン社の従業員が受けた説明とは大違いだ。あの病院では患者に優しくなどという説明はひと言もなく、「これが車いす。では、仕事にかかって」といわれただけだった。違いの最大の原因は、シスター・プルネラがエージェンシー（人材派遣事務所）

経由ではなく、直接私たちを雇っているという事実にある。ここでは、シスターが雇った従業員の仕事ぶりが、シスター自身の評価を左右する。一方、キャリリオン社の従業員は、エージェンシーから派遣されているし、それでなくとも、病院の評判にキャリリオンが直接責任を負うわけではない。病院の評価に心ならずも責任を負わされるのは、いまは従業員を直接雇うわけでも管理するわけでもないNHSの管理者たちだ。雇う側と雇われる側の距離が近ければ近いほど、両者の一体感が増す。シスター・プルネラは尊敬すべき人物だったから、来週、二度目の面接にくるようにいわれると、誇らしい気持ちになった。

というわけで、つぎの週、私は四度目にヘイズルディーンを訪ねることになった。今度は平日の午前中で、しかも、何時間もかかるなどとは聞かされていなかった。ホームに着くと、受付には例のキャビンアテンダントを思わせる制服を着た若い女性が座っていた。面接にはどこへいけばいいかと聞くと、金髪のポニーテールをひと振りし、入所者用ラウンジと答えて、いささか芝居がかった仕草で廊下の奥を指さした。

ラウンジには女性七人と男性ひとりが待っていた。驚いたことに、受付にいた女の子も私のすぐあとから入ってくる。芝居がかっていると思ったのは、私の誤解だった。今日が就職初日で、緊張のあまりあんな仕草になったらしい。彼女も私たちと一緒に会社のビデオを見て、オリエンテーションを受けるのだ。制服が威力を発揮するいい例だ。ほんの駆けだしでも制服さえ着ていれば、事情を知らない者には実力のあるベテランに見えてしまう。

私たちにオリエンテーションをしてくれるのは介護マネージャで、ジョディといった。最終面接にきたつもりだったのに、労働条件を提示されることも、雇用契約書をもらうこともなく、いきなりオリエンテーションが始まった。ジョディは私と同年配の活発な女性で、一九六五年に聖バーソロミュー病院で看護師の資格をとったという。まず防火訓練があり、つぎに会社が制作した防火ビデオを見せられた。会社の指示は驚くべきものだった。早くいうと、火災報知器が鳴ったら、入所者は置き去りにして、とにかく逃げろ、というものなのだ。ジョディは、テレビを囲んで配置された椅子に座る私たちを見回して、いった。「あなた方が入所者とします。そのテレビが火を吹いたとすると、介護者はただちに部屋を出て火災報知器を鳴らし、廊下で『火事だ！』と叫びます。ひどい話に聞こえるかもしれないけれど、入所者は防火ドアの向こうにいるわけで、ドアを開けたら火と煙が広がる恐れがあります。そうなったらもっと大勢の人が死ぬかもしれません。だから、とにかく外へ出ること」。消防隊員は皆、こういうふうに教えられているのだろう。しかし、私には会社が入所者からも、スタッフからも訴えられないための方策としか思えなかった。「万一、指示に従わない場合は、会社だけでなく、あなた方自身にも法的責任が生じかねません」。ビデオはパン屑の詰まったトースター、アイロン、ヘアカーラー、テレビ、そしてなによりタバコの不始末が火事の原因になると教えてくれた。ジョディはひと区切りごとに、「ＯＫ？チーム」と念を押す。私たちはもう、チームになったらしい。

入所者を抱き上げる方法も教わった。決して腕を引っぱらない。つねに膝を曲げてかがみ込み、腰と肩に手を回して抱き上げる。しかし、基本的には自力で抱き上げようとしないこと。EU規則によれば、男が持ち上げていいのは二五キロ（大袋のじゃが芋ひと袋）まで、女は一六キロ（砂糖八袋）までとなっている。私たちがそれ以上の重量を持ち上げて腰を痛めても、会社は責任を負わない。また、入所者を落としても、会社は責任を問われないが、私たちは重すぎるものを持とうとしたことで責任を問われることがある。だから……というわけで、サリタ電動リフトとトリクシー・リフトが紹介された。入所者を椅子や床から立たせて、ベッドや室内便器に移すときはこれを使う。トリクシー・リフトは複雑な吊り下げ装置で、装着に手間がかかり、宙吊りで揺れているのはあまりみっともよくないが、介護者と入所者の双方にとって苦痛がなく、安全なやり方ではある。ジョディが看護師訓練を受けたころは、こうした説明もリフトもなく、すっかり腰を痛めてしまったというから、ここで聞いた情報はどれも重要だったといえる。

ジョディの話を聞きながら思い返すと、チェルシー・アンド・ウェストミンスター病院のポーターにこうした指示がなかったのは間違っている、という気持ちがますます強まった。ほんの一、二時間学ぶだけで、ポーターは院内ではるかに役に立つ存在になれるはずだ。すべてを「訓練された」看護師任せにせず、正しいやり方で患者を移動させることができる。自分でやれば済むことなのに、看護師がくるのを待って、互いの時間をムダにすることもない。しかし、キャリリオン社が雇うのはポーターだけで看護師ではないから、看護師の時間を節約することには関心がない。ここでも複数の雇い主が作業を分割し合っているために、非効率的な状況が生まれている。

電動リフトにいたっては、チェルシー・アンド・ウェストミンスター病院では目にしたこともなかった。看護師たちは、いまもEU規則が許す以上の重量を持ち上げているのだろうと思う。

入所者の権利を尊重するという話も、傾聴に値した。決して入所者を拘束しないこと。会社は不法監禁で訴えられかねない。だから、夜間に何度もベッドから落ちる人がいても、ベルトで固定してはならず、床にマットレスを置いて寝かせる。車いすにベルトで固定して放置するようなことは、たとえ一瞬たりともあってはならない。「夜も昼も廊下を歩きつづける人がいて、食事をさせるあいだだけでもベルトで固定してはいけないか、とソーシャルワーカーに相談したことがあります。答えはノー。法に触れるのです。入所者は、あなた方や私と同様、自由に行動する権利があります。道で出会った知らない人に、なにかを強制することはできないでしょう。入所者も同様で、その人の意思に反して、なにかを強制的にさせることはできません」（理論上は、まことにもっともだが、現実に、掃除用具入れを自分の寝室と思い込んで、入り込もうとする入所者に出会うと、話は違ってくる。また、汚れたおむつを入れたバケツやゴミ袋のそばに座り込んで、動こうとしない人がいたら、権利がどうであれ、多少力ずくで対処せざるをえなくなる）。

ジョディは、物事を惰性で処理することの危険性についても語り、具体例を挙げてみせた。「入所者の誰かが、今日は食堂にいきたくない、といいだしたとします。なんの問題もありません。ランチを部屋に運べば済むことです。しかし、つぎの日も、またつぎの日も、同じことをいいだした場合に、決してやってはいけないことがあります。それは、これからもずっと、ひとりで食事したいのだろうと思い込むことです。そんなふうに惰性で処理せず、時間をかけて、なぜ食堂にいきたくないのかを聞き出してください。同じテーブルの、隣の人の食べ方が気に入らないのかもしれません。そのときは、座る場所を変えてください。あるいはおむつに排便して、臭いが気になったのかもしれません。とにかく、なにが問題なのかを聞き出して、解決しましょう。入所者にとって、食事の時間はとても大切です。ほかの人たちに会うのを、皆、本当に楽しみにしているのです」。シスター・ジョディもシスター・プルネラに劣らず仕事に情熱を注いでいた。入所者を大事に思っているところも、共通している。「グッドでもベターでもなく、ベストを！」

翌週、初出勤してみると、ロッカールームは制服に着替える介護助手でごった返していた。ロッカーが全員に行き渡らず、ウェイティングリストができている状態なので、私を含めたあぶれ組は、バッグをシスターのデスクの下に置いた。シスター・プルネラが制服を用意してくれていた。新品ではないが、ライトブルーの看護師用ジャケット（肩章付きで、ポケットに会社のロゴ）と、ネイビーブルーのパンツの組み合わせで、とても気に入った。これを着ると、魔法の呪文でもかけられたようにシャキッとして、看護師並みに有能になった気がする。新しい制服を注文すると、給料から一〇ポンド［二〇〇〇円］引かれることになるという。シスター・プルネラは、新人だから私費入所者が多くて比較的仕事が楽な三階にしましょう、といって、私をその日の三階責任者のシスター・デイビナに引き継いだ。シスター・デイビナは私を座らせると、こう説明した。「この階は、大金を払っている人が多いから、とくに手をかけなくてはなりません。ナースコールがあったら、それがどんなに頻繁でも、ただちに応えること。どんなことでも、入所者の望むままですからね」。

ちょうどシフト交替の時間で、つぎのシフトに就く介護助手全員が集まった。シスター・デイビナが、入所者それぞれについての申し送り事項を読み上げる。白人は私ひとりだった。あとは皆、西インド諸島やアフリカからきていて、インドからきた看護師も数人混じっていた。数ヶ月まえ、会社がインドで募集した人たちで、ヘイズルディーンで「順応期間」を過ごすのだという。順応期間が完了すれば、英国の看護師資格がとれて、好きなところで働けるようになる（これに関しては、最近、スキャンダルが発覚した。いくつかの老人ホームで、この方法で雇用された看護師がたくさん働いていたのだが、その多くが一般の看護師より給料が安く、三人にひとりは、仲介した会社やエージェンシーに莫大な金額が支払われていた、というものだ。ただし、ヘイズルディーンでも同じことがおこなわれていたと考える根拠はなにもない）。

初日のこの日、私は、ここで六年働いているというベテラン介護助手のドーカスとペアになった。ドーカスは、この仕事を支えるダイナモ的存在だった。ほかの職場でもよく目にしたが、雇い主側は、ドーカスのような手中の宝の価値を認識しないまま、事実上、頼りきっていることが多い。ドーカスは、私の不安を感じ取って、「心配しなさんな！」と声をかけてくれた。「覚えることは多いけど、やっているうちに慣れるから。皆、そうしてきたのよ」と私の肩を抱き、「皆、いい人ばっかり。だから、やってられるのよね、そうじゃない？」。ドーカスの仲間意識に感染して、皆が笑った。堂々としていて温かく、賢く、細部を疎《おろそ》かにせず、あらゆる面の清潔さに細心の注意を払い、入所者に優しい。ドーカスは、夫と七人の子どもと一一人の孫に囲まれて、来週、五〇回目の誕生日を迎える。ふいに賛美歌を口ずさむ癖があり、皆の肩を抱き、皆から抱き返される。三階のスター、三階の宝で、入所者全員から愛されている。ドーカスは部屋をひとつずつ回って、私を入所者に紹介してくれた。

ヘイズルディーンで六年、そのまえにもほかの老人ホームで長年働いた経験がありながら、ドーカスの給料は私よりわずかに高い時給五ポンド［一〇〇〇円］少々にすぎない。ほかの介護助手と同様にドーカスも、週最低四八時間働く。そうしないと赤字になってしまうからだそうだ。三〇歳になる娘も四階で介護助手をしていたが、いまは少しでも給料の高いバスの車掌をしている。責任と不安と重労働の日々だ。

ドーカスに連れられて、三階の入所者三五人に挨拶してまわるうちに、この仕事の大変さが身にしみてわかりはじめた。老人たちは皆、弱々しく、程度の差こそあれ認知症の症状を見せている。見かけよりはるかに症状の進んでいる人も多い。ほぼ全員がおむつを必要としている。排泄のコントロールができなくなるのを境に、自宅で暮らせなくなるのが通例なのだ。ドーカスの説明によると、老人たちのからだを洗い、服を着替えさせて、ベッドから起こすことから、一日の日課が始まるが、これだけでほぼ午前中いっぱいかかってしまうという。それから昼食の介添えをして、気がつくと、もう朝の日課を逆にたどってベッドに寝かせる時間になる。これが私たち介護助手の一日であり、老人たちの全人生でもある。

汚れたおむつの交換は、思ったより簡単に慣れることができた。はじめはとうてい慣れることなどなかろうと思ったが、大勢の看護助手たちが、日に何度もおむつ交換するのを身近に見ていると、自分もするのが当然に思えてくる。誰かがしなくてはならないことで、その「誰か」は私たちなのだ。老人をうっかり突き飛ばしたり、転ぶのを防げなかったり、どこか痛めたり、間違ったことをしたりしたら、どうしよう、という不安はあった。しかし、おむつを交換して局部を清拭する作業を何度か繰り返すうちに、不安は消えていった。この仕事の耐えがたさは、そんなところにはない。老いの現実を目の当たりにすることのショック――これにはいつまでたっても慣れることができなかった。老人たちの多くは、あちこちに床ずれができて痛みに苦しめられ、希望もなくして、早く死にたいと願っている。一日中、そんな老人たちの世話をしていると、老いることのみじめさに心が締めつけられ、帰路につくころには口をきく元気もなくなる。ひだ飾りのついたカーテン、窓際に並べた鉢植え、笑顔の曾孫たちの写真。そんなものでいくら飾っても、死を待つ暮らしが楽になるわけではない。ここにきたら、もう二度と外の世界に戻ることはない。ここが終点だ。残りの人生のすべてがここにある。老人たちが過ごしてきた各人各様の人生が、ここでは、食べて、からだを洗われ、服を着替えさせられるという、ときに痛みを伴う退屈な日課に集約される。たしかに料理、生け花、軽い体操、等々の教室も用意されてはいるが、大半はそういう活動に参加する段階を過ぎている。決して老人ホーム側が悪いわけではない。へイズルディーンはかなり上等の部類に入る。しかし、生気を失った弱々しい老人たちを目の当たりにするのは、本当につらい。刑務所でさえ、ここより少しは希望がある。ここは文字どおりの死刑囚棟だ。

最初の夕方、ミニーの部屋に食事を運んだ。ミニーは椅子に座って背を丸め、毛糸のベストの毛玉をつまみとっていた。夕食は耳を落としたサンドイッチの小皿、ジャムをかけたタピオカプディングに紅茶。

「下げてちょうだい。いらないの！」とミニー。少しでも食べてみないかと勧めると、ミニーははっきりした口調でいった。「だって、明日はもう、ここにいたくないんだから」。

ここを出て、よそへいくというのだろうかと思って、部屋の家具に目をやった。老人たちは、自室に納まるかぎり、なんでも私物が持ち込める。整理ダンスや小型のドレッサーを見たところ、ここが終《つい》の棲家《すみか》のようだ。「私、思うんだけど」とミニーは私を見上げていった。「満腹で逝くべきじゃないわ。正しくないような気がするの」。

私は笑顔を作った。「なにか食べれば、気分がよくなりますよ。元気が出るわ」。

「今夜、死にたいのよ。きっと、そうなると思う」

死を予感しているのだろうか。それとも、強い願望が現実を招き寄せることもあるのだろうか。

ミニーは、サンドイッチの皿は押しやったが、タピオカは食べてみてもいいとうなずいた。

「最後の食事はしたほうがいいというのね」と私に念を押し、「死刑囚みたいだわね」と笑う。

「いいわ、じゃひとくちだけね」

老人たちは、ときに頭がはっきりすると、こんなふうに現実を的確に把握して、絶望することが多い。痴呆状態のままのほうが幸せではないかと思いたくなる。「抑鬱症」と医学的な病名がつくこともあるが、じつは病気というより、苦しい状況に対する当然の反応ともいえる。

同じ日の夜、今度は就寝介助のために、若い介護助手ヴィッキーと一緒にミニーの部屋にいった。ジマー歩行器につかまらせて、バスルームまで歩かせる。ミニーには変わった癖があって、脳梗塞の後遺症で麻痺した左足を「ジェーン」と呼ぶ。「ほら、ジェーン、しっかりしなさい！」。ヴィッキーによると、ジェーンというのは、昔頼りにしていた家政婦の名前だという。それがなぜか、ミニーの頭のなかでは、利かない左足に変身してしまったらしい。左足が思うように動かないと、苛立って「ジェーン！」と叱りつける。ふたりがかりでミニーをトイレに座らせ、後始末をして、椅子に連れ戻そうとしたとき、ミニーのからだがグラグラ揺れて、後ろに倒れそうになった。

「立って、立って！」とヴィッキーが大声を上げる。

「わざとしてるんじゃないわ。ジェーンのせいよ」とミニー。

「早く！」とヴィッキーが私に声をかけて、両腕でミニーを抱え上げた。「早く足を持って！　でないと、倒れるわ」。私たちは力ずくで、ミニーをベッドに運んだ。これは明らかに規則違反だったが、ほかに方法はないように思えた。だから、責めるつもりなどなかったのだが、ヴィッキーは弁解混じりの説明を始めた。「本当はいけないんだけど、実際はやってるのよね。あなたに間違ったやり方を教えちゃいけないのはわかってるけど、しかたないわ」。では、どうすればよかったのだろうか。「本当は、ミニーを抱えて、ゆっくりバスルームの床に寝かせるの。それからリフトを持ってきて、ベッドまで運ぶのよ。でも、ミニーにとってはいいことじゃないわ。倒れるだけでもお年寄りにはショックだし、リフトに乗せるには時間がかかって、しかも楽じゃないでしょう。それに、今晩中に寝かせなきゃならない人はまだたくさんいるしね。こうするのがいちばん早いのよ」。

ミニーを寝間着に着替えさせながら、ヴィッキーが話を続けた。「ここには疾病手当がないの。腕や腰を痛めて仕事ができなくても、お年寄りを抱え上げたせいだとしたら、手当はいっさいなし。もともと規則違反だからね。でも、ほかに方法がない場合もあるわ。もちろんボスたちは、そんな場合があるのを知っているけど、それでどこか痛めても彼らの責任じゃないってわけよ」。この晩、ミニーは威厳に欠けるやり方で（おそらく、若干の苦痛を伴って）ベッドに運ばれたが、倒れたまま待たされて、リフトで運ばれるよりはましだったはずだ。それからの数日間、私たちはシスターの目を盗んで、かなりの数の老人たちを力ずくで運んだ。そうするしかなかったからだ。しかし、それで万一事故があったら、悪いのは私たちで、会社には責任がないのだった。

翌日は、朝一番のシフトだった。最初の仕事は、各室を見回って、老人たちがまだ息をしているかどうか点検することだった。夜勤の申し送りを信用せず、自分の目で確かめるようにといわれていた。ミニーの部屋の番がきたとき、私は思わず息をつめた。願いどおり、眠ったまま安らかに逝ったかもしれないと思った（そして、願った）のだが、ミニーは前日と変わらず生きていた。無表情に天井を見つめている。今年か来年か、もっと先か、いつか夜中に亡くなる日がきたら、誰かが「自分が夜のうちに死ぬってわかってたのよ！」というに違いない。ミニーは毎晩、そう祈って眠るのだが、いまのところ祈りは聞きとどけられていない。

もうひとりの老人、ドーラは、四六時中目を閉じて、胎児のようにベッドに丸くなっている。外界の刺激が少しでも届けばと、テレビはずっとつけっぱなしだ。午後のクイズ番組で、派手にしゃべりまくる司会者の声が、ドーラの意識のどこかに流れ込んでいたとしても、反応はまったく見られなかった。ヴィッキーによると、少なくとも三年まえからこの調子だったというが、介護助手のなかには、これほど状態が悪くなるまえのドーラを覚えている人も何人かいた。ヴィッキーと私はドーラに横を向かせ、おむつを交換して全身を清拭し、反対側を向かせて寝間着を着替えさせると、部屋を出た。ドーラはまた、枕にもたれて丸まっていた。そんなドーラも、なにか食べるときだけは反応を示す。食べ物が口に運ばれるかぎり、いくらでも食べる。食べることが最後に残った楽しみなのだろうか。それとも、スプーンが唇に当たることへの反射作用にすぎないのだろうか。答えを知るすべはない。しかし、そんなドーラに同情しながらも、時間と労力のムダではないかとつい思ってしまう。この先幸せになる見込みもないのに生きながらえてしまった人のために、くる日もくる日もスプーンで食べ物をすくい込み、おむつを替える。意識がないことを祈るばかりだ。しかし、私たち介護助手は、こうしたことを決して口に出さない。そんなふうに考えるのは、思いやりをなくす第一歩だからだ。私が見たかぎり、思いやりのない介護助手はひとりもいなかった。ときに扱いがいささか粗略になったとしても、それは冷淡だからではなく、人手と時間が足りないからだった。

ドーラを清拭していたとき、床ずれ用のクリームが足りなくなった。もともと全室に行き渡るには足りないので、介護助手は手持ちがなくなると、よその部屋からくすねてくるのが常だった。はじめてシフトに就いたときは、ある介護助手から使い捨てのゴム手袋と紙タオルの束を押しつけられ、その辺に置かないでポケットに入れておくようにいわれて、とまどったものだ。ほとんどの部屋で、紙タオルやクリーム、石鹸、手袋はつねに不足していた。午前中は、新しいシーツとタオルがなくなることも多かった。しかし、一日中老人たちを清拭している介護助手にとって、これらは欠かせない道具だ。ある介護助手が、備品ロッカーで見つけた大量の手袋と紙タオルを配っていて、シスター・デイビナに見とがめられたことがあった。シスターは、補給品をすべて、ただちに自分のところへ持ってくるように指示すると、「今後は私が管理します」と宣言した。「毎週、一週間分支給されるのに、皆さんが余分にため込んだら、必要なときに足りなくなるのは当然でしょう。それぞれが、自分のロッカーや秘密の場所に備品を隠して帰るなど、ここでは許しません！」。シスターは、備品ロッカーに残っていた紙タオルなどの箱を、自分のオフィスに運ばせた。もっとたくさん発注できないのか、と私は聞いてみた。シスターは、「十分支給されています」ときっぱりいってから、もっと注文するには、総務部に具体的な理由を添えて申請しなくてはいけないのだ、とつけ加えた。基本的な用具をケチる傾向は、今回あちこちで目にしたことだった。せっかく労働力が安いのに、用具に金を使うのはもったいない、ということなのだろう。

同じ日の少しあとで、シスター・デイビナと私はエドナの清拭をすることになった。エドナはほぼ全身が麻痺していて、両方のかかとにひどい床ずれができている。第二次大戦中は看護師だったという。昼食をスプーンで食べさせながら話しかけると、一見筋の通った答えが返るのだが、ほとんどなにも覚えていないのは明らかだった。一日中、なにをするでもなく椅子に座っている。さて、そこで清拭だが、シスターの監督下ともなれば、すべてが正しいやり方でおこなわれなければならない。力ずくで抱き上げるなど、もってのほかだ。私はリフトを持ってきて、エドナを椅子からベッドに移した。時間がかかるし、エドナの威厳は損なうが、これが正しいやり方なのだからしかたがない。それから、全身をタオルで包んで、向きを変えながら清拭する。シスターは紙タオルも手袋も持っていなかった。私に紙タオルを出させては、つぎからつぎに使うので、まもなく手持ちがなくなってしまったが、オフィスの予備から埋め合わせるとはいってくれなかった。

入所者の大半は、なんとも愛すべき存在だった。哀れだから、というわけではない。記憶と思考と感情が脈絡なく飛び出してくる、という認知症特有の症状に心惹かれるのだ。自分を抑えるということがないから、ふいに大声を上げたり、昔口にした言葉の切れ端を叫んだりする。かつて裕福だった入所者のなかには、召使いが目の前にいるかのように命令を下す人もいる。ある老人は、「ジョージ！　ジョージ！　包みをとっておいで。包みをとっておいで」と午前中ずっと叫んでいた。子どものようだが、ときとして思いがけなく鋭いところを見せて、私たちを驚かせる。介護助手は皆、ほとんどの老人たちを芯から愛《いと》おしんでいたし、その気持ちは私にもよくわかった。

アリスという老人には胸が痛んだ。ほっそりした上品な人で、しゃれたドレスに真珠のネックレスをしていたが、重度の鬱病だった。放っておくと、きちんとドレスを着たまま、一日中ベッドに横たわっている。無理に起こすと、ぼうっとしたまま廊下を行ったり来たりする。私たちに近づいてきて、うつろな微笑を浮かべてあたりを見回していたこともあった。ヴィッキーが両手をとって、「かわいい人」とつぶやいた。最愛のご主人に先立たれたショックから立ち直れなかったのだという。親戚が面会にくるが、子どもはいない。ヴィッキーはアリスを「ミセス・ナイツブリッジ」と呼んでいた。見かけも物言いも、デパートで買い物をするレディーそのものだった。毎週、美容師がきて髪をセットするので、どこへ出してもおかしくない。ふつうでないところがあるなどとは誰も気づかないだろう。しかし、まとまったセンテンスを口にすることは、めったになかった。「あの、もしよかったらお願いしたいんだけど……お願いしたいんだけど」といっているうちに、なにをお願いしたいのか忘れてしまう。昼食のとき、起こそうとすると、「あら、いいえ、ありがとう。でも、今日はやめて……」という。そうなったら、両足を持ってベッドから下ろし、なんとか立たせて、食堂まで連れていかなくてはならない。この仕事を始めた最初の日、私はアリスに、いつもどこに座っているのかを聞いたのだが、これが間違いだった。アリスが向かったのは、概してもっともしっかりしている人たちのテーブルだった。テーブルについていた老人たちは、ムッとした表情を浮かべたが、なにがいけないのかをはっきり説明することはできなかった。そこへ仲間の介護助手が飛んできて、私の間違いを指摘してくれた。アリスを本来の席に移すのはひと騒ぎだった。アリスはすっかり混乱して、ナイフやフォークをそっくり自分の席に持っていくといって、聞かなかった。食後、アリスを部屋に連れ戻した私は、ドアのストッパー代わりに置いてあった刺繍付きの足台を誉めて、「自分で刺繍なさったんですか」と聞いた。突然、〈かわいい人〉ではなくなったアリスは、「なにいってるの、このバカ女が！」と切り返した。「自分で刺繍なんてするわけないじゃない」。

アリスに着替えさせるときはそのつど、シスターのオフィスにいって洋服ダンスの鍵をもらってこなくてはならない。鍵をかけておかないと、アリスが勝手に開けて、服を手当たり次第に床に放り出してしまうのだ。それでも、着替えさせるのは楽しい作業だった。一部の入所者と違って、すてきな服をたくさん持っているので、選ぶ楽しみがあるうえに、とても着映えがしたからだ。しかし、アリスは入浴嫌いだった。「いいえ、今日はお風呂はやめておくわ。ご親切にどうも。でも、今日は結構よ」ときっぱり断る。入浴を嫌う気持ちはよくわかった。バスルームに連れていかれて裸にされ、椅子ごと吊り上げられて浴槽の縁を越え、泡風呂に沈められて全身を洗われ、また椅子ごと吊り上げられるのだ。私たちがどんなに優しく扱ったとしても、とくに楽しいものではないし、威厳が損なわれるのは間違いない。アリスは、丁寧で上品な言葉遣い以外のことをすっかり忘れているようだったが、それだけに、とくに理由もなく「くそったれ！　皆、くそったれよ」などと口走ると、聞くほうのショックは大きかった。

食堂の〈概してもっともしっかりしている人たち〉も、じつのところそれほどしっかりはしていなかった。一見したところ、仲良しグループのご婦人たちが喫茶店でおしゃべりしているように見える。が、耳をそばだててみると、正常な会話が成立していないことがわかる。たまに偶然、全員が同じ話題を取り上げることはあるものの、たいていは好き勝手なことをいっているので、相手の考えの筋道を追うのは容易ではない。皆、自分以外は惚けていると思っているらしく、しかたないわね、とでもいいたげな微笑を浮かべていた。ひとりが長々としゃべり、ほかの人たちがそれを黙って聞いて、最後に誰かがまったく関係のないエピソードをつけ足す、というのがいちばん会話らしいのだが、誰もひと言も口をきかないテーブルも少なくなかった。

ミセス・ナイツブリッジの向かいには、マリーナという車いすの老女が座っていた。脳梗塞の後遺症で顔面が麻痺し、口がいつも半開きになっている。大きな前垂れをして、食べ物をテーブル一面にはじき飛ばしながらも、なんとか自力で食事ができる。ミセス・ナイツブリッジは、食べ物が飛んでこようと無関心のようだった。マリーナの部屋はほかの人たちより広く、立派な絵が何枚も飾ってある。なかの一枚、一八世紀の風景画は、一方の壁面全体を覆うほど大きく、貴族の邸宅にでも飾ってあったことを思わせた。マリーナはまったくしゃべれなかったが、「あぁぁぁ！」と大声を出すことがよくあった。はっきりした抑揚があり、これを何時間も聞かされると気が滅入った。どのくらい頭がはっきりしているのかはわからなかった。午前中は、『タイムズ』か『デーリーメール』を読んで過ごすこともある。おぼつかない手つきでページをめくり、紙面にじっと見入っている。本当に読んでいるのだろうか。内面はしっかりしていて、ただそれが表現できないだけなのだろうか。私が初出勤した日には、レディーなんとやらの大声が響いていた。「お腹がへこんだわ！　お腹がへこんだわ！」と奇妙な言葉を一日中、繰り返し叫ぶのだ。この人は、上階に移されることになっていた。一度もいったことはないが、私の受け持つ三階より、はるかに入所者の症状はひどそうだった。

入所者の私物は面倒の種だった。たとえば、あるとき高価なネックレスがなくなった。持ち主の部屋は、椅子のクッションの裏からマットレスの下まで徹底的に探したが、見つからない。一万二五〇〇ポンド［二五〇〇万円］の保険がかかっていると聞いて、誰もが震え上がった。しかし、ネックレスは翌日、無事に出てきた。持ち主がにっこりして、ずっと握りしめている小さな手提げ袋から出してみせたのだ。ネックレスは家族に返されることになった。ダイヤの指輪はすでに返されており、家族には、ガラスのまがい物を持ってくるよう伝えられていたという。「皆さんがすべてに責任を負うのです。私物すべてですよ。なにかがなくなったら、皆さんの責任なのです」とシスターが、つぎの申し送りミーティングでいっていた。

私が初出勤する数日まえに、ある老女が亡くなっていた。ドーカスと私は、その人の部屋の片づけを命じられ、掃除係のミシェルが手伝ってくれることになった。私物はそちらで処分してほしい、と家族はいっているが、老女の部屋の洋服ダンスには高価な服が詰まっていた。「慈善に回すべきだわ」とドーカスがいう。「でも、ここでは違うのよ。一階の総務がゴミとして捨てるの。ずいぶんいい物もあったんだけど」。ドーカスは、スパンコールのついたジャケットと、刺繍を施したシルクのブラウスを広げながら、言葉を続けた。「きれいな人だったわ。穏やかで、誰にも面倒をかけないし、いつも優しい言葉をかけてくれたの。あんなに急に亡くなるなんて、思いがけなかったからショックだった。寂しいわ」。迷信深いミシェルはブルッとからだを震わせて、「あんたたち、よく死んだ人の持ち物なんかに触れるわね」。掃除係の多くは、介護の仕事や長時間のシフトに耐えられない女性だった。ドーカスが「バカなことといわないで。家族が要《い》らないっていうんなら、慈善に寄付すべきだわ」といっているところへ、シスターがドアから顔をのぞかせて、「なにひとつ、とってはいけませんよ」と声をかけた。失礼な言い方だと思った。ドーカスは、人の物をとろうなどと夢にも思っていないし、ミシェルにいたっては手を触れる勇気もないのだ。ドーカスが「慈善団体の店に寄付すべきだわ。下では捨てているのを知ってるんですよ」というと、シスターはぴしゃりといい返した。「それは私たちが口出しすることじゃありませんよ、ドーカス。私たちは規則を守ればいいの。規則によれば、不用の私物は袋に詰めて、下へ回すこと。それをどうするかは、総務の決めることです。とにかく、なにもとらないこと！　いいわね」。そしてシスターは、私にも警告の視線を向けた。私たちは私物をすべて袋に詰めて、下へ回した。家族もしばしば、トラブルの種になる。ドーカスとヴィッキーがいうには、「たぶん、後ろめたいからじゃない？　面会にきて私たちにあれこれいうと、良心が慰められて、身内にいいことをしてやった気分になるのよ」。なかには、そこまでしなくてもと思うほど感謝の言葉を浴びせる家族もいるが、小さなことであれこれ苦情を言い、つまらないことにケチをつける人もいる。私物についてはとくにこの傾向が強い。ある日、床に倒れた老人を起こそうとしていると、家族のひとりがズカズカ入ってきて、花瓶を要求したことがある。「さっさと出して。でないと、花がしおれるじゃないの」。

三階には、男性の入所者はふたりしかいなかった。そのひとり、アルフレッドは、パーキンソン病で完全に麻痺していて、大きな前垂れによだれをこぼしながら、椅子に座っているだけだった。アルフレッドも毎日、『タイムズ』をとっていた。読んで理解しているのかもしれないが、ほとんど口はきけない。シスターの目がないときは日に数回、力ずくで車いすに移し、バスルームに運んでトイレに座らせる。ナースコールの紐を握らせておくのだが、いつまでも座っていることがよくあった。一度など、痩せたお尻に便座の跡が赤くついてしまったほどだ。見たところ六〇歳くらいだが、どんな暮らしをしてきたのかはほとんど聞き出せなかった。以前の暮らしをうかがわせる手がかりは、椅子の背にかけたヒッピージャケット（鮮やかな色の細布を織り合わせた民族衣装風）と、刺繍を施した袋（紐で首から下げている）だけだった。もうひとりは最近入所したばかりで、「少佐」と呼ばれている。一日中、部屋でテレビを見ていて、しばしばココアを飲みたがる以外はなんの望みもないようだった。

意地悪な人はひとりかふたりくらいなものだった。そのひとり、ドリーは自前の電動車いすを使っていたが、バッテリーが故障したため、一時的に手で押さなければならなかった。しかし、これが重い。ドリーは日によって切れ目なく苦情をいいたて、サウスロンドンなまりで「なにひとつ、やってくれないのね。ほしいものはほしいんだったら！」とどなりつける。機嫌のいい日は、昔覚えたまま心の隅にひっかかっていたらしい下世話なジョークを聞かせるのだった。昼食と夕食のとき、一杯ずつウィスキーを飲むことが許されているが、飲みすぎて椅子から落ちたことがあったため、部屋にボトルを置くのが禁じられた。いまは食事のたびに車いすでシスターのオフィスへ連れていき、薬のキャビネットに入っているボトルから一杯分だけ注いでもらうことになっている。食事のときにワインを飲む人もふたりほどいて、それぞれのボトルが食堂の食器棚に入れてある。「好きなものはなんでも飲めるのよ。ここは『わが家』なんですから」とシスターはいつもいう。しかし、抜け殻になったような老女たちの日々に、酒がきらめきを添えているようには見えなかった。

面会にきた家族から、ひとりだけ白い肌を持つ私に、白人どうし協力しましょうね、といわんばかりの視線を送られて、気まずい思いをしたことが何度かあった。私は三階でもっとも経験が浅く、役に立たない介護助手なのに、肌が白いというだけの理由で、いちばん偉いと思い込むのだ。私は冷ややかに否定して、ただちにドーカスかシスターに取り次ぐことにしていた。老人たちは皆、介護助手が大好きで、毎日、誰々さんはどこ、と聞いてきた。ドーカスが休みの日はとくにそうだった。今回のプロジェクトではサウスロンドンのあちこちで、さまざまな仕事を体験したが、人種が低賃金の指標になっていることが多かった。黒人が多ければ多いほど賃金は低く、仕事はきつくて、誰もやりたがらない。ただし、本書で人種の問題に深入りしなかったのは、それがサウスロンドンに固有の特徴だったからだ。同じ英国内でも場所によっては、もっぱら白人女性がこの種の仕事を担っている。共通点は、母親が仕事をする必要に迫られ、生活の時間帯に合わせて、どんな条件の悪い仕事でもしているということだ。

個々の仕事はたしかに、肉体的にも精神的にもきつかったが、退屈することだけはなかった。たとえば、マーガレット。鷹のような風貌をした小柄な老女で、一日中廊下を行ったり来たりしている。マーガレットと行き会うと、皆、微笑んで手の甲をなでたりするし、マーガレットも微笑み返す。一見しっかりしているようだが、これがあてにならない。ある朝、マーガレットの着替えを手伝いながら、どれを着るかとか、すてきな服ばかりだとか、どこで買ったのかなどとおしゃべりしていた。あれこれの服を指して、自分の結婚式に着たといったりするところを見ると、物事がよくわかっていないようだが、それはべつにかまわない。マーガレットがブルーのドレスを選んだので、いささか苦労して（腕をどこに通せばいいかわからないのだ）着せてみると、ボタンが全部とれていた。マーガレットは強迫観念にとらわれて、ボタンをむしらずにいられないのだ。それで、サーモンピンクのジャンパーを上から着せてボタンがないのを隠し、髪をとかした。マーガレットが鏡を見てにっこりする。椅子に座らせると、楽しそうにティッシュペーパーを細くちぎりはじめた。マーガレットが気に入りの時間つぶしに熱中しているあいだにベッドを作り、部屋をかたづけて、さよならと手を振って部屋を出ようとしたとき、シスターが入ってきて、「ゴミ入れは見ましたか」と聞いた。もうすぐ掃除係がきてゴミも捨てるので、とくにチェックはしていなかった。「ああ、でもこの部屋ではゴミ入れが要チェックなのよ」。いわれたとおりにチェックすると、小水とティッシュで満杯になっていた。ゴミ入れの中身を捨てて洗っている私にシスターが、「毎晩こうなのよ」という。

「夜中に間違えるんだったら、ゴミ入れをかたづけてしまうほうがよくありませんか。ちゃんとトイレを探すようになるかもしれないし」

「ご家族が面会にきて、ゴミ入れがないのに気づいたら気を悪くするでしょう。あるべきものはすべて備えておかないとね。それが規則です」

家族がしばしば面倒の種になるのは事実だが、スタッフから見ると、誰も面会にこないほうがむしろ気にかかる。一般に、老人ホームのような閉ざされた施設では、つねに外部の目にさらされることが、高い水準を維持する要因になる。しかし、家族が介護の水準そのものについて苦情をいうことはあまりない。家族が気にするのは、この場所全体にただよう暗さであり、それは私たちにはどうにもできない。唯一の方法は、ひたすら明るく楽しげにふるまうことで、介護助手の大半は朝から晩までそうしようとつとめている。が、笑顔を作りつづけるのは疲れることだ。どんなに明るくおしゃべりしていても、暗さが重くのしかかってくる。からだと心の寿命以上に生きてしまった人たちのつらい状況が暗さの原因で、そんな状況を癒す方法はないからだ。

ヘイズルディーンがいかにうまく運営されていても、ときとして齟齬《そご》をきたすことはある。ある朝、ナースコールのベルが鳴って、私が様子を見にいった。部屋をのぞくと、ポーラという大柄の老女が椅子に座っている。ポーラの部屋には王室の歴史を中心とした本がたくさんあり、知的で整然とした話し方をするから、どこも悪くないように思える。この日も、椅子から立ち上がろうともがきながら、「お手数をかけて申し訳ないんだけれど、ちょっと手を貸していただけないかしら」と声をかけてきた。弱っている足が、大柄なからだを支えられないのは明らかだったから、座っていてください、私がしますから、と答えた。「ほら、あそこの本。まっすぐに直したいんだけど」。たしかに窓際に並べた本がわずかに傾いていた。いわれたとおりに本を並べ直すと、ほかの飾り物のあれこれも数センチ右に、左にと動かしたがる。「ごめんなさいね、小さなことを気にしすぎだわね」。まったくそのとおりで、朝のいちばん忙しい時間でもあったが、私はいわれるままに笑顔で従った。「今日は皆が会いにくると思うの」（気の毒だが、ポーラは面会人のない入所者のひとりだった）。「どうかしらね、ちょっと考えていたのだけれど、考えて……」といっているそばから、なにをいおうとしたのか忘れてしまう。ポーラの場合は、どこまで筋道が通っているのかが測りがたかった。

部屋を出ようとしたとき、ポーラがまた口を開いた。「あの、私、私、あそこへいきたいんだけど」。どこへ？「ほら、向こう。向こうよ」と窓のほうを指さす。そこへヴィッキーが通りかかって、ドアから顔を出し、「便器かしら、ポーラ？」と聞いた。ポーラがうなずいた。はっきりいえなかったのは、羞恥心のせいか、物の名前を忘れてしまったせいか、私にはわからなかった。私たちは室内用便器を運び込み、ふたりがかりでポーラを座らせた。大柄な人だから大変だ。リフトを使うべきところだが、手のほうが早い。「済んだらベルを鳴らしてくださいね」とヴィッキーがいってベルの紐を握らせ、私たちはシスターのオフィスへ急いだ。申し送りのミーティングがあったのだ。

入所者ひとりひとりについて、夜中になにがあったか（というより、概して「なにがなかったか」）を伝えるミーティングは、しばらく続いた。時間がたつにつれて、便器に座っているポーラのことが気にかかったが、ベルは鳴らないし、ヴィッキーにはよくわかっているのだろうと思っていた。そこへ突然、廊下で大騒ぎが起きた。ポーラが便器から落ちていたのだ。部屋へ飛んでいってみると、ポーラが床に倒れていた。スカートが頭の上までまくれ、便器がひっくり返って、大量の排泄物が床に流れている。シスターがすぐあとから入ってきて、私たちに指図して、まずポーラの状態を調べさせた。どうやら怪我はなく、痛めたところもなさそうだった。足は動くし、骨折もないようだ。ポーラがかすかにうめいた。「なぜ、ベルを鳴らさなかったの」とシスターが聞いたが、はっきりした答えは返らなかった。リフトを使ってポーラを起こすのは、かなり時間がかかった。倒れたままのポーラに幅の広いベルトを装着し、リフトの腕木の四点にベルトを固定し、ストラップを締める。リフトのボタンをゆっくり押すと、ポーラのからだが徐々に浮かんでいく。コウノトリが巨大な赤ん坊を運んできたようだ。総掛かりで押したり引いたり、ポーラをベッドの上まで運んで、そっと寝かせる。

午後は掃除係がいないので、私たちでできるだけ床を掃除したが、強い臭いは、翌朝掃除係が石鹸で洗うまで消えなかった。臭いを抑えるのは、私たちスタッフの日課の重要な仕事になっている。面会人に不快感を与えないのも規則のうちで、この規則はかなりよく守られていた。病院の老人病病棟や運営に問題のある老人ホームでは、排泄物の臭いが一大特徴になっているが、へイズルディーンではそんなことはない。汚れ物や臭いのする物はすべて、ただちにビニール袋に密閉する。清拭も徹底しているから、面会にきても、おむつを使っている入所者が大半だということに気づかないだろうと思う。

あとになってシスターが、ポーラは注目を惹きたいだけなのだという人もいる、といっていた。皆に駆けつけてほしくて、わざと倒れるというのだが、シスターにいわせると、「私はそうは思いません。あなたもそんなふうに思わないようにね。あの人たちは物事がはっきり考えられないのだから、なにをするにしても、一般の人と同じように解釈すべきではありません。やりたくてやっているわけではないのだから」。温かい態度ではある。しかし、善意はあっても行動が伴わないこともあった。介護助手が入所者をどなりつけたりするところは一度も目にしなかったが、少ない人数でたくさんの作業をするのだから、ときに思いやりに欠けるのは避けられなかった。朝、着替えの順番がなかなか回ってこなかったり、朝食を長時間待たされたりすることは、よくあった。誰かの介助をしている最中に廊下へ出たときなど、ほかの部屋から「つぎはお願いね」と声がかかっても、心を鬼にして通りすぎるしかない。ヘイズルディーンの日課にたるみはなく、私たちは全員、精一杯働いていた。もっと人数がいさえすれば、時間をかけて親切に介護ができたことだろう。

「とくに手をかけて」「グッドでもベターでもなく、ベストを」目指すのが不可能なことも多かった。老人たちの大半はきわめて我慢強く、めったに苦情をいわないが、それぞれが望むタイミングで起こしたり寝かせたり、椅子や便器に座らせたり立たせたり、食事を運んだりするのは不可能だ。食べる、眠るといった基本的なことだけで日々が過ぎていく人たちにとって、ちょっとした望みや必要が即座に満たされないのは、我慢ならないことに違いない。ごく簡単なことも自力でできない人の場合、わずかないらだちが絶望に変わるのに時間はかからない。

ヘイズルディーンのスタッフと入所者の比率を全国平均と比較することはできない。介護部門専門アナリストのレインとビュイッソンによれば、全国平均のデータは存在しないからだ。しかし、ドーカスは入所者の数に対して介護助手が少なすぎるといっていたし、介護のベテランとしての判断は信頼できると思う。三階の入所者は三五人。ひとつのシフトごとに、ひとりの介護助手が六、七人を受け持ち、正規の看護師（シスター）が全体を統括する。入所者の多くが自力ではなにもできないのだから、ひとりで六、七人を見るのはかなり重労働だ。ドーカスはヘイズルディーンにくるまえに、トゥーティングの小規模老人ホームで働いていた。そこでは各シフト、三人の介護助手が一一人の入所者を受け持っていたという。シフトごとにシスターがひとりつくのは、ヘイズルディーンと同様だ。つまり、ヘイズルディーンの受け持ち比率が一対六なのに対して、一対三強にすぎない。

私自身の体験からいって、入所者六人を受け持った最初のシフトは、不安の連続だった。急ぎたくないのに、急がざるをえない。老人に優しく接し、おしゃべりをしながら洗顔や着替えを介助するには、時間と忍耐力が必要だ。六人の老人を起こし、清拭し、着替えさせる。六人それぞれの朝食——オートミールかコーンフレークか、卵かベーコンか、トーストにマーマレードをつけるか、つけないか——を正しくそろえる。どれも時間のかかる作業だが、それに加えてさらに手間取る要素がある。たとえばマーガレットの場合、目の前のトーストが食べ物だと納得させるために、何度も様子を見にいかなくてはならなかった。マーガレットは、「これ、ほんとに妙な物ね」といいながら、トーストをひっくり返したりつつき回したりする。トレイに敷いた紙ナプキンは、もうバターでベタベタだ。「これがなんなのか、判断するには時間が必要だわ。とても不思議」……自分が理解できないものについての発言は、ときとして非常に明瞭なのだ。これはトーストで、トーストは食べ物だといくら説明しても、「手につけるものかしら」と繰り返すばかりだった。

時間は刻々と過ぎ、六人目の老人をまだ起こしてもいないのに、もう一一時だ。ほかにもそういう人がいたところを見ると、私が仕事に慣れていないせいばかりではない。ベッドを作り、部屋を整え、服をかたづけ、廊下二本離れた洗濯室まで小走りで、汚れ物の袋を置きにいきながら、優しい微笑を絶やさず、ゆったりふるまうふりをするのはむずかしい。入浴にも時間がかかる。滑り落ちたらどうしようとドキドキしながら老人をリフトで吊り上げ、お湯に沈め、からだを洗い、床ずれにクリームをつける。服を着せるのがまたひと苦労だ。服を半分着たところで、重要なことを思いついたとでもいうように固まってしまう人もいる。

何事も規則どおりには進まない。ようやくひとりの介助が終わり、つぎのひとりに取りかかったとたんにベルが鳴る。誰が鳴らしたかはシスターにも仲間にもすぐわかるから、自分の受け持ちの入所者だったら、なにはおいても駆けつけて、ベルを止めなくてはならない。水が飲みたいといった簡単なことならいいが、トイレにいこうとして転んだなどという事故だったら、また時間がかかる。なにが起きるかわからないから、ベルを無視することはできない。経験を積めば、もっとうまくやれるようになったかもしれないが、ほかの介護助手たちもこまねずみのように働いていた。ほっとひと息つけるのは、六時間のシフトのあいだに一度与えられるわずか一五分の休み時間だけだった。ある朝、私はこの一五分の休みのあいだにスタッフルームで眠り込んでしまい、仲間に揺り起こされるしまつだった。午後はときに手がすいて、入所者の部屋で話し相手になれたが、それはごくたまのことだった。六人を受け持たされた初シフトの日、ヘイズルディーンでは介護助手がひとりかふたり、病気で休んだらしかった。三階の介護助手のひとりが、休んだ人の分をカバーするためにべつの階に回され、その分の仕事は私たち全員に割りふられた。会社側は、臨時の人手を用意するつもりがないようだったし、二倍忙しかった私たちに臨時手当を出すこともなかった。

レインとビュイッソンによると、地方自治体が老人ホームに入所させた人のために支出する費用は、ひとりにつき週一〇〇ポンド［二万円］ほど減少している。小規模老人ホームのなかには、政府がホームの基準を厳しくする（最新の高価な火災避難装置設置を義務づける、部屋を広くする、など）と聞いて、事業から撤退するオーナーも多い（そのため、政府は基準を緩める方向に転換した）。これと並行して、ロンドン南東部の不動産価格が急騰しているため、苦労してホームを経営し、わずかな利益を得るよりも、土地を高値で売って引退しようと考えるオーナーが増えている。こうして小規模ホームが消えていく一方、大企業が全国各地で介護ビジネスに参入し、規模の経済を活かして大きな利益を上げている。本書を執筆している時点で政府はいまだ、スタッフと入所者の人数比に関するデータを公表していない。どれくらいのスタッフが必要かは、入所者の状態に左右されるから、この種のデータを確定するのが困難なのは事実である。入所者のスタッフ依存度はつねに、概して悪いほうへ変化するので、具体的な数値を示して法制化するのは問題を伴う。しかし、ヘイズルディーンでは入所者の状態に対してスタッフが少なすぎ、労働が過重だ、というドーカスの感想は傾聴に値する。

レインとビュイッソンによると、ヘイズルディーンを経営する企業は全国に三二〇〇床を擁し、今年度の利益は三〇〇万ポンド［六億円］に達する。ウィリアム・レインによれば、運営費用と資本費用を差し引いた純利益は、年間一床当たり一〇〇〇ポンド［二〇万円］前後になる。この種の利益は、被雇用者の賃金を最低限に抑えることで維持される。

ドーカスも低賃金については憤慨していた。ドーカスは、土日の一二時間に及ぶ長いシフトを含めて週四八時間働いているが、それでも生きていくには十分ではない。ドーカスにも私にも理由はわからないが、ドーカスには残業手当もないし、週末に働いたからといって賃金が一・五倍とか二倍になるわけでもない。ただ、もっと稼ぎたければ、好きなだけ従業時間が延ばせるのが利点といえば利点で、それが会社側からすれば、低賃金でも雇用が確保できる理由になっている。最近は一般に、残業のできない仕事が多く、求人広告を見ても、忙しさの程度に合わせてシフトを短く分割し、週三〇時間、あるいはそれ以下で募集するものが多い。わずか三時間のシフトの中央に無給の昼休みを三〇分はさんだクレメント・アトリー小学校は、その極端な例だった。キンダークエスト社の「臨時雇い」も同様だ。私はドーカスに、組合に加入する気はなかったのか、と聞いてみた。職場に組合ができていれば、賃金も少しはよくなる。ドーカスはうん、うんとうなずいて、そのことはよく考えたと答えた。一、二度オルグがきて、なんとかしようとしたこともあった。「でも、どうにもならなかったわ。なぜかは知らないけど。もちろん、ここにも組合はあるべきだし、そうすれば給料も上がるかもしれない。でも、組合を組織しようとした人になにがあったかはわからない。いま、ここで働いていないのだけは確かかね。たんに辞めていっただけかもしれないけれど、どうかしら」。

ただでさえ忙しく働く人たちに、職場で組合を組織する仕事まで期待するのは、無理があるかもしれない。未知の世界だから不安があるし、危険な気もするだろう。長時間シフトも含めて週四八時間働き、子どもも抱えたドーカスのような人に、どうしろというのか。ドーカスは「誰かがやるべきね。いいことだと思うわ」といったが、あなたがやるべきだとはとてもいえなかった。良心が痛んだ。私こそここに残って組合結成に手を貸し、状況を改善すべきだった。しかし、今回のプロジェクトに必要な時間を超えて、一分たりともよけいに留まるのは耐えがたかった。ドーカスは、何度も転職を考えたといっていた。しかし、娘が転職した先のバス車掌のように、ここより時給がいい仕事はたくさんあるが、週当たりの労働時間が短いので、ここで得ている賃金の総額には及ばないのだという。それに、私がすでに体験から知っているように、転職するには数週間収入が途絶えるのを覚悟しなければならない。ドーカスのような人が、家賃の滞納や借金を平気で受け入れられるとは思えない。

私はその週末、土日ともに一二時間シフトが割りあてられていたが、そのまえにヘイズルディーンを辞めた。土曜と日曜の一日中、窓がなく暗い廊下三本を行ったり来たりして働くと思うだけで、閉所恐怖症になりそうだった。ドラマからドラマへ、心とからだの弱った老人から同様のべつの老人へ、同情と不安といらだちに心が揺れながら走り回るのは、胸の傷《いた》む仕事だった。ご褒美がないわけではなかった。老人がにっこりして、ありがとうといってくれたり、ふと手がすいて話し相手になれたりすると、とても嬉しい。もちろん、これは私だけではない。仲間の介護助手たちが、誰かを少しでも幸せにできた満足感に包まれて、部屋を出てくるところを見かけることもあった。皆、老人たちが好きで、親身になっていることは、彼女たちを話題にしているときの様子から十分伝わってきた。しかし、本当に選択肢があったら、これほど低賃金で報われない仕事を選ぶかどうか、疑問に思う。看護師も同じような介護作業、汚れ仕事をすることが多いが、介護助手に比べれば待遇が恵まれている（それでも、十分とはいえないが）。看護師は専門職で、資格を持っているうえに、その気になりさえすれば上に続く梯子をのぼることもできる。アンケートなどではつねに人気のある職業で、国民全般から尊敬され、あこがれの対象でさえある。介護助手は資格もなければ、あこがれの対象にもならない。私は幸運にも選択の余地があったから、ホッとため息をついてヘイズルディーンをあとにした。

マーガレット、ミニー、ポーラ、ミセス・ナイツブリッジ——老人たち皆にさよならしたが、それから何週間も、彼女たちの面影につきまとわれた。給食のおばさんよりはるかにつらい仕事だった。床ずれができて、痛みに顔をゆがめる老女のからだを洗うのに比べれば、鍋やフライパンを洗う仕事などなにほどのこともない。それぞれの苦しみと向き合う心の負担は大きい。優しく、重労働をこなす介護助手は、もっと高賃金を得てしかるべきだ。しかし、この仕事は人目につかず、話題にならない。誰もあまり考えたくないまま、秘密の場所に隠されている。重役たちの仕事の価値や昇給率と、老人ホームで働く女性たちのそれを比べてみると、どんな価値の尺度をあてはめれば、介護の仕事が最低賃金になるのか不思議になる。尺度の根拠はどこにあるのだろうか。

それは、介護が女の仕事とされることにある。この姿勢は、社会がさまざまな仕事の価値をはかるときの物差しに、いまだに深く埋め込まれている。女の仕事に、男の仕事と同じだけの敬意が払われるようにならないかぎり、賃金の格差はなくならない。ヘイズルディーンに男の介護助手はいない。外国からきて、ほかのもっといい職に就くまでの「適応期間」を過ごす男性看護師がひとりかふたりいるだけだ。女の仕事はいまも生来の機能のひとつとみなされ、タダ同然でいいと思われている。老人のからだを洗ったり優しく接したりするのに資格はいらない。女なら誰でもできるというわけだ。介護、掃除洗濯、料理から子どもを教えたり育てたりすることまで、女性特有の技能とみなされる仕事の価値は軽く見られ、それが低賃金問題の核心になっている。母親は子どもを愛するからこそこうした作業をしてくれるわけで、給料をもらおうなどとは思っていない。となれば、働く女性はすべからく社会の母となり、ほとんどただ働きをしてしかるべきだ、という暗黙の思い込みがある。女がこういう仕事をするのは、そんな仕事が好きだからだ、という抜きがたい社会通念があり、そこから価値を低く見る姿勢が生まれてくる。男の仕事と女の仕事の価値が見直されないかぎり、男女の賃金格差は埋まらないだろう。点火プラグをきれいにする整備士が、老人をきれいにする介護助手より格上に見られるのはなぜか。介護をビジネスとする企業は、そうした意識格差を利用して利益を上げている。

ヘイズルディーンの場合、週四二時間が標準労働時間になっている。ということは、週に二〇三・七〇ポンド〔四万七四〇〇円〕。今回経験したなかで、これほど低賃金に腹が立った仕事はほかにない。なくてはならない大事な仕事の価値が、こんなに低く見られていいものか。その気になれば改善できるはずだなどと思うのは、世間知らずにすぎるといわれるだろうか。絶対不変の市場原理とやらを説き聞かされるだろうか。そんなことをする人がいるとしたら、うかがいたいものだ。これほどの仕事に週二〇三・七〇ポンドしか支払わない現実を、正当化することができますか、と。

第14章　これしか道はないのか

＊

ここでは仮に「ジョーンズ氏」と呼んでおこう。比較的大きな介護ホーム会社の重役だ。介護産業はあまりオープンではなく、この会社も公式のインタビューには応じない方針だという。そんな事情がなくても、仮名にするほうが無難だろう。ジョーンズ氏はどんな時代にもいたはずの、ある種原型的存在なのだ。一九世紀の、ディケンズの時代だったら、煙突掃除業に携わり、煙突掃除の規制を厳しくして少年労働を閉め出したりしたら、経済に甚大な影響が及ぶと力説したに違いない。小太りで目が小さく、派手なピンクのネクタイを締めているところまで、この役柄にぴったりだ。

介護産業が抱える問題から、インタビューは穏やかに始まった。ホーム入所者ひとり当たりの政府援助金が少なすぎる。ロンドン南部では、ひとりにつき一〇〇～一五〇ポンド［二万円～三万円］ほど足りず、倒産する企業も少なくない。ジョーンズ氏にいわせると、氏の会社はきわめて効率が高く、よそより多くの私費入所者を受け入れている。年次報告の会長挨拶に、「最高の収益性」を記録したとあるのもそのためだ。会長によれば、最低賃金制の導入によっても、ほとんど影響を受けることはなかったという（こういう低賃金、労働集約型の産業でさえ問題が起きなかったとすると、それこそ最低賃金の設定が低すぎることの証拠といえよう）。

ジョーンズ氏の会社では、入所者のほぼ三分の二が政府援助の対象になっている。ジョーンズ氏は、政府が援助金を増額するだけでなく、地方自治体に公営老人ホームを閉鎖させ、入所者を民間ホームに移させるべきだと主張する。氏にいわせれば、公営ホームは非効率的で運営の仕方がまずく、実質費用が民間ホームの倍はかかっているという。私はジョーンズ氏に、地方自治体のわずかに残る公営ホームが、なぜそんなに金食い虫なのか、と聞いた。

「お決まりの理由ですよ。スタッフを甘やかしすぎるんです」

「どんなふうに？」

「例によって例のとおり。うちの標準から見ればスタッフが多すぎるし、甘やかしすぎなんです」

「具体的にいうと？」

「年金に休暇、病欠手当に残業手当、等々」

たしかにヘイズルディーンでは、これらが最低限に削られたり存在さえしなかった。エージェンシー（人材派遣事務所）の派遣スタッフや、契約会社の従業員についても同様だ。ジョーンズ氏のいうとおり、民間企業はこの部分を削ることで利益と効率を確保している。氏の会社では、平均的な介護助手にどのくらい給料を払っているのだろうか。

「時給五ポンド［一〇〇〇円］前後です」（のちに調べたところでは、四・七五ポンド［九五〇円］だった）

「五ポンドでは生きていけませんよ。とくにロンドンではね」

ジョーンズ氏はじろりと見つめたが、私は先を続けた。

「皆、必死に働いていますよ。ほとんどの介護助手は週四八時間働いて、それでも家計は赤字です。あなたの会社が成功するかどうかは、スタッフがきちんと働いて、きちんと入所者の世話をするかどうかにかかっているわけでしょう。その肝心のスタッフが、生きていけるだけの給料をもらっていないんですよ」

ジョーンズ氏は椅子に座り直して背筋を伸ばした。

「わが社はこの業界でもトップレベルの給料を払っていますよ。給料が、経費の最大の割合を占めているんですから」

私はいい返したいのを我慢して、続きを聞くことにした。ジョーンズ氏は、「必死に働くのは皆、同じでしょう」といって、椅子に背中をあずけた。

「あなたや私は頭を使って働きます。必死に働いて、ときには夜遅くまで仕事をするじゃありませんか」

「でも、介護助手に比べたら楽なものですよ」

「あなた、いったいなにがおっしゃりたいんですか」

「じゃ、はっきりいいましょう。私はあなたやあなたの会社をとくに批判したいわけじゃありません。でも、介護助手が生きていけるだけの賃金も、人並みの暮らしをするだけの生活賃金ももらっていないのは事実です。英国社会は、民間企業であれ国の援助金であれ、老人の世話をする人たちに経済成長に見合う賃金を支払っていないのです。もっと費用をかけるべきです。介護者に生活賃金が支払える程度に、費用を負担すべきです。これは老人介護産業だけの問題ではありません。生きていけるだけの賃金が支払われていないすべての産業にいえることです。あなたなり私なりがレストランで食事をして、その代金で厨房スタッフに生きていけるだけの賃金が支払えないとしたら、代金が安すぎるんです。市場価格を支払っていないことになるでしょう」

「しかし、市場価格というのは、なにかを作って売るときの対価ですよ」

「いいえ。生きていくにも足りないような賃金に依存しているとしたら、それはゆがんだ市場です。市場以下の市場で定まるのは欺瞞《ぎまん》的な価格で、真の価格じゃありません。で、政府はどうするか。税控除などの優遇措置を導入して、低賃金を埋め合わせようとします。厨房で皿を洗って低賃金しかもらえない人に、そうやって埋め合わせすれば、レストランの料理に援助金を出すのと同じことでしょう。これが正しいとお思いですか。納税者がなぜ自分たちが買うサービスにさらに援助金を支払うんです？　レストランの食事に援助金を支払う理由がどこにありますか。それよりなにより、必死に働いても生計が立てられない人がいる一方で、あなたや私が高給をとっているということの事実を、私たちは正当化できるでしょうか」

ジョーンズ氏はまた背筋を伸ばし、デスクに乗り出して、いかにもの反論を繰り出した。

「いや、私はこう思うんですよ。まず、英国は自由の国だと信じています。誰にもチャンスが与えられている現代という時代を信じています。目標を実現したいと本当に思う人には誰にでも、そのために努力する自由が与えられています。金持ちになるのが目標なら、がんばって金儲けをすればいい。高等教育を受けるのが目標なら、それも可能です。一方、すべてを平等に分けようとしたら、どうなると思いますか。賃金が高騰し、インフレが進み、税金も高くなる一方でしょう。で、どうなります？　共産主義？　うまくいきっこありませんよ」

やはり、仮名にしておいて正解だった。中流企業の、トップ数歩手前の重役で、どこから見ても横並び。社会に対する見方がそんな立場にふさわしく平均的なら、給料も平均的なのだろう。氏の会社の年次報告で調べてみたところ、年に一六万二〇〇〇ポンド［三二四〇万円］の給料に加えて、社の持ち株が三八万七一〇〇株あり、その配当が八万五一六二ポンド［一七〇三万二四〇〇円］にのぼる。昨年の年収は合計二四万七一六二ポンド［四九四三万二四〇〇円］になるが、それでも一般的な重役の収入としては下位ランクになる。おそらくジョーンズ氏は、自分が金持ちだとは思っていないのだろう。英国人全体の収入からすると、トップ〇・五パーセントに入っているのだが、それを忘れて「重役」仲間だけと比較すれば、上には上がある。『ファイナンシャルタイムズ』紙の上位一〇〇社、中間二五〇社、および中小企業の重役年収中央値（最高額ではない）はジョーンズ氏の倍近い四一万六〇〇〇ポンド［八三二〇万円］で、しかも年々急増している。中小企業も含めた中央値であることが驚きではないか！　従業員の賃金に比べれば、天文学的数字だ。一九九四年以来、これらの企業の重役年収は一〇七パーセント伸びている。従業員の平均賃金は三一パーセントしか上がっていない。格差が広がりすぎて、もはや向こう岸はかすんで見えない。年収二四万七一六二ポンドのジョーンズ氏も、自分が金持ちだとは思えないわけだ。

実業家たちは、最低賃金を引き上げたらひどいことになると主張するが、自分たちの年収が上がることには脅威を感じないのだろうか。重役年収の増加がインフレを引き起こし、経済の安定を脅かすなどとは誰もいわないくせに、最低賃金をわずか五〇ペンス［一〇〇円］上げるだけでも、英国がダメになると大反対する。最低賃金が上がればその分の負担が増えるだけでなく、労働者全体が、最低賃金との格差を維持しようと賃上げを要求するため、賃金全般に連鎖反応が及んでいく、と主張する（これまでのところ、その徴候は見られない）。そのくせ、自分たちの給料が急騰しても、重役との賃金差を維持するために賃上げを、という連鎖反応を危惧する声はない。「いや、それは嫉妬の論理というものですよ」とでもいって、自分たちの貪欲さより嫉妬のほうが大罪だといわんばかりに眉をひそめるだろうか。しかし、貪欲さや嫉妬より社会の害になるものがある。それは、共感のなさ、他人の身になって考える気持ちの欠如だ。安楽な暮らしの高みから見下ろすのではなく、老人ホームの洗濯室から見上げても、この社会はやはり倫理的に正当で公正だといえるだろうか、と自問自答することを恐れ、意識的に回避することこそ、問題の根源ではないだろうか。

しかし、思いやりのなさを非難するのはひとまず脇へおくとして、ジョーンズ氏の社会観には反論しておく必要がある。ジョーンズ氏は「誰にでもチャンスはある」といい、明らかな不平等を正当化する。全員が一線に並んで、ヨーイドンで水飲み場を目指すのであれば、ジョーンズ氏の主張も頭から否定はできない。それなら最初に水飲み場に着いた馬だけが水を飲めたとしても、公明正大な競争といえるだろう。階級はなくなり、教育と出世の機会がすべての人に開かれているというのは現代の神話だといわれるが、これは現代に限ったことではない。ジョージ・オーウェルが描いた社会の富裕層も同じ幻想を抱いていたし、オーウェルより一〇〇年まえの反動層もこの神話を信じるふりをしていた。どの世代も、自分たちこそ「現代的」な時代に生きていると考えるものだ。現代的であるからには旧来の構造が崩壊し、進歩によって古い障壁が壊されていく。かつてのジョーンズ氏たちにとっても、これは幻想だったが、少なくとも当時はわずかながら進歩があった。一方、現在のジョーンズ氏は、平等と機会均等に向かって徐々に前進していく日々は終わった、という事実を直視する必要がある。英国社会の歴史は、一九八〇年代をもって歩みを止めたのだ。ふたたびエンジンがかかる兆しはほとんど見えない。労働党政権が必死で走っても、後退せずにいるのが精一杯だ。去年一年で、所得レベルの上位一〇パーセントが所得をさらに七・三パーセント伸ばしたのに対して、底辺一〇パーセントの所得はわずか四・五パーセントしか伸びなかった。そんなゆがんだ市場に対抗して、税の控除という形で金銭的援助をしても、状況はいっこうに改善されない。英国よりなにかにつけて極端な米国を見てみよう。ウィル・ハットンによると、保守的知識層が何十年も権力を握ってきた米国では、富裕層が強固な足場を固め、貧困層には侵入不可能な社会が形成されているという。ヨーロッパ諸国よりはるかに硬直化し、流動性を失った社会だ。アメリカン・ドリームはもうない。富める中流階級の土台は堅固で、つぎの世代が転落する危険もなければ、下にいる人たちがよじ登ることもできない。恐ろしいのは英国が、ヨーロッパ諸国の社会モデル、税制モデルに片足を置きながら、もう片方の足を米国に移して、米国同様はしごの登り口を閉め、底辺三〇パーセントの人たちをその場に押し込めようとしていることだ。

にもかかわらず、階級がなく平等な現代社会の幻想は消えない。この幻想は、国民全員を消費者とみなすテレビ文化、広告文化に深く根ざしている。たしかに問題がないとはいわない、と反論する声が聞こえる。救いがたい落ちこぼれの貧困層があるのはたしかに困ったことだが、それは特殊な社会問題として対処できるはずだ。労働党政権も、クラパムパーク団地再生のようなプロジェクトを提示しているではないか。そういう特殊な例をべつにすれば、三人にひとりが大学に進学し、万人に門戸が開かれているいま、階級は消滅した……。階級が消えたという思い込みは、私の世代から本格化した。ウッドストックやワイト島のロックコンサートが、皆同じなのだという幻想に私たちを誘《いざな》った。流行《はやり》ものはいつの時代でも階級を超越する。最近では、皇族がスラム街から生まれたラップに熱狂しているが、それがどうだというのか。本書では、階級の問題に言及するのを避けてきた。不平等が拡大しているという問題を解明するどころか、曖昧にしてしまうからだ。英国ではひとたび階級に言及したら最後、発音や語彙の違いに議論が集中してしまい、ヨークシャーやウェールズのなまりを珍重するメディアこそ、階級が消えた好例だ、などという説が出てくる。たしかに気取らないしゃべり方はクールだし、昔に比べて、しゃべり方で人を差別することも少なくなったが、それは現実を覆い隠す要因のひとつにしかなっていない。底辺の三〇パーセントが梯子を上るのはむずかしく、貧しさのなかで育った子どもたちがその貧しさから解放されるのもきわめてむずかしい、という現実を。

しかし、ジョーンズ氏をはじめとする恵まれた人たちにとって、現代は平等な時代だという神話は必需品である。この神話が自分たちの生き方を正当化してくれるからこそ、夜も安眠できる。人は誰でも、自分の暮らし方や生きる姿勢を正当化し、まずまずの善人という自己イメージを満足させようとする。それができなかったら、生きる力さえ失ってしまうだろう。

犯罪者が自分についての物語を創り上げて自尊心を守ろうとするのと同様に、富める者も、たとえ幻想であろうと自分を正当化するすべを求めるものだ。それが機会均等の神話である。

左派は、機会均等が目標であっていいのか、結果の均等をも追求すべきではないのか、という議論に貴重な時間を費やし、右派は、結果の均等を求める姿勢に賃金と価格の中央統制とか私有財産の廃止といった共産主義の影を見て震え上がる。労働党内でもオールド・レフトは、トニー・ブレア率いるニュー・レフトが能力主義社会を目指しているといって批判する。門戸が万人に開かれていさえすれば、技能や生まれや運に恵まれた一部の人たちが、さしたる技能を持たず、生まれにも運にも恵まれない人たちよりはるかに高い賃金をとっても当然だというのか、というわけだ。マイケル・ヤングは『能力主義の台頭』のなかで、能力によって運命づけられ、正当化される新たな不平等を描いている。その場合、底辺にいる人たちはまったく救いがない。「生まれ」というバイアスのかかったサイコロで底辺を引きあてるほうが、自分の能力のなさが原因だといわれるよりはるかにましではないか。

しかし、これはしょせん議論のための議論にすぎない。すべての赤ん坊が平等な状態で出走ゲートに入り、それぞれの能力と熱意だけを武器にゴールを目指す、というような社会は実現不可能だからだ。勝者が敗者の二〇〇倍もの賃金を稼ぐとすれば、蓄積した富と力は当然、子どもに引き継がれ、つぎの世代からは平等なスタートが切れなくなる。つまり、平等な社会を目指すのであれば、機会と結果の二者択一は不可能だ。しかし、政府としては、子どもに平等な機会をと主張するほうが、ジョーンズ氏に代表される保守的な人たちを納得させやすい。ジョーンズ氏といえども、これに反対するのは困難だからだ。その意味で、ニュー・レーバーが「機会均等」を強調し、「子どもを貧困から解放」するのが平等への第一歩だと主張するのは正しい。残る問題は、労働党政権にこれを実行する勇気があるかどうかだ。そのためには、政府がこれまで考えていたよりはるかに大胆な再分配が必要になるからである。

ジョーンズ氏の経済観についても考えてみよう。ジョーンズ氏とその一派は、所得を公平に分配する試みが本格化すれば、経済全体が崩壊し、富裕層のみならず貧困層も共倒れする、と主張する。共産主義は失敗したじゃないか、と。熾烈な競争市場と、熾烈な革命のあいだには、さまざまな選択肢があるのに、そんなものはないといわんばかりだ。事実、そう思い込んでいるのはジョーンズ氏に限らない。失敗するに決まっている共産主義を退け、うまく機能する資本主義を選ぶからには、大いなる不平等をも甘受する必要がある、という思い込みがある。サッチャー政権が「これしか道はない」を標榜した一九八〇年代以来、この思い込みが「残念ながら否定できない真実」として英国民に広く信じられてきたため、ニュー・レーバーもいまだに正面きって疑問を投げかけられずにいる。となれば、ここで詳しく検討しておく必要があるだろう。

まず指摘すべきは、ヨーロッパ各国が英国より経済的に平等でありながら、同じく経済的にも成功を収めているという重大な事実である。ノルウェー、フィンランド、スウェーデン、デンマーク、オランダについては、とくにそういえる。ただし、西欧諸国の経済を経済的成功の度合い、および社会正義の二項について比較すると、両者のあいだに明確な相関関係は認められない。トニー・アトキンソン教授が計量経済学の手法を用いて厳密に証明したのも、まさにこの相関関係がないという事実だった。国家は自発的に自国のあり方を決定する。どの程度公正な国になるかを決めることができるのだ。経済活動の成果をどう分配しても、成功の度合いにはほとんど影響が及ばない。もっとも、より公平に分配されれば社会の一体感が増し、労働者の教育程度も高くなって、経済活動が向上する傾向にあるのは、アトキンソン教授の分析も示唆するところである。

ジョーンズ氏の第二の主張は、底辺の賃金が上がるとインフレが再燃する、というものだ。ある晩、ヘイズルディーンから帰るバスのなかで新聞を広げると、賃金に関する最新の公式統計が発表された、という記事が載っていた。評論家たちは、労働力が売り手市場であるにもかかわらず、賃金が驚異的に安定していると政府を賞賛していた。底辺の賃金が上がらないから「インフレ誘発」の危険がなく、最低賃金を出発点とする連鎖反応も起きていない——とエコノミストは驚いているが、エコノミストがびっくりするのは珍しいことではない。経済の見方にもはやりすたりがある。サッチャー時代には、皆が月ごとのマネーサプライの数値をはらはらと見守っていた。七〇年代のウィルソン政権時代は、国際収支の数値が注目の的だった。いまはもう、これはすたれてしまったが、ひとつ生き残っている見方がある。それは、賃金の上昇はインフレを誘発するから、トップはともあれ底辺の賃金だけは低く抑えておかなければならない、という見方だ。インフレがとめどなく進行した一九七〇年代の苦い記憶は、英国民の政治心理に深く焼きついている。ハロルド・ウィルソン首相が「ひとりの賃金が上がれば、もうひとりの職が失われる」と警告した時代である。

この経験があったから、懐が暖かくなっても商品の供給量は変わらず、値段が上がるだけで誰も得をしない、という強固な思い込みが残ることになった（じつは、一九七〇年代後半のインフレ時代こそ、英国社会がもっとも平等だったのだが）。いいかえると、経済の鉄則があるため、いま生きているやり方以外に生きる道はない、というのだが、本当にそうだろうか。この考え方は、ヨーロッパ諸国のあいだにさまざまな違いがあることだけでなく、一九七〇年代の経済環境と現在のあいだにも大きな違いがあることを無視している。当時は、一九七三年の石油危機を端緒として世界全体がインフレ状態にあったが、いまは世界的にインフレが沈静化している。また、当時は税金が高額だったが、いまは英国がヨーロッパでもっとも税負担が軽く、インフレの徴候が見えても増税するだけで容易に食い止められる。結局、高額所得者の財布から低額所得者の財布へ金を移さないかぎり、社会正義の実現に向けて歩を進めることはできない。そうすることによってインフレ傾向を是正することもできるし、金は貧しい人たちの財布に入るほうが経済にとってプラスになる。貧しい人たちは金を国産品に費やすだろうし、その後も何段階か手から手へ移って効果を増幅させる。金持ちの財布に入る金は、海外で過ごす休暇や外国製品に費やされて、あっというまに外国へ飛び去ってしまう。

　要するに、低所得者の財布にもっと金が入るようにする必要がある。高所得者が低所得者の労働やサービスにもっと適正な価格を支払うか、もっと高額の税金を納めて低所得者への税控除という形で間接的に援助するか、あるいは、この両者を併用するか。いずれにしても、これらの方策はインフレの誘因にはならないし、全体としての国庫収支を揺るがすものでもない。ちなみに、高額所得者がどれだけの金を手にするかは、年間の統計数値にはっきり表れる。年間給与統計には大きな山がいくつか見てとれる。これは金融機関や大企業のボーナスを反映しているとしか考えられないが、それが経済に悪影響を及ぼすとは誰も思わないようだ。トップレベルの所得がいまや、グラフからはみ出しているという事実も同様である。上のグラフは、すべてのフルタイム労働者の週給を表にしたものだが、これを見ると所得がどのように分配されているかがわかる。ただし、トップレベルの所得については、大まかな感じしかつかめない。最高レベルの所得を同じグラフに書き込んだら、グラフの横軸は廊下の向こうまで伸びてしまうことだろう。

英国の最低賃金をEU合意による「適正賃金限界値」（「ローペイユニット」はこの数値をベンチマークに採用している）にまで引き上げるとすると、時給七・三二ポンド［一四六四円］。週給にして二九二・八〇ポンド［五万八五六〇円］となる。これは、男子所得中央値の三分の二にあたるから、ベンチマークとしては適切とい

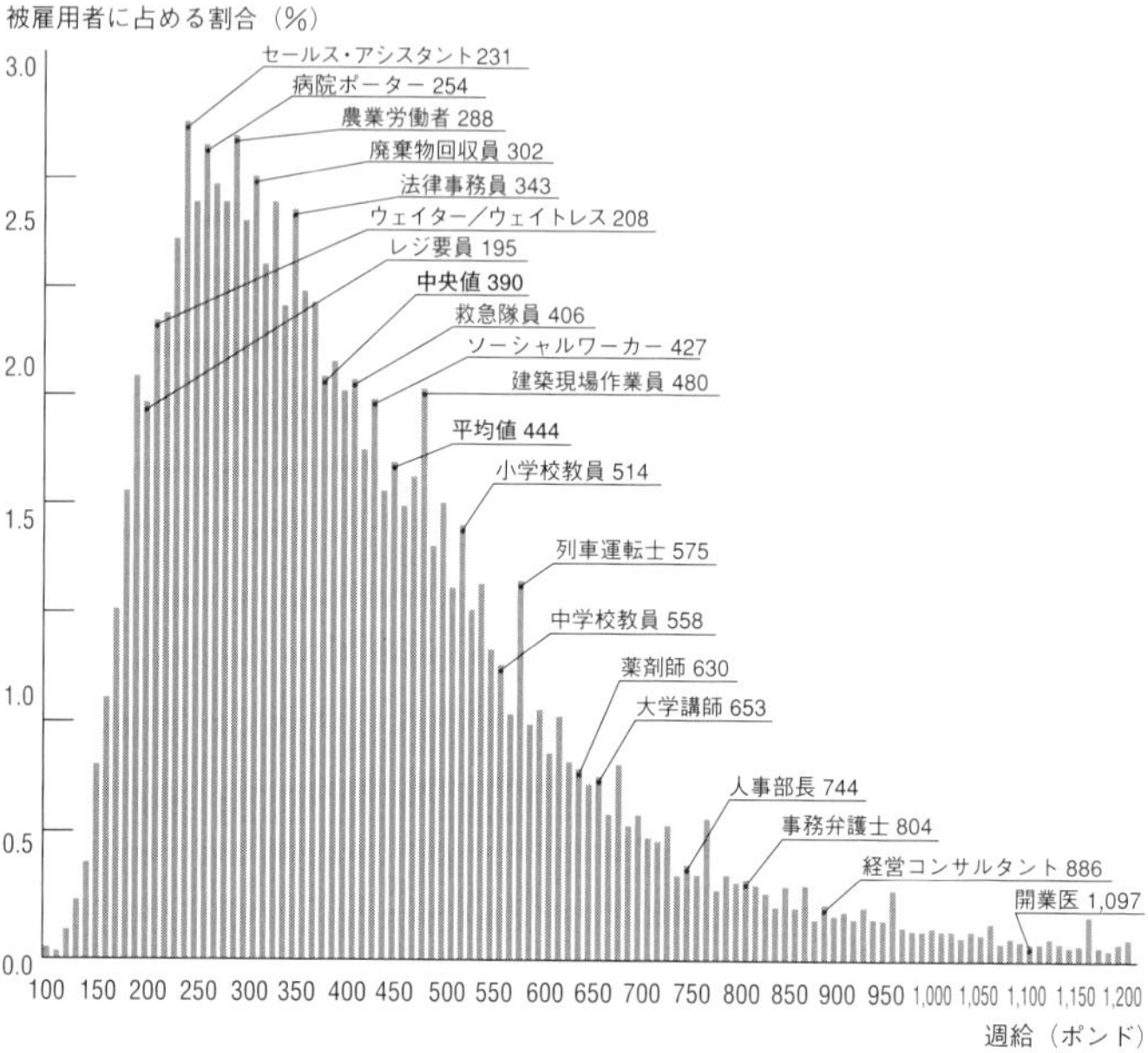

えよう。また、この数値を一九七〇年の実質価値に換算すると、当時のもっとも低い賃金に相当する。さらに、ニュー・レーバーが最低賃金制を提唱した当時は、男子所得中央値の半分にしようということだったが、これを現在の価値に換算すると、五・三八ポンド［一〇七六円］となる。

イーストロンドン・コミュニティ・オーガニゼーション（TELCO）はロンドンで、「生活賃金」運動を提唱し、生きていくに十分な賃金を、とイーストエンドの大企業に呼びかけている。設定した賃金は時給六・三〇ポンド［一二六〇円］。「ファミリーバジェット・ユニット」の調査によると、母親とふたりの子どもが「つましいながら世間並み」の暮らしをするために必要な最低限の賃金だという。これは達成可能、かつきわめて控え目な目標数値だと思う。週四〇時間働いたとして二五二ポンド［五万四〇〇〇円］。母子三人家族が生きていくには潤沢とはいいがたいが、出発点としては適切だろう。ローマは一日にして成らず。スウェーデンやノルウェーやフィンランドは第二次世界大戦以来、長い年月をかけて国民合意のもと、社会正義にいたる道を歩んできた。英国にしても、ふいに賃金を大幅に引き上げて、一日で事を成そうなどとは誰もいっていない。すべての労働者に生活賃金を、という目標に国民全員が同意し、その目標に向けて歩みつづけることが必要なのだ。具体的な金額をどう設定するにせよ、戦略を公表したうえで調整期間も設けつつ、年ごとに最低賃金を上げていかなければならない。地方自治体に直接雇用されている労働者は、二〇〇二年七月に一日ストを実行した結果、二〇〇四年までに最低賃金を五・三三ポンド［一〇六六円］にするという公約を勝ち取った。ただし、公共部門の作業のうち、民間に委託したものに従事する労働者は、これには含まれない。

最低賃金がどこまで上がったら、広く職が失われる事態になるのだろうか。エコノミストに聞けば、正直なところわからない、と答える人が大半だろう。実際、たくさんの人に聞いてみたところ、「賃金評議会」の依頼で最低賃金の影響について調査したウォリック大学ビジネススクールのマーク・ステュアート教授の答えは、「分別のある人なら、その答えがわかるなどとはいえないだろう」だった。最低賃金制が導入された時期には、影響を予言しようとさまざまな調査研究がおこなわれたが、いずれも暗闇で手探りするようなものだった。賃金が低い業種を考えただけでも、マクドナルドの店員から村の美容師まで、マンチェスターのパブでバイトをする大学生からウェストミンスターの介護助手や学校の清掃員まで、多種多様である。どこかの時点で職が失われはじめるはずだということでは全員の意見が一致しても、いつ、どの地域で、あるいはどの職種で、いくつの職が失われるかがわかるという人はいない。そもそも、消費者の動向はつねに予想を裏切るものだ。景気後退が近いといわれれば、消費を控えて家にこもっていそうなものだが、買い物だ、外食だ、休暇旅行だと消費の足は止まらない。たとえば、ロンドンの高級レストランが皿洗いの給料を上げざるをえなくなったとしても、料理の値段にそれがどうはね返るかを正確に予測できるエコノミストはいない。バーやパブの給仕は低賃金の最たるものだろうが、その賃金が少し上がったとして、値上げ分がジョッキ一杯のビールの値段にどう反映するかは、バーやパブのタイプによっても、国内のどこにあるかによっても異なるだろう。しかも、予測の対象とすべき商品は数多いし、計算の結果がそのときどきの経済状態によってどう変化するかも考慮する必要がある。

しかしここに、最低賃金が一ペニー〔二円〕上がるごとに、いくつの職が失われるかが正確にわかる、と自負する人物がいる。サッチャー首相の知恵袋、パトリック・ミンフォード教授だ。教授は一貫して、賃金と労働関連法規は一〇〇パーセント自由な市場に任せるべきだ、と主張してきた。かつては、賃金を最低限に抑えて競争相手より価格を下げる「アジアの虎」路線を英国も踏襲すべきだ、と説いていたが、これはアジアの虎の景気に陰りが見えるまえのことだ。教授は、自分が構築した経済モデルを使えば、最低賃金が上がるごとに職がいくつ失われるかを正確に示すことができると豪語する。教授のモデルによれば、最低賃金が八パーセント（わずか三三ペンス〔六六円〕）上昇すると、五〇万の職が失われるという。二四パーセント（わずか九八ペンス〔一九六円〕）上昇すると、一四〇万の職が失われるばかりか、ＧＤＰがじつに七パーセントも低下する。もっと不吉な予言もある。同じく三三ペンス上昇した場合、恩恵を受けるのは全労働者の五パーセントにすぎないが、連鎖効果によって賃金総額が四パーセント増大するという。

教授のモデルにはただひとつ問題があった。最低賃金制が導入されるに際して、予言が大ハズレしてしまったのだ。ミンフォード教授の予言によれば、時給三・六〇ポンド〔七二〇円〕というきわめて慎重な当初設定でさえ、二五万の職が失われるはずだった。しかし、賃金評議会を含めていくつかの組織が調査した結果、最低賃金導入によって失われた職はなかった――というか、公式発表の表現を借りれば、「ゼロとの有意な差は認められなかった」。導入によって、一〇〇万もの雇用機会が創出されたため、喪失分を計測することができなかったのだ。教授もいまでは「当時われわれがとった見方には固執しない。しかし、モデル自体はいまも有効だ」とおっしゃる。では、当時の予言はどうしてあれほどはずれたのだろうか。「それは説明できます。最低賃金を忌避した雇い主が多く、実際に支払わなかった雇い主はさらに多かったから、予言したほど職が失われなかったのです」。しかし、賃金評議会と内国歳入庁が目を光らせていたのに、そうしたことが蔓延していた証拠は見つかっていない。「さて、べつの解釈もできますよ。雇い主が有給休暇や疾病手当、年金などを削って、賃金コストを相殺したから、職が失われなかったとも考えられます」

教授のモデルによれば、最低賃金の導入によってGDPが一・二パーセント下落するはずだったが、この予言も実現しなかった。しかし、教授のモデルがまったく通用しないわけではない。教授によると、最低賃金制が導入され、賃金が上がった結果、国庫にもたらされた税収と国民年金収入の増分は、国が支払った公共部門の賃金増を勘案しても、一四億ポンド［二八〇〇億円］に上ったという。後追いではあるが、この計算が正しいのは大蔵省の各種記録を見れば明らかである。いいかえると、最低賃金を上げれば国庫に純益が入る。増収分を貧困軽減施策に使えば、そこでも雇用機会が創出される。

最低賃金導入の危険性を読み間違ったのは、ミンフォード教授だけではなかった。経済学という学問が、政治の潮流に沿って曲げられる好例がある。貿易産業省（ＤＴＩ）は一九九五年に、当時労働党が提案していた程度の最低賃金がもたらしうる影響について、報告書を作成した。この報告は保守党系各紙の一面を飾る一方、労働党をギョッとさせた。それによると、労働党の計画が実現すれば、一七〇万という膨大な数の職が失われるという（これが、政治的に中立なはずの公務員エコノミストたちの説なのだから、ニュー・レーバーよりはるか以前から、保守党が官僚を手なずけていたことがわかろうというものだ）。

最低賃金の引き上げがどの時点から職を脅かすのかはエコノミストにも予言できないのだから、実際に害が出はじめるまで上げていくという手もある。あるエコノミストのいうとおり、「やってみなけりゃわからない」のだ。最低賃金の対象となる職種の大半は、サービス部門に属するから、多少賃金が上がっても、工場と違ってタイやインドに拠点を移すというわけにはいかない。マニキュアをする、サンドイッチやカクテルを作る、皿を洗う、老人の入浴を介助する、ゴミ箱を空《から》にする……いずれも、英国内でしなければ意味のない仕事だ。私自身の体験や数々の調査報告から見るかぎり、雇い主の握る手綱にゆるみがある（ジョーンズ氏にいわせれば「甘やかしすぎ」）とも思えない。公共部門のみならず民間でもアウトソーシングによるリストラの嵐が吹き荒れた一九八〇年代以来、経営コンサルタントの大軍が、あらゆる職場で労働者の汗の最後の一滴まで搾り取ろうと努めてきた。クレメント・アトリー小学校の、給食のおばさんの物語が、あらゆるところで繰り返されている。

しかもこれは、学校のキッチンのように底辺の職種に限った話ではない。過去一〇年にわたって、専門職、管理職から低賃金労働まであらゆる職場で長時間労働が急増してストレス増大を招き、それに反比例して働く喜びが低下しているのは、さまざまな調査が示すところである。私の手元にも、この問題を取り上げた多種多様な調査報告が毎週のように送られてくる。どの報告を見ても結論はひとつ、労働強化が進行している。つい最近も、政府の補助を受ける経済社会学研究会議が、「労働の将来」プログラムの一環となる研究結果を公表したが、それによると、英国内のあらゆる職種で労働が強化され、労働時間も長くなって、自分の労働時間に満足している人の割合がわずか一六パーセント。一九九二年の調査で満足していると答えた人の数から半減しているという。全労働者の半数近くが週四〇時間以上働き、その八一パーセントが、長時間働くのは仕事が楽しいからではなく、金が必要だからだと答えている。労働組合会議（TUC）の調査でも、週四八時間以上働く人が四〇〇万人（労働者六人にひとり）に達している。EUが四八時間ルールを導入した時点で、英国の労働時間はヨーロッパでもっとも長かったが、長時間労働者の数はその時点からさらに増加したことになる。労働財団（かつての「産業協会」）は、「過去一〇年間で職務満足度は急落した」と指摘する。同期間にいわゆる「ハイパフォーマンス管理手法」が導入された結果、労働者の働く喜びは格段に低下した。にもかかわらず、生産性はほとんど向上していない。

ともあれ、最低賃金がかなり引き上げられたとしても、英国のサービス部門から多くの職が駆逐されることにはなりそうにない。経営努力の足りない小規模企業（最悪の雇用主であることが多い）が倒産することはあるかもしれないが、そこでおこなわれていた仕事と従業員は大規模な優良企業に引き継がれるだけのことだ（本書のプロジェクトで私が働いたケーキ製造所や、電話セールスを体験した清掃会社は、淘汰されるクチかもしれない）。もともと大企業は、最低賃金は給食、清掃、介護部門から最悪の会社を駆逐してくれるだろうから導入には賛成だ、と陰で本音をもらしていた。もっとも、ようやく導入された最低賃金は設定が低すぎて、この期待にさえ応えられなかった。

しかし、最低賃金を引き上げていけばいつかは、職を失って生活保護に頼る人が出はじめる、というのはエコノミストの一致した見方だ。消費者が、レジャーや美容、外食などの出費を抑えはじめれば、賃金の折り合いがつかずに首になる労働者も出てくる。一方、製造業部門では、工場が低賃金を求めて海外移転する危険がつきまとう。集塵袋のない掃除機を発明して大成功した生粋の英国人ダイソンでさえ、賃金の安いマレーシアに工場を移したではないか。

しかし、最低賃金が天井値に達したとしても、政府のとるべき道はもうひとつ残されている。最低賃金をいわば「二層式」にすればいい。大西洋の向こうに目をやると、いかにも米国的ならざる変化が起きはじめている。すべてのはじまりは一九九四年のボルティモアだった。コミュニティ組織と教会が作る「ＢＵＩＬＤ」というグループが市議会に働きかけ、市から仕事を請け負う契約企業、および援助金や税の優遇措置を受けるすべての企業に対して、従業員に生活賃金

（最低賃金より高い）を支払うことを義務づける条例を制定させた。米国が国として定める最低賃金は時給わずか五・一五ドルで、一九六八年の導入以来、実質価値を三〇パーセント減じている。物価にスライドさせるなら、いまは七・三七ドルになってしかるべきだ。一方、生活賃金条例はいまのところ、賃金を時給八ドルとしている。この数値が選ばれたのは、四人家族で年収が一万八一〇〇ドルあれば、国の設定する貧困線より上に位置することになるからだ。この運動は全米各地に広がって大きな成果を上げ、いまでは八一の都市とカウンティで法制化されている。ボストン、ニューオリンズ、サンタフェ、サンタモニカ、ニューヨークなど、民主党が議会の過半数を占める自治体が大半だが、最近、サフォーク・カウンティが共和党系自治体の先頭を切って、生活賃金法を採択した。また、メリーランドはまもなく、生活賃金法を導入する最初の州となる。

左寄りとはとてもいえない『タイム』誌が最近、生活賃金の影響に関する調査結果を検証した。近年、賃金をできるかぎり低くするのが経済的成功の鍵だ、と考えてきた社会に生活賃金が導入されて、失職した人たちはいなかっただろうか。『タイム』はミシガン州立大学エコノミスト、デヴィッド・ノイマーク教授の調査を紹介している。教授は当初、生活賃金タイプの法規すべてに懐疑的だった。しかし、三六都市について経済的影響を調査してみると意外なことに、失職者の数はわずかで、勤労世帯の困窮度が低減したプラス効果のほうが、はるかに大きいことがわかった。また、賃金が上がったために従業員の定着率、忠誠心が増し、生産性が向上した結果、賃上げ分のコスト相殺に結びついた企業が多いという。

一部の米国都市は、議会の議決に先だって住民投票を実施している。議論の中心になったのは、コミュニティに対して、そこで活動する企業がどんな責務を負うかということだった。英米の社会政策を比較する際にはありがちだが、この問題でもこれ以上の比較は意味を持たなくなる。バーバラ・エーレンライチが『ニッケル・アンド・ダイムド』で鮮やかに描いたとおり、米国の労働者にとって英国との最大の違いは、最低賃金が低いだけでなく、福祉制度が存在せず、失業手当がないに等しいということにある。さらに決定的なのは、家賃に対する住居手当がないうえに、医療費も負担しなければならないことだ。福祉制度が存在しないために、企業や個人の税負担が軽くなっているのだから、この状況を考えると、社会に対する企業責任も英国よりはるかに重大になる。福祉制度がいまだ整っていなかったヴィクトリア朝時代の英国では、産業界の大物たちが、従業員の面倒を見るのはみずからの責務だと考えていた。サー・タイタス・ソルトのソルテア、キャドベリーのボーンヴィル、ロード・リーバーヒュームのポート・サンライトなど、労働者のためのモデル都市を造った人たちもいた。しかしいまでは、従業員のためにミニ福祉制度を作るのは、英国の企業主の責任ではないし、責任を負うべきだと考えられてもいない。それに代わって責務となったのが、従業員に生活賃金を支払うことである。企業がこの責務を果たさなければ、国が援助金や税控除を通して従業員の低賃金を埋め合わせることになる。つまり、国民の納めた税金が間接的に、そうした企業の商品やサービスを援助するために使われるわけだ。

最近ソルテアを訪れ、町の歴史に目を通す機会があったのだが、従業員の面倒を見た偉大な慈善家たちが、決してしなかったことがひとつあった。それは、賃金を引き上げることだった。慈善家企業主のもとで働く人たちの賃金は、搾取を旨とした他の雇い主が支払う賃金と大差なかったのだ。たとえば、ソルテアの周辺では工場主たちがカルテルを組んで、労賃を低く抑えていたのだが、同種のことがいまもおこなわれて、労働者が売り手市場のはずの地域（とくに南東部）でも、賃金が不当に低く抑えられているように思う。各種組合の報告によると、最近、雇い主はフレックスタイムやボーナスなどのメリットを提示する傾向にあるが、基本給だけはガンとして上げようとしないという。

英国では、自治体が直接に、あるいは契約企業を通じて間接的に被雇用者に生活賃金を支払う方式が、米国より容易に導入できそうだ。労働党政権が比較的大幅な税控除施策をとっているため、労働者が手にする賃金が増えれば、各種手当のコストが減る一方で、税収と国民保険収入が増加する。

大蔵省は、生活賃金方式より勤労世帯控除（ＷＦＴＣ）方式を好んでいる。生活賃金を導入しても、税控除ほど正確に、ターゲットとなる貧困勤労世帯に恩恵がもたらせない、というのだ。生活賃金方式では、休暇中のバイトをする学生や、単身者も賃金が上がることになる……というのだが、それがどうしたといいたい。労働者は働きに見合う賃金をもらう権利がある。学生も生きるためにバイトをするのだし、それは誰にもいえることだ。税控除もそれほど正確にターゲットに届いているわけではない、という反論もある。それに、対象になるはずの貧困家庭の多くが、控除申請をしていない。実際にWFTCを利用している家庭より、申請しないでいる家庭のほうが多い、という調査結果もあるほどだ。低賃金労働者の七〇パーセントが女性なのだから、その人たち全員の賃金が上がれば、ターゲットとなる世帯のかなりの割合が恩恵を受けることになるだろう。

しかし、もっと単純で、的を射た反論がある。すなわち、週四〇時間働いて生活賃金が稼げない状態というのは、正義にもとる。税控除が貧困と闘う武器のひとつであることは疑う余地がないが、働くからには、胸をはって家に持ち帰れるだけの賃金がもらえてしかるべきだろう。

閣僚や大蔵官僚に、生きていくに足る賃金がもらえない困窮労働者を救う長期的対策はなにか、と聞いてみると、「教育と訓練」という答えが返ることが多い。低賃金労働者も技能を身につけさえすれば、梯子を上がっていけるというわけだ。閣僚や官僚は、本書で私が体験した種類の仕事を「初心者レベル」と表現することがよくある。妙な表現だ。若者が出世の第一歩を踏み出す場所、成功へのはしごの第一段という感じがする。しかし、残念ながら「初心者レベル」というのは、真実を隠す婉曲表現である。たしかに、労働市場に入る第一歩には違いないが、その先に続く道もはしごもないのだから。

低賃金の職場に訓練が欠けているのはいうまでもない。訓練という避難経路があれば、床に貼りついている有能な労働者にとって、上昇するチャンスにはなるだろう。しかし、雇い主がもっと賃金を払わざるをえなくなれば、彼らにとって従業員の価値が増し、技能を高めるために訓練をしようという気にもなろうというものだ。教育と訓練は、低賃金を解消する根源的手段にはなりえない。政府が薄氷を踏むように、できるなら避けて通ろうとする事実があるからだ。訓練の機会があろうとあるまいと、掃いたり洗ったり、調理したり介護する仕事に数百万の人手が必要であることに変わりはない。資格をいくつ手にしていようと、日夜基本的な重労働を続けることが求められる。ドーカスは毎朝、六人の老人を起こして入浴させつづけるだろう。マギーとウィルマとウィンストンも、学校のキッチンで働きつづけるだろう。だから、答えてほしい。彼らは、欠かすことのできない重要な仕事をしているのに、なぜ生活賃金が稼げないのか。

第15章　あのころと、いま

*

ある寒い朝、私は強風にさらされて、ロゼラムのとある道路に立っていた。道沿いには、製鋼所の廃墟がはるかかなたまで連なっている。中年の男が犬を散歩させながら近づいてきたので呼び止めて、「スティーロ」（「スティール・ピーチ・アンド・トザー」は当時、こう呼ばれていた）がどうなったか聞いてみた。男はため息をついて、ここがそうだ、閉鎖されるまで自分もここで働いていた、と答えた。そして、「時勢が変わったんだな」というと首を振り、犬に引っぱられて去っていった。

一九七〇年に、本を書くために労働体験をしたとき、私はベテラン製鋼労働者のレグ・アトキンソンとメアリ夫妻の家にホームステイさせてもらった。レグは一三歳で製鋼所に働きに出たが、まもなく事故で片手をなくした。塗装工だったレグが車の下に入り込んでいたとき、車が横転して、片手の指がすべて潰されてしまったのだ。会社はレグに終身雇用を約束し、退職した際には社有のコテージを補償として進呈した。少なくともそのときまで、スティーロは命永らえたのだ。

レグが製鋼所のなかを案内してくれた。キャットウォークを渡っていくと、当時世界最大といわれた熔解場が目の下に広がる。六基の巨大な電気製鋼炉にパルテノン神殿の円柱ほどもある電解が挿入されると、なんとも形容しがたい轟音が響いた。炎が繰り返し吹き出して、炉から七、八メートルも離れたところまで届く。溶けた金属が流れ出すと、作業場全体が赤く照らされ、煙突がごうごうと音をたてる。勇壮な眺めだが、働く人たちにとっては危険きわまりない。しかし、熱いうえに危険な仕事にもかかわらず、ある意味誇らしいと誰もがいっていた。

なぜなのか。肉体労働にしては賃金が高い。平均的な労働者で週給三五ポンド（現在の価値に換算すると、五八八ポンド［一一万七六〇〇円］近い）。もっと稼いでいる人も多かった。これは、あらゆる職種を総合した全国平均よりかなり高く、そのため、鉄鋼労働者は労働者の王とみなされていた。飛び散る溶鉄が皮膚に焼きついて、顔に黒い斑点を残すような厳しい環境でも、熔解場の仕事が望ましかったのは、賃金が高いからこそだった。当時、私が目にした職場のなかで、製鋼所に似ているものといえば、タイヤ製造工場がある。ひどく熱く、胸が悪くなるような悪臭がしていた。労働条件が厳しいのは製鋼所と同じだが、タイヤ工場の労働は「勇壮」とはみなされなかった。賃金が最低レベルだったからだ。だから、そこで働くのは労働者の王ではなく、英国にきたばかりの移民が多かった。もし介護助手の賃金が高かったら、軽んじられるどころか労働者の女王とみなされただろう。肉体労働の充実感が高いのは、私自身経験したことだ。管理がしっかりしていて時間配分に無理がなく、必要な用具もそろっていれば、肉体労働自体はいやなものではない。オフィスを清掃する仕事にも立派な意義がある。社会にとって必要な仕事なのにみじめな気持ちになるのは、ひとえに賃金が低く、見下げられる存在になっているからだ。

　スティーロは一九九三年に閉鎖された。現在、かつての作業場の一部は「マグナ」と名づけられ、子ども向けの科学見学センターになっている。かつて私が渡ったあのキャットウォークを歩く見学コースもあり、熔解場の音と光景が再現されていて、とても印象的だった。解説は当然ながら挽歌風で、手織り工場、綿工場、造船所などとともに、経済活動の変化によって消え去った製鋼所を悼み、かつての栄光と消え去るときの痛みを謳っていた。

　一九七〇年にホームステイしたとき、ロゼラム炭鉱のマンバース坑を見学したことがあった。ロゼラムの周辺にあり、いまはすべて閉鎖された一二の炭坑のひとつだ。労働環境は最悪だった。地下のトロッコ列車でえんえんと下りていき、じょじょに熱さを増す暗いトンネルのなかを腰をかがめて一キロ近く歩く。くるぶしまで水に浸かるところもあった。そこからさらに、高さ八〇センチほどのトンネルを匍匐《ほふく》前進して、ようやく石炭の露出面にたどりつく。炭坑労働者は、七、八〇センチおきに支柱の立つ狭い空間にしゃがみ込んで、交替時間がくるまでコールカッターを操作しつづける。ひと息入れるときも、立て膝をして座ったまま、背中を丸めていなければならない。英国全土で、年間七〇〇人前後の炭坑労働者が重傷を負ったり死亡したりしていたのも当然の労働環境だった。しかし、七〇年当時、炭坑や製鋼所はすでに閉鎖されはじめていた。ロゼラムでも失業者が急増し、栄光の日々の終焉が近づいていることを誰もが知って、噂に上せていた。

かつて、炭坑、製鋼、造船で繁栄した地方の苦しみは、いまも続いている。一世代、ところによっては二世代の人々が生きる目的を見失い、町や村が存在意義を失う一方、かつて経済と大英帝国の中心ではあった遠隔の地に新たな産業が進出する理由はほとんどなかった。ドラッグが蔓延し、以前なら父親と同じ仕事に就いたはずの若者が、行き場を失っている。息子を炭坑に送り込むのもつらいが、行き場をなくして茫然としているのを見るのはもっとつらい。

とはいえ、これらの地域を悲劇に巻き込んだ産業変革は、過去四〇年にわたる社会変化の一側面にすぎない。社会の一大変革によって多くを失った人よりも、はるかに多い数百万の人々が多くを得ているのだ。あとに残された三〇パーセントの人々をべつにすれば、これは進歩の物語である。一九七〇年には労働者階級が厳然と存在した。ごく一部は高給を得ていたが、大半は低賃金で働くブルーカラーの集団だ。私自身は、この状態がよかったなどとは思わない。「額に汗して」働き、イタチや鳩を飼育して副収入を得る、布のキャップをかぶったブルーカラーの大衆を懐かしむ人たちも、よく組織されたブルーカラーが組合や労働党のエネルギー源として利用されがちだったことを残念に思っている。以来、大半のブルーカラーの生活は大幅に改善された。持たざる者どうしの、労働者階級としての一体感は失われたかもしれないが、よりよい仕事、よりよい生活水準が得られるとなれば、そんな一体感など躊躇なく手放す人がほとんどだった。

一九七〇年になるころには、事態がすでに急速に変わりはじめていた。持ち家比率が増加しはじめる。総合中等学校（コンプリヘンシブ・スクール）と新制大学の登場で、ブルーカラーの子女にも出世の機会が開かれた。私は、一九六〇年代にロンドンで最初に開設された総合中等学校の生徒だったが、当時は近代化と流動性と機会均等の精神が社会にみなぎっていた。ブルーカラーの子女が総合中等学校に通うということは、父親の仕事から逃れ、成長著しいサービス産業のなかに、給料も社会的地位も高いホワイトカラーの職を見つける第一歩にほかならなかった。労働党政権の教育政策がその一助となったのは事実だが、党自身は、足元を揺るがしかねない社会的変化に本能的危機感をおぼえていた。一時期、ハロルド・ウィルソン政権は、変化をとどめたい一心でブルーカラーの製造業を支援するために「選択的雇用税」を導入し、サービス産業への課税を増大させると同時に、国内製造製品の輸出を促進しようとむなしい努力をしたほどだった。サービス産業の成長は、重工業部門の男らしい労働がなく、低賃金の奉公仕事が全盛だった時代の再来か、と危惧された面もある。しかし、社会変革の結果残ったのは、国民の三分の二が家持ちになったことに象徴される「中流化」だった。ある程度の資産を持ち、かなりのものを子どもに遺《のこ》してやれるという、それまでの世代には想像もできなかった中流大衆が出現したのだ。大多数の子どもたちにとっては機会が拡大し、地平が広がった。大学にいけるなどとは思いもしなかった人たちの孫が、大学にあふれている。これはまぎれもない進歩であり、過小評価することは許されない。

本書に登場するのは、この変化に取り残された三分の一の人たちである。その多くにとって、事態は悪くなる一方だ。現在の失業率は低く、一九七〇年とほとんど違わない。当時もいまも、失業しているのは地理的、個人的理由で就業できない人たちだ。いまは、貧しい人の大半が職に就いている。しかも、本書で紹介したように懸命に働き、ふたつ、三つ仕事を掛け持ちしている人も多い。炭坑や製鋼所で働いていた人と同様に、彼らも労働者だが、もはやひとつにまとまって声を上げることはない。かつての労働者が比較的組織化された強力な階級に属し、みずからの労働に誇りを持っていたのに対して、いまの労働者はばらばらに漂流している。かつての貧しい労働者は、労働者階級の底辺に位置して強力な組合から概して無視されていたとはいえ、団結しているはずの階級のしっぽにつかまっていれば、自分たちも政治の世界に代表を送っている気分になれた。労働党が多数党だったことも、ある程度は力になった。

しかし、いまは状況が変わってしまった。労働者階級は細分化され、政治離れしたまま、大半が中流へと上っていった。組織化するどころか職種も千差万別で、社会学者や国勢調査担当者が階級を分類するのに頭を抱える始末だ。所得で分けるか、手を汚す仕事か否かで分けるか。資産か、教育程度か。サッチャー首相が後押しをしようがしまいが、現状はまさに首相の「社会などというものは存在しない」という言葉どおりになっている。労働党は変わるのに時間を要したが、労働者階級が急速に分解していくにつれて、布のキャップのイメージから離れざるをえなかった。一八年後、ついに繭から姿を現したときの労働党は、中流階級の蝶として立派に成長していた。新しい社会に適応した新しい労働党、すなわち、ニュー・レーバーの誕生だ。

ニュー・レーバーも社会的良心を失ってはいなかったが、貧困層のために富を再分配するという政策を提示したくても、労働者階級という大票田はすでになく、有権者一般の正義感に訴えるしかすべはなかった。しかし、まだ乾ききらない羽根をおそるおそる試している状態のニュー・レーバーとしては、有権者の良心を信じるのはあまりに大胆すぎる。昔は強い労働者と組合が、貧困層をある程度まで引っぱってくれた。しかし、いまはそんな後ろ盾もなくなった。労働党は、訴えかけるべき良心が有権者にあるかどうか確信が持てないようで、いまのところ試す勇気を出せないでいる。貧しい子どもをなくそうという心意気は見上げたものだが、そのためにどんなコストがかかるかを公言するにはいたっていない。有権者の大半に対して、しんがりの人たちが追いつくまで、生活水準の向上に歯止めをかける必要がある、というべきなのだが。なにも現在の所得をけずろうというわけではない。豊かな人たちの、今後の所得の伸びを緩やかにするだけでいい。社会が急速に進歩すれば、とりわけ無気力な貧困層を除く全員が最終的に上へいける、という考え方に慣れきった人たちに、上への移動が止まってしまったことを知らせなければならない。一九七〇年代末に停止したのだ。平等を目指す方策がすべて裏目に出て、取り残された層の子どもたちにとって、上への避難ばしごはもはや存在しない。低賃金と、不良校と、公営団地に代表される劣悪な住環境に足をとられて逃げ出せない。政府が大胆な行動を起こさないかぎり、この人たちが家を持って新たな中流階級になる日はこないだろう。

一九七〇年に体験した仕事を振り返り、現在の賃金と比較してみて、私はショックを受けた。

底辺の仕事の賃金が、三〇年まえの賃金と実質変わらない、あるいは少なくなっているのがわかったからだ。これでは、低所得層が取り残されるわけだ。七〇年当時、私はバーミンガムに点在するルーカス社工場のひとつで働いた。古い巨大な工場は赤煉瓦造りで、黒く煤《すす》けていた。いまはもう使われていない。ルーカス社は英国の自動車産業を支える大企業のひとつで、大半の自動車メーカーに部品を供給していたが、その後分割され、ばら売りされて転売を重ねてきた。私はスイッチケーブルのオペレーターで、電線を所定の長さに切って、小さなソケットに取りつけるのが仕事だった。一日中ベンチに座ってホットカッターに向かい、足元のペダルを踏んで電線を切る。出来高払いだが、悪い仕事ではなかった。働きながら周囲とおしゃべりする余裕があり、労働条件もそこそこで、組合は強力だし、昼間のシフトで賃金は週に一三・八五ポンド。いまならいくらくらいになるだろう。財政調査研究所の試算によると、当時の一三・八五ポンドは現在の二四二・七〇ポンド［四万八五四〇円］に相当するという。仕事の内容としてもっとも近いのは、ペリーバーにある元ルーカス社工場（いまは「TRWオートモティーブ」と改称されている）の組立ラインで、電子点火装置を組み立てる作業だろう。標準シフトの労働者の週給は二五〇ポンド［五万円］というから、一週間につき七・三〇ポンド［一四六〇円］上がったことになる。この三二年間で平均所得が二倍以上になったことを思えば、あまりに少ない。平均上昇率が一〇〇パーセントなのに比べて、わずか三パーセント。しかし、不平等がここまで極まったいま、底辺の労働者にとって「平均」の数値は意味を持たない。

考えれば考えるほど、こうした仕事の賃金が増えていないからといって、驚くほうがおかしいのだと思えてきた。いま挙げたような概数が、格差の開き具合を表していると考えれば、底辺から見る状況はこうなる。すなわち、トップレベルの所得は成層圏まで上昇して誰からも見えなくなり、残りの半数以上もそれなりに所得が上がる。しかし、底辺の賃金はほとんど変わらない。平均上昇率がなんの意味も持たないのは当然だ。

しかし、平均のなかには豊かになった人も含まれている。私はポートサンライトのユニリーバ工場を再訪した。一九七〇年に私はここで、浴室用粉末洗剤や、トイレ用クリーナー（皮膚にかかると火傷するので、いまはもう製造されていない）の包装作業をしていた。コンベアベルトに向かって立っていると、洗剤を流し込まれ、パッキングマシンで蓋をされたプラスチックケースが流れてくる。私は、蓋の閉まりの悪いケースをはね出す。ケースは次工程で横倒しになるので、私が不良品を見逃すと、ベルトから床まで洗剤だらけになってしまう。パッキングマシンはしばしば故障する。そのたびに駆けつけて、流れてくる洗剤入りのケースを両腕に抱え、ベルトからどけなくてはならない。ほこりっぽいうえに洗剤の粉末が宙に舞ってくしゃみが出るが、仕事としては悪くなかった。賃金も当時の工場労働としては平均的で、週に一三・五〇ポンド。現在の価値にして二二七・三〇ポンド［四万五四六〇円］だった。

しかし、いまはすべてが変わっていた。かつて七〇〇〇人が働いていた工場に、現在はたった一〇〇〇人がいるだけだが、生産量ははるかに多い。かつては、とくに技能を持たない私たち女子工員の上に、厳然たるピラミッド型の管理態勢ができていた。すぐ上に青いオーバーオールを着た主任。主任の上に白いオーバーオールの職長。職長の上にスーツ姿のマネージャたちがいたが、彼らはめったに現場には出てこなかった。いまはピラミッドの影も形もない。工員は四、五人のチームに編成され、チームごとにリーダーがいて、週間目標が設定されている。目標が達成できないと、達成できるまで残業手当なしで働かされる。どのくらいの速度で作業し、どのくらい製造するかがすべてチームの連帯責任となる。週の労働時間は三七時間半だが、年間の賃金に目標を達成したボーナスを加算したものが年収となるから、ピーク時には日に一二時間働き、忙しくない時期に就業時間を短縮するといった働き方ができる。いまはシフト制をとっているので、コンベアベルトは二四時間動きつづける。工員には休日以外に、四週間につき一週間の休みが与えられる。パッキング担当の工員とエンジニアの境界はかなり曖昧だ。工員はいまだに非熟練者として採用されているが、機械のちょっとした不具合は自分たちで直せるようになっている。昔だったら、工員がエンジニアの仕事に少しでも手を出したら最後、エンジニアは職場放棄してストライキに入っていただろう。少人数のチームで仕事を自己管理し、故障を直す技能まで身につけた現在の工員は、一九七〇年の私たちと似ても似つかない。かつての私たちは、主任に怒られないかぎり最低限の仕事しかせず、互いにかばい合ってトイレで一服したものだ。生産量が落ちても、誰も気にしなかった。追いつくために残業すれば、手当が増えて嬉しいくらいだった。いまは大変な様変わりだ。工場長と人事部長に会って仰天した。ふたりとも工員とまったく同じ服装をしている。会社のロゴの入ったポロシャツの胸のところには、工員同様それぞれの名前が縫い取ってある。一九七〇年代には身分の象徴だったオーバーオールやスーツが姿を消し、「皆、一緒にがんばろう」スタイルが定着している。

どうやって、ここまで変化できたのだろう。変化の鍵は、工員の賃金を大幅に引き上げることだった。一九七〇年に私がもらっていた賃金は、いまの価値に換算して年収一万一三四〇ポンド［一二六万八〇〇〇円］。現在の工員の年収は平均二万五〇〇〇ポンド［五〇〇万円］で、二倍以上になっている。所得は中流階級並みで、労働環境も格段に改善された（食堂にはインターネットカフェがあり、組合が運営する学習センターには新品のコンピュータが並んでいる）。少人数のチームを組み、責任が増した分、自己裁量の余地も広がって、皆満足しているようだった。工員の定着率は一〇〇パーセント。たまに新規募集をすると、ひとりにつき一〇〇〇人以上の応募があるという。

しかし、大きな変化がもうひとつあった。一九七〇年には、パッキングラインで働く工員が私を含めて全員女性だった。その後、会社はシフト制を導入したが、女性の夜勤は法律で禁じられていたので、かつての女子工員は大半が辞めていった（この法律は一九八六年に廃止された）。低賃金の女子工員群が消え、高賃金、少数精鋭の男子工員が登場する。会社はそこまでもくろんでいたわけではなかったが、社会の趨勢というものだろう。女の仕事は低賃金、男の仕事は高賃金なのだ。

一九七〇年の雇用統計が知りたくて、政府が発行する『雇用月報』を繰ってみた。一九七〇年といえば、政府のインフレ抑止施策の一環として設置された「価格および所得委員会」が廃止された年だ。価格を低く抑えて賃上げ要求を抑え込むのが目的だったが、価格も賃金も抑え込めなかったのだ。私が知りたかったのは、当時の賃金がどのくらい平等だったか（あるいは、不平等だったか）ということだった。ところが驚いたことに、全体の一〇パーセントを占める最低レベルの肉体労働者が、所得中央値の六七・三パーセントを稼いでいた。労働党が最低賃金制を提案したときの設定値は、男子所得中央値の五〇パーセント（現在の価値にして時給五・三八ポンド［一〇七六円］、週給二一五・二〇ポンド［四万三〇四〇円］）だったが、最低賃金はいまもこの数値にさえ届いていない。一九七〇年に最低レベル一〇パーセントの労働者は、男子所得中央値（現在の価値にして週三九〇ポンド［七万八〇〇〇円］）の六七・三パーセントを稼いでいたわけだが、これは現在の価値にして時給六・五五ポンド［一三一〇円］、週二六二ポンド［五万二四〇〇円］——現行の最低賃金、週一六四ポンド［三万二八〇〇円］に比べても、立派な生活賃金といえる。

もうひとつ、びっくりしたことがあった。じつはすっかり忘れていて、本書でもあまり触れてこなかったことだ。ところどころでグチをこぼした程度で、我ながらどうしようもない現実として受け入れていた節がある。『雇用月報』四月号は、会計年度末の総括のなかでこう書いている。「フルタイム男子の所得は今年度も、女子のそれのほぼ二倍に達している。これは、所得配分の中間層だけでなく、最高、最低両レベルについてもいえる」。『月報』は毎月、あらゆる部門のあらゆる職種について賃金を明記し、各職業カテゴリーについて、まったく同じ仕事をする男子と女子の賃金を併記している。それを見ると、たしかに女子の賃金は男子の半分なのだ。私が働いた工場でもそうで、同一の作業について、男女の賃金体系が異なっていた。

これは雇用主だけでなく、組合も望んだことだった。事実上すべての組合が、女が働くことに懐疑的だった。女の賃金は安くていいと思いながら、賃金が安いからこそ男の職が奪われるのではないかと危惧して、特別な労使協約を結ぼうとした。一九七〇年初頭に自動車メーカーのヴォクスホール社が組合と結んだ協約文書には、こう書かれている。

(a)　適切な男子労働者が使用できる場合、女子労働者は使用しない。
(b)　既存の男子従業員を女子で置き換えることはしない。
(c)　女子は、大まかに定義され合意された作業にのみ使用する。

「合意」された作業とはもちろん、調理や清掃など、男なら敬遠して当然の女の仕事である（この場合は自動車メーカーなので、シートの縫製も入っていた）。これらを除けば、女は男と競合しかねない高賃金の作業から閉め出される。女は家庭内で二番目の稼ぎ手にすぎないから、賃金が安くても働く。したがって、組合員としても脆弱だ、と考えられていた。当時はすでに、母子家庭で唯一の稼ぎ手だった人も多かったのだが。組合が強力だった古き良き昔を懐かしむ気分になったら、当時の組合がとくに女性から嫌われていた事実を思い出してほしい。

バーバラ・キャッスルが「均等賃金法」をめぐって壮絶な戦いを繰り広げたのも、同じ一九七〇年のことだった。これに反対したのが、当時の大蔵大臣、ロイ・ジェンキンスだ。大臣にしてみれば、ただでさえ経済の舵取りに苦労しているのに、女子労働者全員の賃金引き上げというインフレ誘因を抱え込みたくはない。そもそも、これほど革新的な法案を通そうとするには、時期が悪かった。実業家たちは、女にこれ以上金を払う余裕はない、と憤懣《ふんまん》やるかたなかった。それでなくても賃金が上昇傾向にある時期に、女性の賃金を倍増させることになるのだ。組合も、大っぴらに反対するか、反対するのが道義にもとるのを自覚して陰で口にするかの違いこそあれ、事実上例外なく反対だった。組合についてはもうひとつ、忘れてはならない恥ずべき事実がある。当時の組合は、同じバーバラ・キャッスルが導入しようとしていた最低賃金制にも大反対していた。最低賃金が保証されれば組合に加盟する労働者が減り、組合の力がそがれるかもしれない、と危惧したからだった。

政府はある日の夜遅く、均等賃金法の導入を決定したが、これがどれほど思いきった行動だったかを実感するのはむずかしい。歴史に残るような社会改革すべてにいえることだが、保守勢力は、自分たちがどれほど激しく抵抗したかをさっさと忘れてしまう。しかし、このときも抵抗は強大で、賛成する女性たちの政治的発言力はまことに弱かった。『ガーディアン』紙と（当時、私が勤めていた)『オブザーバー』紙は法案を支持した。『デーリーミラー』紙はどっちつかず。残りは推して知るべしだ。フェミニストも何人かいるにはいたが、声が響きわたるまではいかなかった。要するに、バーバラ・キャッスルが孤軍奮闘、なにものにも負けない決意を持って導入に漕ぎつけたというべきだろう。キャッスルはこの少しまえに、労働組合法を改正しようとして、仲間(とくに、労働党のジム・キャラハン首相)に手ひどく裏切られたばかりだったので、これくらいは意思を通させてもよかろうと思われた面もあった。ちなみに、組合法の改正が実現していたら、労働党もその後十数年の不毛な年月を過ごさずに済んだかもしれない。均等賃金法のおかげで、女性が働くことの意味や、暮らしの現実が一変した。いまでは、まったく同じ作業をする女性に男性の賃金の半分しか支払わないという協約に、労使が大っぴらに合意するなどという事態は、想像もできないほどである。

しかし残念ながら、女性の賃金が一夜にして倍増するというわけにはいかなかった。もし、倍増していたら、私は本書を書いていなかったかもしれない。女性の賃金が低いという事実は、いまも低賃金問題の核心だからである。女性の賃金を上げる戦いは長く、果てしがない。賃金を抑えるために経営陣が使う姑息な手段とも戦わなければならない。たとえば、とにかく男女を隔離して、同じ作業をさせず、男の賃金と比較したくてもできないようにする会社が多い。その際に女に割りあてられる作業は相変わらず、調理、清掃、介護だ。男がこれらの作業をする場合は、女並みの待遇を覚悟しなければならない。結果として、いまだに低賃金労働者の七〇パーセントを女性が占め、受け持つ作業は「女の仕事」として低く見られている。英国の貧困家庭が働いているのに貧しさから解放されない最大の理由は、女性の待遇が悪すぎることにある。変化はカタツムリの歩みのごとく、遅々として進まない。そのいい例がヴォクスホール社の、均等賃金法を視野に入れて書き直された「協約」だろう。「協約」では違法になったはずだから、呼び方からして「了解事項」に変わった。会社がなにを了解したかというと、「適切な男子労働者が使用できる場合、女子を新規雇用することはせず、女子を雇用したことによって、既存の男子労働者の職務分類が下げられることもないものとする」。つまり、職場環境や現実が一変して、経済を揺るがすという事態にはならなかった。労働党政権が慎重のうえにも慎重に最低賃金制を導入したときと同様である。

それにしても、経済的にきわめて困難な時期に均等賃金法を成立させたのが、きわめて大胆な行動だったことに変わりはない。それが可能だったのは、政治的に強大なプレッシャーがあったからではなく、正しいことだったからだ。現政権の、ビジネス界からの批判を恐れすぎる態度と比べてみてほしい。ブレア政権は最低賃金を、一九七〇年に底辺一〇パーセントが稼いでいた額に引き上げる勇気があるだろうか。ビジネス界は批判の大合唱になるだろう。イギリス産業連盟や実業家団体は、経済が壊滅すると予言して、ただでさえ弱腰の政府をさらに及び腰にさせるだろう。しかし、できない話ではない。いま、最低賃金を、一九七〇年に底辺一〇パーセントが稼いでいた賃金に相当する額（つまり、所得中央値の六七・三パーセント）まで引き上げれば、週に二六二ポンド［五万二四〇〇円］になって、何百万もの人たちが貧困から解放されるだろう。いまの労働党政権は、これまでになく強い立場にある。増税含みの大胆な予算は国民から歓迎されたし、第二次大戦以来もっとも長く好景気が続いている。しかも、正しいことをしようというのだから、社会正義が味方につくだろう。

勤労貧困世帯は問題なく援助に値するから、政府が掲げる大義としてはケチのつけようがない。問題は、彼らの労働が過小評価されていることにある。一九七〇年の『雇用月報』を通読して思い出したのだが、七〇年は、保守党下院議員のサー・キース・ジョーゼフが、「世帯所得補足手当（FIS）」導入の意図をはじめて表明した年でもあった。ゴードン・ブラウン蔵相の税控除策のプロトタイプともいえるもので、子持ちの勤労世帯に手当を給付し、社会保障に頼るより働くほうがやや得になる状態を保証するのが目的だった。

財政調査研究所の試算によると、FISが導入された一九七一年に、子どもがふたりいる世帯が週三五時間働いて、現在の価値に換算して一四七ポンド［二万九四〇〇円］稼いだとすると、支給される手当は七四・八一ポンド［一万四九六二円］。収入の合計は、二〇〇二年の価値に換算して二二一・八一ポンド［四万四三六二円］となる。ゴードン・ブラウンの「勤労世帯税控除（WFTC）」と比較してみよう。同じ構成の世帯が同額を稼いだ場合の税額控除は一〇〇・二七ポンド［二万五四円］。三〇年まえより二五・五四ポンド［五一〇八円］多い。改善には違いないが、その間国民所得が倍増したことを思えば、たいした金額ではない。

ブラウンのＷＦＴＣは、子どもを貧困から解放する最大の手段になるはずだった。計算は複雑きわまりないが、内国歳入庁のホームページを開くと、自動的に計算してくれるコーナーがある。これを試してみることにした。今回体験したなかでもっとも低かった賃金ではなく、本書で計算の基準とした金額を使うことにする。チェルシー・アンド・ウェストミンスター病院の時給四・三五ポンド［八七〇円］だ。国民保険と国税を引いたあとの所得を記入せよということなので、私の場合は一五〇ポンド［三万円］となる。十代の息子がひとり。返ってきた答えは七〇・八三ポンド［一万四一六六円］だった。これに一五〇ポンドに足すと二二〇・八三ポンド［四万四一六六円］。時給にすると五・五二ポンド［一一〇四円］となり、息子とふたり、どうにか暮らしていける。しかし、休暇やプレゼント、外食などの余裕がないことに変わりはないし、息子が学校を卒業すれば、控除はなくなる。

ここでひとつ思考実験をしてみよう。政府がＷＦＴＣを完全廃止したら、どうなるだろうか。低賃金しか稼いでいなかった勤労世帯では、社会保障の金額が所得を上回ることになる。皆、働くのをやめて、社会保障に頼るだろう。ただでさえ人手が足りないといっている雇い主はどうするだろうか（人手が足りないのは、雇い主が賃金を低く設定しすぎて、就労意欲がわかないからなのだが）。ＷＦＴＣがなくなれば、雇い主は賃金を上げて、労働者を呼び戻さざるをえないだろう。ＷＦＴＣという形で納税者に尻ぬぐいさせることができなくなれば、生活賃金を支払うほかなくなる。もちろん、ＷＦＴＣを廃止するのは不可能だが、これで問題点がはっきりしたと思う。

一九七〇年以来、労働組合も一八年間、雌伏を強いられた。いまこそ、もっとも弱い立場の労働者を代表すべきときなのだが、かつて国民の共感を得るのに失敗したうえに、サッチャー政権に牙を抜かれたいま、組合は力を弱めている。組織率は、公共部門の、絶対数の減った労働者の六五パーセント、民間では一九パーセントにすぎない。もっとも組合を必要とするはずの低賃金労働者の職場は、組合の存在する可能性がもっとも低い。一九七〇年に炭坑・製鋼労働者が、就職希望者がいくらでもいたのにあれほど高給を得ていたのは、労働組合を通じて強大な力をふるっていたからだ。介護労働者は概して、組合に所属していない。そんな伝統がないし、大半を占める女性は生きるのに精一杯で、組合設立に動く余裕はめったにない。労働党政権下のいま、十分な数の賛成票さえ集まれば、労働者には組合を設立する法的権利が認められているが、弱く、貧しく、時間に追われる女性労働者にそこまでの活動を求めるのは酷というものだろう。シフトが細分化されていることも、集会を開くのを困難にしている。

しかし、もし組合ができたとしたら、どうだろうか。介護労働者の力は、炭坑労働者のそれを上回り、潜在的には警官や刑務官にも等しいに違いない。すべての介護労働者がある晴れた朝、老人ホームの職場を放棄したとしたら、誰が代わりになれるだろう。死者や負傷者が出て、何日も混乱が続くだろう。看護師と同様、介護労働者もそんな事態を望まないだろうから、これは夢想にすぎない。いまは労働組合の性格も変わった。ストを打って対立するより、話し合って成果を上げることが多い。現在、最大の組合は「ユニゾン（公共サービスに従事する人たちの組合）」

で、組合員一三〇万を擁する。これには公共サービスを提供する民間企業の従業員も含まれるから、本書で私がともに働いた人たちの代表でもあるはずだ。近年ユニゾンはようやく態勢を改め、組合員の七〇パーセントを占める女性の声に耳を傾けるようになった。ユニゾンに限らず、その他の組合も、賃金の問題だけでなく、組合員の抱える緊急の問題にも力を注ぎはじめた。雇い主と交渉して無料の職場訓練プログラムを導入し、読み書き、計算、英語の能力をつけて、組合員が上に伸びる梯子を上る一助としたのはその一例だ。組合が認められている職場は、そうでない職場に比べて平均一〇パーセントほど賃金が高い。ただし、高賃金を得ている労働者のほうが組合員になる率が高いという面もあるので、これは鶏が先か、卵が先か、の議論になる可能性もある。

組合の組織率もわずかながら上昇しているが、組合には収入のごくわずかしか組織化に使えないというジレンマもある。既存の組合員にしてみれば、組合費は将来のメンバーを確保することより、自分たちのために使われるべきだ、という期待があるからだ。組合経験のない職場を組織化するには時間と、労力と、費用がかかる。低賃金労働者がほとんど組織化されていない状況で、いまのペースで事が進んでいくとすると、組合だけの力で勤労貧困層に一大変化をもたらすのはむずかしい。組合員が増えれば、全国的に生活賃金を求める声も強くなるのではあるが。

組合が低賃金労働者の代表になるという試みが失敗に終わってきたのは、否定できない事実である。一九七〇年の時点では、公共サービスに従事する労働者がほぼすべて組合員だったが、それでも彼らの労働を正当に評価させることはできなかった。組合が強かったというのは、最盛期についてでさえ幻想だったのかもしれない。もっとも強かったのは石炭、鉄鋼、自動車、造船、荷揚げ、活字産業の組合だった。これらの組合の、力の源泉はなんだったのか。彼らがストを打てば巨額の収益が失われる。雇い主としては、賃上げに応じるほうがマシということになる。公共サービス部門の低賃金労働者がストを打っても収益はさほど損なわれない。逆に、その分の賃金を払わなくて済むだけ雇い主は得をする。困るのは病院や学校や老人ホームの利用者だけだ。要するに、二〇世紀の組合は一部の組合員の役には立ったものの、社会変革にはほとんど影響を及ぼせなかった。

市場に真の影響を与えられるのは政府だけ、全国規模で賃金体系を再評価し、真の所得再配分を実現できるのも政府だけだ。政治家が有権者に向かって、低賃金労働者の賃金が三〇年まえより減っているという驚くべき事実を語りはじめれば、公正な生活賃金についての国民的議論をまきおこす第一歩になることだろう。

団地の部屋を去るのは、残念でもなんでもなかった。できるかぎりきれいに掃除したが、水漏れのシミは消せなかったし、改装工事のとき、ゆがんだ窓枠の隙間から入り込んだセメントもそのままだった。しかし、改装工事はまだ終わっていないが、階段室の塗り替えが済み、悪臭が消えてみると、住み心地は少しよくなった。といっても、ほかに行き場があれば、誰もここには住みたがらないだろう。通りすがりの怪しい人物が勝手に出入りできるうえに、一階にB氏が住み、麻薬の売人からそのお客、飲み友だちから売春婦まで招き入れているとなれば、なおのことだ。しかし、事態が改善されていることに疑いはなく、B氏の件にしても、法廷に持ち込めれば退去命令が出ると住宅局は自信をのぞかせている。クラパムパーク団地の姿をひどく描きすぎたとしたら、それは私が最悪の棟の部屋を割りあてられたからだ。そこしかなかったからだが、ほかの棟はずっとマシだということはいっておかねばならない。

家具はすべて、手間をかけたことへの感謝の意味で一〇〇ポンド［二万円］の寄付を添えて、シャフツベリー協会に返却した。返却の日はまたもやエレベーターが故障していて、階段を運びおろしてもらわなければならなかった。お隣さんのドミニクとミッキーにはさよならをいったが、永えの別れになるとはかぎらない。ニューディール計画の成否は今後数年にかかっていると思うから、頻繁に進行状態を見にくるつもりだった。わずか八年のうちに団地が変身できるかどうかをいうのは時期尚早だが、これほど大規模なプロジェクトは前代未聞だから期待は大きい。すべてが計画どおりにいかなかったとしても、一部が成功しただけで、住民にとっては大きな違いをもたらすだろう。すでにあちこちに芽吹きが見られる。まもなく警備員の巡回が始まるだろう。若者向けの新しいプログラムもいろいろ始まろうとしている。団地の西側に新設された入門センターでは、母親のための託児所を備えたさまざまな教室、コンピュータ訓練、老人向けの軽い運動など、多種多様な活動が始まった。近い将来、団地全体の再開発について、複数の計画からひとつを選択するための住民投票もおこなわれる。再生委員会のミーティングに同席させてもらうたびに、委員たちが熱意を持ち、計画のために膨大な時間を費やしていることに驚き、感動させられる。これで事態がよくならないはずはない。問題はどのくらいよくなるか、ということなのだが。

私は住宅局に部屋の鍵を返しにいき、賃貸権の返還書類にサインして、自宅に向かって歩きだした。徒歩一〇分。歩きながら、最低賃金よりわずかに高い所得で暮らそうと試みた（そして、失敗した）日々を振り返った。なぜ失敗だったかといえば、机上の計算だけにせよ多額の借金を抱えた。家族や友人と、本来ならできないはずの食事を何度かともにした。週末の夜、何度か自宅へ帰った。にもかかわらず、この間の私の生活と、長年暮らしてきた街の姿は、まったく様変わりした。楽しみが減り、選択の余地も減ったロンドンは、退屈でみすぼらしい場所に変わった。懐に余裕がないため、あらゆる行動が制限された。飢えない程度に食べることはできたが、楽しみ抜き、アルコール抜きの食事は味気なかった。しゃれた店が視界から消えてはじめて、現代に生きるほとんどの人同様、私にとってもショッピングがどんなに重要だったかに気づかされた。劇場や画廊、レストラン、ブティックなどが並ぶ、何度も通ったなじみの道が、私の地図から消え失せた。どこを歩き、どんな建物のまえを通りすぎても、すべてが境界線の向こうにある。ほかの人たちのもので、私のものではない。スターバックスのソファが私を誘ってくることもないし、本屋やレストランはもちろん、街角の小さなカフェでさえ私にとっては存在しない。世間並みの楽しみを与えてくれるあらゆる場所に、「立ち入り禁止」の大看板がかかっているようなものだ。ほかのすべての人たちが生きている消費社会への「立ち入り禁止」。過酷なアパルトヘイトだ。客を呼び込んで、買って、買って、買ってと誘うために明るく照らされた店の入り口が、英国民の三分の一にとってはぴしゃりと閉ざされている。こうして排斥されてみると、都会の町並みは険悪な顔を見せる。同じショッピングでも、懐と相談しながら貧しい食料を買いそろえるのは楽しくないし、回を重ねるごとにつらさが増してくる。

無料で味わえる楽しみに敏感になり、その価値がわかるようになったのも事実ではある。いったん二週間有効のバス定期を買ってしまえば、(時間が許し、バスがちゃんときてくれるかぎり)どこにでもいける。博物館や美術館も入場は無料だ。これまでにないほど歩いたが、歩いてみれば、公園はもちろんただの歩道でも歩く楽しさを思い出させてくれた。しかし、自宅へ帰りついてもうどこへもいかなくていい、という気分は何物にも代えがたかった。境界線の向こうの暮しを知ることができたのは嬉しかったが、運よくこちら側に生まれた嬉しさはそれ以上だった。そんないまだからこそ、ずっと暮らしてきたクラパムという町を、新たな目で見ることができる。華やかな表皮の下になにがあるか知ったいまだからこそ、町のあらゆるところで、その下側が見えてくる。

訳者あとがき

まず、本文からの引用をいくつか。

――一九七〇年以来、国民所得は倍増した。国としての英国は、二倍豊かになったことになる。実感はあるだろうか。見回せば自家用車、CD、外国の珍しい料理。しかし、これらに縁のない人もいる。増えた分の所得が平等に分配されてはいないからだ……社会が一定の生活水準を保つためには、さまざまな肉体労働が必要だ。しかし、現実には、そうした労働に携わる多くの人々があまりにわずかな賃金しか受け取っていない。……［しかも］上下の所得格差が開くにつれて、社会的な上下移動にもブレーキがかかってきた。エスカレーターの動きが緩慢になり、ついには止まってしまったようなもので、いまや下にいる人たちは、どうやっても頂上にはたどりつけない。

――たしかに最近は、身なりで懐具合を見わけるのがむずかしい……社会的正義がおこなわれていないという事実は、こざっぱりとした身なりに隠されているから、バスや地下鉄のなかで愕然とさせられることもめったにない。しかしじつは、毎朝職場へ急ぐ人の五人にひとりは時給六ポンド［一二〇〇円］以下しか稼げていない。

――「［正社員にしてもらう］ための書類を書いた。面接も希望してるんだけど、引き延ばされてる。わかった、近いうちにっていうけれど、口ばっかりだ……先週なんか二一時間ぶっ通しで働いた。正社員だったら残業代がたんまりつくはずだ。でもやつらは面接してくれない。よぶんな金を払うのがいやなんだ」

――「リストラだとよ！　あと一年半で年金暮らしになるっていうのに……作業区分を見直したからあなたの仕事はもうありませんときた。嘘に決まってる。俺がやってた仕事にはちゃんと後任がいて、俺はそいつのことも知ってるんだ。俺の仕事はなくなってない。ただ、もっと給料の安いやつにやらせたかっただけさ」

著者ポリー・トインビーは『ガーディアン』紙に勤務する英国人ジャーナリスト。ロンドン郊外のクラパムに、家族とともに暮らす著者が、自宅からほど近い公営福祉団地に住み、最低賃金の職場で働いた体験をまとめたのが本書である。買い物大好き人間を自負する著者は、そこで見た現実にショックを受ける。

「鉄の女」サッチャーが首相時代に推進した公共サービス民営化が、どうもうまくいっていない。それどころか、作業を受託した民間企業は、「エージェンシー（人材派遣事務所）」で臨時雇いの労働力を調達してコスト削減を図り、他社との競争に勝とうとする。しかも、民間に委託される公共サービスは老人介護、清掃、公立学校の給食おばさんなど、「女の仕事」として軽く見られ、賃金も安い作業が中心になっている。事実、この種の仕事に就く人たちの七〇パーセントを女性が占めている。

著者にとってそれにも増してショッキングだったのは、英国労働者のほぼ三割を占める低賃金労働者にとって、より高い収入、より充実感のある仕事への道が閉ざされていることだった。派遣労働力に頼る民間企業は、職場訓練には熱を入れない。公共サービスの受注にしても、複数の企業が分け合うために縄張り意識が強まり、現場の労働者が縄張りを超えて自主性を発揮し、より効率的に動こうとしても、それを抑える側に回る。低賃金公共サービス労働者の七割を占める女性の多くは母親でもあり、選択肢の多い、広い世界に子どもを出してやりたいと願ってはいるものの、子どもの生活時間に合わせようとすれば昼間のパートタイムしか仕事はない。企業はそこにつけ込み、シフトを細かく分けて働きやすくするなどの手法を使って安い労働力を確保する。

ふうん、英国ではそんな風なんだ、と他人事で済ませられるだろうか。一億総中流意識とやらが日本中を覆っていたのはついこのあいだのような気もするが、バブルが弾けてからすでに二〇年。いまの日本に目を向ければ、総中流どころか年収一〇〇億円を超す「サラリーマン」が登場する一方で、四〇代、三〇代までリストラの波が広がっている。「結果としての不平等」が所得という形で定着すれば、つぎの世代が「機会の不平等」に直面するのは目に見えている。

著者トインビーは「市場に真の影響を与えられるのは政府だけ、全国規模で賃金体系を再評価し、真の所得再配分を実現できるのも政府だけだ。政治家が有権者に向かって、低賃金労働者の賃金が三〇年まえより減っているという驚くべき事実を語りはじめれば、公正な生活賃金についての国民的議論をまきおこす第一歩になることだろう」といいきる。わが国の政治家は、どんな方向に進もうとしているのだろうか。

訳者は翻訳のプロではあるが、残念ながら経済学者でも政治学者でも社会学者でもないので、英日の比較を深めることは手に余り、この場では差し控えさせていただきたい。なお、今回の作業にあたって、斎藤貴男著『機会不平等』(文春文庫)、橘木俊詔編著『封印される不平等』(東洋経済新報社)から、日本の現状および近未来について多くを学ばせていただいた。おふたりに深く感謝すると同時に、関心のある方には一読をお薦めしたい。

ここでもうひとつ、本文からの引用を。

——私は……最低賃金よりわずかに高い所得で暮らそうと試みた日々を振り返った……懐に余裕がないため、あらゆる行動が制限された……どこを歩き、どんな建物のまえを通りすぎても、すべてが境界線の向こうにある……スターバックスのソファが私を誘ってくることもないし、本屋やレストランはもちろん、街角の小さなカフェでさえ私にとっては存在しない。世間並みの楽しみを与えてくれるあらゆる場所に、「立ち入り禁止」の大看板がかかっているようなものだ。ほかのすべての人たちが生きている消費社会への「立ち入り禁止」。過酷なアパルトへイトだ。

最後になったが、本文中に挿入したポンドと円の換算から参考資料の収集まで、さまざまな面でお世話になった東洋経済新報社出版局の岡田光司氏、企画ＪＩＮ編集者の清水栄一氏には、心から感謝したい。

椋田直子

訳者紹介

翻訳家．東京大学文学部大学院修了．
主な訳書に『スローボートで中国へ』（冬樹社），『フェリーニ』『オイスターブック』（以上，平凡社），『言語を生み出す本能〈上・下〉』（NHKブックス），『パリが愛したキリン』（翔泳社），『カリスマ〈上・下〉』（共訳，ソフトバンク），『ヴェネツイア帝国への旅』（東京書籍），『抄訳・ギリシア神話』（PHP新書），『平和を破綻させた和平』（共訳，紀伊國屋書店）など，多数がある．

ハードワーク

2005年7月14日　発行

訳者　椋田直子《むくだなおこ》
発行者　高橋　宏
〒103-8345
発行所　東京都中央区日本橋本石町1-2-1　東洋経済新報社
電話　編集03(3246)5661・販売03(3246)5467　振替00130-5-6518
印刷・製本　東洋経済印刷

Printed in Japan　ISBN 4-492-22264-2　http://www.toyokeizai.co.jp/